Roswitha Gruber
Wo meine Heimat ist

W0108588

Roswitha Gruber

Wo meine Heimat ist

rosenheimer

© 2016 Rosenheimer Verlagshaus GmbH & Co. KG,
Rosenheim
www.rosenheimer.com

Titelbild: © Bundesarchiv, Bild 183-73965-0001 /
Fotograf: Riedel
Lektorat und Bearbeitung: Christine Weber, Dresden
Satz: SATZstudio Josef Pieper, Bedburg-Hau
Druck und Bindung: CPI Moravia Books, Pohořelice
Printed in Czech Republic

ISBN 978-3-475-54574-0

Inhalt

Die Vorgeschichte 9

Sigune erzählt 12
  Auf Opas Bauernhof 12

Lina erzählt 20
  Geheimniskrämerei 20

Sigune erinnert sich 31

Lina erzählt weiter 36
  Die Ferkelsau 36
  Der Teufel im Plumpsklo 39
  Hausmusik 41
  »Geliebtes Fräulein Siska« 43
  Sigunes Erinnerung 44

Sigune berichtet 45
  Opa Sepp 45
  Zwei Eiergeschichten 54
  Das Laufstühlchen 63
  Der spendable Briefträger 64
  Die »Invasion« 65
  Opas düsteres Geheimnis 70
  Das Leben ging weiter 76

Das schwarze Schaf 77
Cindy und Bert 80
Die Großeltern Fritz und Mariechen 83
Nur Unsinn im Sinn 88

Helmut erzählt 90
Das »Scheesewähnsche« 90
Eine »Batschkapp« mit Inhalt 92
Die Kaffeekanne 95
Die Spiegelaffäre 96
Auf wackligen Beinen 98

Sigune denkt zurück 101
Krieg 101
Der Neubeginn 107
Auf Freiersfüßen 113

Sigune erzählt wieder 125
Meine Mutter, ein Zirkuspferd 125
Die Teufelspriesterin 129
Die lieben Verwandten 131
Meine Großeltern Fritz und Frieda 139
Die »Grombeerkieschelscher« 146
Edda, das geborene Funkenmariechen 147
Der Kaufladen 154
Meine Schulzeit 155
Vom Schweinestall ins Rampenlicht 166
Karneval das ganze Jahr 175
Ein Hund in Nöten 178
Aus der Traum 181
Deutsch-deutsche Freundschaft 191
Die Allgäuer Verlobung 197

6

Verlobung an der Biertheke 202
Oma Lina als Tugendwächterin 204
Glück und Leid 207
Mein armer Bruder 223
Oh, mein Papa! 241
»Der arme Unsereiner« 242
»Die doof' Nuss« 243
»Der Hund Casanova« 243
Aus der Bahn geworfen 245
Mein Puppenhaus 257

Abschluss-Interview 263

Die Vorgeschichte

Es liegt schon einige Jahre zurück, da erhielt ich einen dicken Brief aus einem Ort mit dem schönen Namen Heiligenwald. Ein Blick in den Atlas verriet mir, dass dieser in der Nähe von Saarbrücken liegt. Neugierig öffnete ich das Kuvert und überflog die Seiten, die teils in Handschrift, teils mit dem Computer erstellt waren. Sigune, eine Frau mittleren Alters, Jahrgang 1959, hatte mir dieses Schreiben mit der Anfrage geschickt, ob ich nicht ein Buch daraus machen möchte.

Neugierig, wie ich war, begab ich mich schon bald darauf ins Saarland. Zum einen interessierte mich der Ort mit dem wohlklingenden Namen, zum anderen der Mensch, der hinter dieser Geschichte steckte. Bald hatte ich das Haus gefunden, das am Ortsrand lag, von wo aus man den Blick über Felder, Wald und Wiesen schweifen lassen kann. Auf der engen Treppe führte mich die Besitzerin hinauf in den ersten Stock.

Als ich in das kleine Wohnzimmer trat, kam ich aus dem Staunen nicht mehr heraus. Wäre ich ein vier- oder fünfjähriges Mädchen gewesen, dann hätte mich die Szenerie noch mehr beeindruckt. Ich hatte nämlich den Eindruck, eine Puppenstube zu betreten. Wohin das Auge reichte, überall Puppen! Doch nicht nur Exemplare in unterschiedlicher Größe und aus verschiedenen Epochen befanden sich in diesem Raum, auch andere Dinge aus der Puppenwelt, die jedes Mädchenherz höherschlagen lassen: ein Wägelchen, wie ihn kleine Mädchen schon vor hundert Jahren vor sich hergeschoben haben, ein Kinderbügeleisen, eine Puppenwiege, ein kleiner Herd, eine Wäschemangel, die allesamt wohl ebenfalls aus dieser Epoche stammten. Ausrangierte Gebrauchsgegenstände aus dem Erwachsenenleben waren ebenfalls aufgestellt und ließen den Raum wie ein liebevoll zusammengetragenes Museumspotpourri wirken. Das Prunkstück von allem bildete ein dreistöckiges Puppenhaus. Auf dieses werde ich im letzten Kapitel zu sprechen kommen.

In der »echten« Wohnung gingen wir weiter in den angrenzenden Raum, der ursprünglich ein Kinderzimmer gewesen sein musste. Es befanden sich noch ein Bett, ein Nachttisch, eine Kommode, ein Sessel und ein Wäschekorb darin, auch hier waren alle Möbelstücke über und über mit Puppen besetzt.

Warum, so fragte ich mich, hatte eine Frau von über fünfzig Jahren ihre Wohnung mit derart viel Kinderspielzeug eingerichtet, dass ihr selbst kaum Platz zum Wohnen blieb? Das sollte ich im anschließenden Gespräch erfahren …

Nachdem wir uns zwischen einige Puppen auf die Couch »gequetscht« hatten, wollte ich mir von Sigune aus ihrem Leben erzählen lassen. Aber noch ehe ich dazu kam, mein Tonbandgerät auszupacken, legte sie einen dicken Ordner vor mich hin. Dieser enthielt nicht nur ihre »gesammelten Werke«, sondern auch die ihrer Mutter.

Ich blätterte ein bisschen darin herum und wusste, daraus ließ sich etwas machen. Aber wie immer, wenn ich an einem Buch arbeite, waren noch viele Anrufe nötig, um mir einiges noch etwas genauer beschreiben zu lassen. Was dabei an Lustigem, Kuriosem und auch an Tragischem herausgekommen ist, können Sie auf den nächsten Seiten lesen.

Ich wünsche Ihnen gute Unterhaltung dabei.
Roswitha Gruber

Sigune erzählt

Auf Opas Bauernhof

Schon mein Start ins Leben war denkbar schlecht. Bei meiner Mutter, die noch gar nicht an Entbindung dachte, setzten am 22. Januar 1959 aus unerklärlichen Gründen plötzlich die Wehen ein. So schnell es ging, wurde sie mit Blaulicht und Tatütata ins Krankenhaus gebracht, und wenig später erblickte ich das Licht der Welt: ein mickriges Siebenmonatskind, das gerade einmal zwei Kilogramm wog, weshalb ich meine beiden ersten Lebensmonate in der Kinderklinik verbringen musste.

Das wäre nicht weiter schlimm gewesen, ich war mir dessen ja nicht bewusst. Schlimm finde ich nur, dass mein Leben sehr schmerzhaft begann. Wie mir meine Mutter Jahre später berichtet hat, ist in der Klinik nämlich ein Malheur passiert. Man hat mich zwar sogleich in einen wohltemperierten Inkubator, in einen »Brutkasten« für Frühgeborene, gesteckt. In diesem habe ich mich aber offenbar nicht lange aufgehalten.

Eine der Säuglingsschwestern muss einen Narren an mir süßem kleinen Püppchen gefressen haben, nahm mich aus dem schützenden Inkubator und trug mich herum. Damit ich aber die wohlige Wärme des Kastens nicht entbehren musste, packte sie eine Wärmflasche auf das Tragekissen, ehe sie mich darauflegte. Der überbesorgten Frau war die Wärmflasche aber viel zu heiß geraten.

Weil ich mich meiner Haut nicht anders zu wehren wusste – im wahrsten Sinne des Wortes –, schrie ich wie am Spieß. Das verstand die Pflegerin jedoch völlig falsch. Statt mich zurück in den Brutkasten zu legen, trug sie mich, um mich zu beruhigen, umso länger herum, wobei sie mich fest an sich drückte. Das muss meine Pein noch vergrößert haben, denn mein Protest wurde nur noch lauter. Ich schrie weiterhin aus vollem Halse. Deshalb meinte eine ihrer Kolleginnen, sie solle doch mal nachschauen, ob ich die Windel voll hätte.

Als die Schwester sich endlich dazu erbarmte, entdeckte sie die Bescherung: Meine linke Pobacke hatte eine arge Verbrennung erlitten. Das wäre auch nicht weiter tragisch gewesen, denn bis ich dann nach Hause entlassen wurde, war die Wunde längst verheilt. Es blieben auch keine Schmerzen zurück, sondern nur eine Brandnarbe.

Doch nach Jahren noch meinte meine Oma, sie müsste all ihren Verwandten und Bekannten, vor allem ihren Schwestern und Cousinen, zeigen, was man mir in der Kinderklinik angetan hatte. Wenn also Besuch kam, der meine Rückseite noch nicht kannte, forderte Oma mich auf, meinen Po zu entblößen, damit sich der Gast das »Schandmal« selbst ansehen konnte.

Mir, in meiner schüchternen Art, war das natürlich äußerst unangenehm. Zum Trost gab es meist anschließend von der Tante eine Tafel Schokolade für das »brave Mädchen«, was mich mit meinem Schicksal dann jedes Mal wieder versöhnte.

Heute sieht man das Brandmal noch immer, aber nur in der Sauna. Daher musste ich mir dort schon so manch dummen Spruch anhören, zum Beispiel: »Wie praktisch, Sigune, so erkennt man dich auch gleich von hinten.«

So witzig finde ich das gar nicht. Zum Glück fällt mir meist spontan ein Spruch ein, mit dem ich kontern kann: »Besser ein Mal auf einer Pobacke als eines auf einer Gesichtsbacke.« Mit dem versteckten Schönheitsfehler habe ich gelernt, zu leben.

Als mich meine Eltern kurz vor Ostern endlich aus der Kinderklinik abholen durften, zeigte die Waage immerhin das stolze Gewicht von acht Pfund an. Sie brachten mich auf den Bauernhof meiner Großeltern, wo Heinz, mein siebenjähriger Bruder, und Schwester Edda, die vier Lenze zählte, auf mich warteten.

Zu der Zeit besuchte Heinz bereits die zweite Klasse der Volksschule, Edda wurde zwei Jahre später eingeschult. Das bedeutete für mich, dass ich ohne Spielkameraden aufwuchs, als ich anfing, meine Umwelt bewusst wahrzunehmen. Obwohl meine Geschwister nur die Vormittage in der Schule verbrachten, waren sie für mich auch am Nachmittag nicht verfügbar. Entweder brüteten sie über den Hausaufgaben oder schwirrten aus zu ihren Freunden.

Ab meinem dritten Geburtstag hätte ich den Kindergarten besuchen dürfen, um dort Spielkameraden in rauen Mengen vorzufinden. Mein Großvater aber wollte nicht, dass ich dort hinging. Schon als bei meinem Bruder damals der Kindergartenbesuch

14

anstand, muss er den Ausspruch getan haben: »Von meinen eigenen Kindern habe ich nicht viel gehabt, weil ich immer auf der Grube war. Deshalb will ich bei meinen Enkeln all das nachholen, was ich bei meinen Kleinen versäumt habe.«

Als nun die Diskussion entbrannte, ob ich in die Kinderbewahranstalt sollte oder nicht, führte er als Argument an: »Lasst dem Mädel doch noch ein bisschen Freiheit, ehe mit der Schule der Ernst des Lebens beginnt. Außerdem macht mir die Kleine so viel Pläsier.«

Weder seine Frau noch seine Tochter, also meine Mutter, wagten, ihm zu widersprechen. Ja, der Oma war diese Entscheidung gerade recht. Denn von dem Augenblick an, als sie mich zum ersten Mal in ihren Armen hielt, hatte sie mich in ihr großes Herz geschlossen.

Mit meiner Ankunft auf dem Bauernhof wurde es eng in dem kleinen Haus der Großeltern. Deshalb entschlossen sich Vater und Opa zu einem Anbau, der sich über beide Etagen erstreckte. Zu dieser Zeit installierten sie im Haus auch Bad und Toilette. Seit Opa das Haus hatte erbauen lassen, waren die Ansprüche an den Komfort doch etwas gestiegen.

Von da an gab es gewissermaßen zwei Wohnungen im Haus: Im Erdgeschoss lebten die Großeltern, in der ersten Etage meine Eltern mit uns Kindern. Aber ganz so strikt getrennt ging es nicht zu. Wir Kleinen hielten uns meist bei der Oma auf, denn sie hatte eine richtig große Küche und kochte für die ganze Familie. Im ersten Stock gab es nämlich nur eine Miniküche, in der die Mutter nicht viel mehr als Kaffee oder Tee zubereitete.

Rückblickend muss ich sagen, dass ich auf diesem Hof mit Lina und Sepp, den Großeltern mütterlicherseits, meine glücklichsten Jahre verbracht habe. Sie waren immer für mich da, während meine Eltern, die zwar ebenfalls auf dem Hof wohnten, für mich meist unsichtbar blieben. Der Vater war die ganze Woche über beruflich unterwegs, und meine Mutter verbrachte die meiste Zeit in einem kleinen Zimmer, das sie stolz »Atelier« nannte. Dort nähte sie den ganzen Tag über Gardinen oder Theaterkostüme. Uns Kindern war es strengstens untersagt, sie dort zu stören.

Auch am Abend, wenn die Nähmaschine endlich stillstand, hoffte ich vergeblich auf die Zuwendung der Mama. Wenn sie sich überhaupt jemandem zuwandte, dann ihrem Sohn. Der durfte beim Abendessen neben ihr sitzen; dem streichelte sie schon mal übers Haar; dem hörte sie zu, wenn er von seinen kleinen Tageserlebnissen berichtete; ihn nahm sie sogar ab und zu in den Arm. Wir Mädchen konnten dann nur neidvoll zusehen. Ob meine Schwester unter dieser Benachteiligung litt, weiß ich nicht. Vermutlich nicht, denn sie war aus ganz anderem Holz geschnitzt als ich und wesentlich robuster. Ich aber, das Sensibelchen, litt sehr unter dieser ungleichen Behandlung. Zum Glück kam ich bald dahinter, dass ich mir bei Oma und Opa die Streicheleinheiten holen konnte, die ich zum Überleben brauchte.

Papa kam meist erst am Freitagabend nach Hause, dann war es allerdings schon so spät, dass ich längst schlief. Auch am Samstagmorgen blieben meine Eltern für mich nicht ansprechbar. Gleich nach dem Frühstück verschwanden sie ins Wohnzimmer, wo sie stundenlang probten. Danach packten sie Kostüme und sonderbare Gegenstände in einen großen Reisekorb, den mein Vater in sein Auto wuchtete. In Omas Küche nahmen sie zwar noch am gemeinsamen Mittagessen teil, schlangen es aber hastig hinunter, bevor sie losbrausten zu ihren »Auftritten«, wie sie es nannten. Meist nahmen sie auch Heinz und Edda mit auf die Reise.

Ich aber blieb zurück bei Oma und Opa und ihren zahlreichen Tieren, was mir jedoch nicht unangenehm war. Im Gegenteil, sobald ich mit den Großeltern allein sein konnte, war für mich die Welt wieder in Ordnung – und das während des ganzen Wochenendes, denn Eltern und Geschwister tauchten meist erst am Sonntag spät in der Nacht wieder auf, wenn ich schon längst im Traumland weilte.

Großmutter war also meine wirkliche Bezugsperson. Sie war immer präsent; sie war es, die mich großzog; sie war der Mensch, durch den ich Laufen und Sprechen lernte. Von ihr erhielt ich auch meinen ersten »Benimmunterricht«. Oma konnte alles und wusste alles, und ich durfte mit jedem Kummer zu ihr kommen. Daher war sie der wichtigste Mensch in meiner Kindheit, ja, sie sollte bestimmend bleiben für mein ganzes Leben. Durch sie lernte ich nicht nur das Familienleben kennen, sondern auch die weit verzweigte Verwandtschaft.

Lina war nämlich ein ausgesprochener Familienmensch. Das bezog sich sowohl auf ihre Herkunft als auch auf die Familie, die sie mit Opa Sepp im Jahre 1921 gegründet hatte. Die Großmutter wurde nicht müde, mir von ihren Vorfahren zu berichten, aber auch von ihren Geschwistern, von denen immer wieder mal jemand zu Besuch kam. So waren mir bald die meisten von ihnen bekannt, mitsamt den Nachkommen. Omas Vorfahren lernte ich jedoch leider nicht mehr persönlich kennen, aber sie erzählte so lebhaft von ihnen, dass ich sie mir genauestens vorstellen konnte. Damit legte sie den Grundstein für mein späteres Interesse an der Ahnenforschung.

Von ihrem Großvater mütterlicherseits, dem Jacob Rink, wusste sie zu berichten, dass er 1845 in Wiesbach im Elsass geboren war. Im Alter von dreizehn Jahren wanderte er allein nach Schiffweiler im Saarland aus, um dort eine Stelle im Kohlebergwerk anzunehmen. Unterkunft fand er bei Verwandten seiner Mutter. Im Jahre 1867 heiratete er die gleichaltrige Maria Schmidt aus Pachten, das damals eine selbstständige Gemeinde war. Heute ist Pachten ein Stadtteil von Dillingen an der Saar.

Das Paar wurde mit Töchtern reich gesegnet, worüber Jacob nicht besonders glücklich war. Doch lange Zeit gab er die Hoffnung auf einen Sohn nicht auf. Irgendwann muss der Bub doch kommen, redete er sich ein und übte unverdrossen weiter. Wenn er auch keinen Bauernhof, geschweige denn ein Rittergut, zu vererben hatte, so sah er es doch als seine Pflicht an, den schönen Familiennamen »Rink« an eine nächste Generation weiterzureichen.

Nachdem aber nach siebzehn Jahren Ehe die achte Tochter in der Wiege lag, resignierte er. »Es soll eben

18

nicht sein«, tröstete er zunächst sich selbst und dann seine Frau. »Jetzt ist Schluss mit dem Kinderkriegen«, versprach er ihr und hat sie von dem Tag an nicht mehr angerührt. Er war eben ein Mann mit Grundsätzen.

Seine Töchter Anna, Marie, Gret, Catherine, Anna-Maria, Bärbel, Fanni und Lina wuchsen munter heran. Obwohl sie Mädchen waren, hatte er viel Freude an ihnen, sodass er sich mit seinem Schicksal einigermaßen versöhnte. Eine endgültige Aussöhnung sollte auch noch erfolgen, aber wesentlich später.

Anna, Jacobs älteste Tochter, geboren 1869, sollte meine Urgroßmutter werden. Sie heiratete im Jahre 1889 den Bergmann Nikolaus Jochum, Jahrgang 1865, dessen Vater auch schon Bergmann gewesen war. Dreizehn Kinder entsprossen dieser Verbindung, wovon aber nur zehn die frühe Kindheit überlebten, darunter meine Oma Lina. (Alle Namen und Daten sind auf der Stammtafel zu finden.)

Lina war am ersten April 1901 in Schiffweiler zur Welt gekommen, aber alles andere als ein Aprilscherz. Man könnte sie eher als »Original« bezeichnen, als einen Menschen, der von Anfang an mit beiden Beinen im Leben stand. Als Sechste in der zehnköpfigen Geschwisterreihe musste sie schon früh lernen, sich durchzusetzen, und entwickelte sich zu einer starken Frau. In meiner Familie gab es mehrere selbstbewusste Frauen, die ich allesamt bewunderte, denn ich selbst sah mich als ausgesprochen schwaches und ängstliches Geschöpf. Lina aber war die stärkste Persönlichkeit von allen, und ich profitierte davon.

Nun lasse ich sie selbst zu Wort kommen.

Lina erzählt

Geheimniskrämerei

Als kleines Kind besuchte ich mit meiner Mutter Anna öfter die Großeltern Maria und Jacob Rink, die im Nachbardorf wohnten. Sie lebten in einem der armseligen Reihenhäuser zur Miete, welche die Bergwerksgesellschaft Mitte des 19. Jahrhunderts für ihre Arbeiter hingestellt hatte. Später konnten die Bewohner diese Häuser käuflich erwerben. An meine frühen Ausflüge dorthin erinnere ich mich nicht mehr, ein Besuch im Juli 1906 jedoch ist mir noch lebhaft in Erinnerung. Schon damals, mit meinen gut fünfeinhalb Jahren, machte ich mir Gedanken darüber – und es ist mir bis heute ein Rätsel –, wie die Großeltern in diesem winzigen Haus mit acht Töchtern leben konnten.

Bei unserem besagten Besuch trafen wir außer den Großeltern nur ihre ledigen Töchter Bärbel, Fanni und Lina an. Meine Tanten Marie und Gret, die schon lange verheiratet waren, wohnten nur ein paar Straßen weiter. Diese besuchten wir am selben Nachmittag ebenfalls. Meine Mutter hatte mir oft von vielen ihrer Kindheitserlebnisse mit den sieben Schwestern erzählt, daher waren mir nicht nur deren Namen geläufig, ich konnte sie auch alle in der richtigen Reihenfolge aufzählen.

Nachdem wir bei Marie und Gret gewesen waren, fragte ich arglos: »Besuchen wir jetzt Tante Catherine und Tante Anna-Maria?«

»Nein«, antwortete meine Mutter kurz angebunden und zog mich in Richtung ihres Elternhauses mit.

Das hinderte mich nicht daran, eine zweite Frage zu stellen: »Warum nicht?«

Einen Moment schien Mutter zu überlegen. »Das geht nicht.«

»Warum nicht?«, bohrte ich weiter.

»Das geht dich nichts an«, speiste sie mich kurzerhand ab.

Da werde ich schon noch dahinterkommen, nahm ich mir vor und klemmte mich hinter die Großmutter, sobald ich sie in die Finger bekam. Ich kannte sie als gutherzige Frau, doch ob meiner Frage nach den beiden Töchtern sah sie mich einen Moment lang erschrocken an. Dann fertigte sie mich mit den Worten ab: »Kinder brauchen nicht alles zu wissen.«

Nun blieb mir nur noch Tante Lina. Diese war nur siebzehn Jahre älter als ich und verhielt sich mir gegenüber eher wie eine große Schwester und nicht wie eine Tante. Aber auch bei ihr biss ich auf Granit. Auf meine Frage nach ihren beiden Schwestern antwortete sie verlegen: »Lina, das kann ich dir nicht sagen.« Dabei tätschelte sie mir liebevoll den Kopf. Spätestens in diesem Augenblick wurde mir klar, dass diese beiden Tanten ein Geheimnis umwehte.

Fest entschlossen, dieses zu enthüllen, wollte ich in Zukunft Augen und Ohren offen halten. Beinahe hätte ich es noch am selben Tag gelüftet. Als ich nämlich überraschend in die Küche trat, in der sich meine Mutter und meine Oma bei einer Tasse Malzkaffee lebhaft unterhielten, schnappte ich einige Wortfetzen auf, die eindeutig im Zusammenhang mit den verschwundenen Tanten standen. Doch sobald die beiden Frauen mich gewahrten, verstummten sie. Das war für mich der endgültige Beweis, dass sich um Catherine und Anna-Maria eindeutig etwas Mysteriöses rankte.

Als sehr aufgeschlossenes und wissbegieriges Kind störte mich diese Geheimniskrämerei der Erwachsenen gewaltig. Nun ja, für diesen Tag musste ich alles auf sich beruhen lassen. Am Abend trottete ich neben der Mutter die wenigen Kilometer schweigend nach Hause. Es sollte ganze acht Jahre dauern, bis ich eine endgültige Antwort auf meine Frage bekam.

In der Zwischenzeit war ich von vielem, das sich in meiner Familie ereignete, so in den Bann gezogen, dass ich die Geschichte von den »unsichtbaren« Tanten ganz vergessen hatte. Im November, nur wenige Monate nach dem Besuch bei den Großeltern, stieß ich, von einem Aufenthalt bei den Nachbarn kommend, an unserer Haustüre fast mit der Hebamme zusammen.

»Du hast ein Brüderchen bekommen«, rief sie mir hocherfreut zu, ehe der Nebel sie verschluckte.

»Wo ist das Brüderchen?«, bestürmte ich Marie, meine große Schwester, die am Küchentisch saß und gerade die beiden Kleinen, den Alois und den Klaus, fütterte.

»Wo soll es schon sein? Im Schlafzimmer der Mutter natürlich.«

So natürlich fand ich das gar nicht. Es hätte genauso gut in der Küche sein können oder im Bubenschlafzimmer. Sofort rannte ich die Treppe hinauf und in das Schlafzimmer der Eltern, wo ich die Mutter lächelnd in ihrem Bett vorfand.

»Halt, Lina! Nicht so stürmisch«, rief sie mir mit halblauter Stimme zu. »Sonst weckst du mir noch den kleinen Jakob auf.«

Nach dieser Ermahnung schlich ich auf Zehenspitzen an die braune Wiege heran und spähte hinein. Ein rosiges pausbäckiges Gesichtchen entdeckte ich zwischen den Kissen.

»Darf ich ihn mal auf den Arm nehmen, wenn er wach ist?«, bettelte ich.

»Natürlich«, antwortete die Mutter, »wahrscheinlich öfter, als dir lieb ist.«

Ihre Prophezeiung sollte sich wirklich erfüllen. Meine Aufgabe würde es fortan sein, diesen kleinen Erdenbürger zu betreuen, auch dann, wenn mir der Sinn gar nicht danach stand.

Er konnte gerade laufen, da lag ein neues Kind in der Wiege, diesmal ein Ännchen. Es sollte meine Pflicht werden, auch dieses zu betreuen. Dazu blieb mir aber nur am Nachmittag und an den Sonntagen Zeit, denn seit einem Jahr verbrachte ich meine Vormittage in der Schule.

Da sich so viel ereignet hatte, dauerte es mehr als zwei Jahre, bis ich mal wieder an einem Sonntag mit der Mutter den Großeltern einen Besuch abstattete. Diesmal fand ich in dem Bergmannshäuschen eine völlig andere Situation vor als beim letzten Mal. Bärbel und Fanni waren längst verheiratet und wohnten in einem Nachbardorf. Die Jüngste aber, Lina, war ihrer inneren Berufung folgend, in Steyl/Holland in den Karmeliterorden eingetreten. Es hieß, sie sei sehr glücklich dort.

Statt dieser drei Tanten traf ich zu meiner Überraschung zwei mir völlig fremde Frauen vor. Man erklärte mir, das seien Catherine und Anna-Maria. Darüber war ich so erfreut, dass ich gar nicht nachfragte, wo sie denn bei meinem letzten Besuch gesteckt hätten. Außerdem sprangen zwei fröhliche Buben durchs Haus, Jakob und Karl, die nur wenig älter waren als ich. Der eine nannte Catherine »Mama«, der andere sagte dies zu Anna-Maria. Sie wurden mir als meine Cousins vorgestellt, womit ich mich zufrieden gab, zumal ich wunderbar mit den beiden spielen konnte. Dass keine Väter vorhanden waren, darüber machte ich mir zu jener Zeit keine Gedanken. Väter befanden sich meist auf der Arbeit, sogar an Sonntagen. Denn so viel wusste ich schon, für Familienoberhäupter gab es nicht nur Nacht-, sondern auch Sonn- und Feiertagsschichten. Für diese brachten sie sogar etwas mehr Geld nach Hause.

Zwei Jahre nach dem Besuch hieß es, Catherine habe geheiratet. Dass man uns dazu nicht eingeladen hatte, wunderte mich gar nicht, zu den Hochzeiten der anderen Schwestern meiner Mutter hatten wir ja auch keine Einladungen erhalten. Damals war man so arm, dass man die Ausgaben für eine große Hochzeitsgesellschaft scheute.

Im Jahr darauf hieß es, Tante Catherine sei im Kindbett gestorben und das Neugeborene gleich

24

mit. Zur Beerdigung gingen wir alle, das gehörte sich so. Anschließend beim Leichenschmaus – der ja viel billiger ausfiel als eine Hochzeitsfeier – waren alle Verwandten versammelt. Von all dem, was da geredet wurde, habe ich nur wenig mitbekommen. Mit meinen Gedanken weilte ich nämlich bei der verstorbenen Tante und deren verstorbenem Kind, denen mein ganzes Mitgefühl galt – und meinem Cousin Karl natürlich, der weinend am Grab gestanden hatte. Nun hatte der arme Kerl keine Mama mehr.

Bald schon wurden diese Grübeleien von neuen Ereignissen verdrängt. Unter anderem erreichte uns die frohe Kunde, Tante Anna-Maria habe endlich einen braven Ehemann gefunden und Jakob damit einen Stiefvater. Dieses Ereignis wurde einige Monate danach von einem anderen überlagert, nämlich von Hochzeitsvorbereitungen, die bei uns im Haus stattfanden. Marie, meine älteste Schwester, schickte sich an, ihren Nikolaus zu heiraten. Das war doch mal was! Eine Hochzeit bei uns zu Hause, an der wir alle teilnehmen durften!

Wenig später – noch bevor der große Krieg ausbrach – stand meine Schulentlassung an. Schon am nächsten Tag wurde ich zu einem Bauern im Ort geschickt, damit ich mir in den Sommermonaten mein Brot selbst verdiene. Im Winter sollte ich, so war es ausgemacht, und das entsprach auch meinem Wunsch, in Neunkirchen einen sechswöchigen Nähkurs besuchen. Damit ich den Hin- und Rückweg nicht in der Dunkelheit zurücklegen musste, sollte ich währenddessen bei einer Verwandten in Neunkirchen wohnen. Am liebsten hätte ich ja eine dreijährige Lehrzeit absolviert, um eine richtige Schneiderin zu werden, meine Mutter aber meinte, sechs Wochen Ausbildung seien genug, dann könne ich all das nähen, was für den Hausgebrauch nötig sei. Außerdem, so ihr Argument, könnte man es sich nicht leisten, drei Jahre lang das Lehrgeld für mich zu zahlen. Bei den Buben war das etwas ganz anderes, die brauchten eine fundierte Ausbildung, weil sie ja mal eine Familie ernähren sollten. Deshalb wurde bei ihnen nicht gespart.

Bevor die Mutter mich aber aus dem Haus entließ, womit ich für sechs Wochen ihrer Aufsicht entzogen sein würde, hielt sie es für notwendig, mir eine Art sexueller Aufklärung zu geben. Diese erschöpfte sich allerdings darin, dass sie mir Folgendes mit auf den Weg gab: »Lina, lass dich bloß mit keinem Kerl ein. Dabei kommt nichts Gutes heraus. Nur Ärger und Kummer und Verdruss, so wie es meinen Schwestern Catherine und Anna-Maria ergangen ist.«

Diese Äußerung ließ mich interessiert aufhorchen. Wie es schien, hatte sie gerade eine redselige Phase, deshalb hakte ich sofort nach: »Was war denn mit den beiden?«

Tatsächlich packte Anna, meine Mutter, aus, aber bestimmt nicht nur, um meine Neugier zu befriedigen. Wahrscheinlich vielmehr, weil sie der Ansicht war, ein drastisches Beispiel, noch dazu aus der eigenen Verwandtschaft, könne bei mir nachhaltiger wirken als eine bloße Warnung. Heute vermute ich sogar, sie war froh, sich das jahrelang gehütete Geheimnis endlich von der Seele reden zu können.

Demnach war Catherine, die Vierte in der Töchterreihe, gleich nach ihrer Schulentlassung zu einem Großbauern geschickt worden, wo sie sich als Magd verdingte. Viele Jahre war es gut gegangen. Doch zum Weihnachtsfest 1899 war sie nach Hause gekommen, mit einem dicken Bauch. Ob nun der Bauer der »Täter« gewesen war oder einer seiner Knechte, muss aus der verstörten Fünfundzwanzigjährigen nicht herauszukriegen gewesen sein. Ja, man vermutete gar, dass sowohl der Bauer als auch der eine oder andere seiner Knechte »die Hand im Spiel« gehabt hatten, sodass die Magd wirklich nicht zu sagen vermochte, wer der Vater des Kindes sei. Zumindest hatte die Bäuerin, als sie die Schwangerschaft bemerkte, meine Tante gefeuert.

Um nun sich und seiner Familie die Schande zu ersparen, dass ein Bankert in seinem Hause aufwachse, brachte Jacob seine Tochter gleich am übernächsten Tag in ein Heim für ledige Mütter, das von Nonnen geleitet wurde und entfernt genug lag, sodass Catherine dort in aller Heimlichkeit ihr Kind zur Welt brachte.

Nach der Entbindung konnte sie dort verbleiben, das Kleine unbemerkt aufziehen und sogar den Lebensunterhalt für sie beide in dem Heim verdienen. Sie musste nur, wie die anderen »gefallenen Mädchen« auch, die üblichen Hausarbeiten verrichten, auf den Feldern mitarbeiten und in der riesigen Waschküche helfen. In diesem Haus wurde nämlich nicht nur die gesamte Wäsche für ein nahe gelegenes

Krankenhaus gewaschen, sondern auch für einige Hotels aus der Umgebung.

Der Hauptgrund, warum Jacob diese Tochter nicht im Haus behielt, war allerdings der, dass sich seine anderen Töchter nicht ermuntert fühlen sollten, dem Beispiel ihrer Schwester zu folgen.

Am 28. Februar 1900 wurde also in dem Heim für ledige Mütter ein gesunder Junge geboren, dem Catherine den Namen Karl gab. Davon erfuhr ihr Vater aber nichts, denn er hatte ihr jeglichen Kontakt zur Familie untersagt. Wie sie sich dabei fühlte, kümmerte ihn nicht.

Seine Vorsichtsmaßnahme, die Schwangere so schnell in die Verbannung zu schicken, hatte so gut wie nichts genützt. Es war noch kein halbes Jahr vergangen, da kam Anna-Maria, die in einem vornehmen Stadthaushalt gedient hatte, nach Hause, ebenfalls in anderen Umständen. Auch sie konnte angeblich keinen Kindsvater benennen. Obwohl bei ihr – zur Erleichterung des Vaters – von der Schwangerschaft noch nichts zu sehen war, hatte der nichts Eiligeres zu tun, als die zweite »gefallene« Tochter ebenfalls in das bewusste Heim zu bringen. Mitsamt ihrem Bündel lieferte er sie an der Pforte ab. Er machte sich auch nicht die Mühe, Catherine und sein Enkelkind zu besuchen. Ja, er fragte noch nicht mal nach, was es denn geworden sei und wie es den beiden ging.

Am 10. Dezember 1900, also nur knapp zehn Monate nach ihrer Schwester, gebar Anna-Maria ebenfalls einen Sohn, dem sie den Namen Jakob gab. Auch ihr hatte der Vater strikt verboten, Kontakt zur

Familie aufzunehmen. So blieb auch sie in dieser Einrichtung, die ihr Anonymität, ein Dach über dem Kopf und das tägliche Brot bot.

Aus Angst, seinen drei jüngsten Töchtern könne ein ähnliches Schicksal widerfahren, kündigte er umgehend ihre Arbeitsstellen und beorderte sie schnellstens nach Hause. Damit sie aber daheim nicht untätig herumsaßen und sich ihren Unterhalt selbst verdienen konnten, ließ er sie in den Sommermonaten bei Bauern in der Umgebung als Tagelöhnerinnen arbeiten, sodass sie am Abend ins Elternhaus zurückkehren und unter seiner Aufsicht die Nacht verbringen konnten. Im Winter durfte mal die eine und mal die andere einen mehrwöchigen Nähkurs in einem Nonnenkloster besuchen, während die anderen zu Hause der Mutter halfen.

Jahre später, als die drei Jüngsten aus dem Haus waren – zweien von ihnen hatte der Vater einen ordentlichen Ehemann zugebracht, und die Letzte war, wie wir wissen, ins Kloster gegangen –, überkam den Jacob so etwas wie Sehnsucht nach seinen beiden verstoßenen Töchtern. Oder war es sein schlechtes Gewissen, das sich rührte? Jedenfalls machte er sich auf den Weg, um sie nach Hause zu holen. Er staunte nicht schlecht, als ihm jede einen gesunden, wohlerzogenen Sohn präsentierte. Ganz gegen seine Gewohnheit drückte er die beiden Enkel voller Rührung an die Brust. Dabei soll sein erster Satz gewesen sein: »Endlich hab ich die Buben, die ich mir immer gewünscht habe.« Nach einiger Zeit muss er hinzugefügt haben: »Ich kann gar nicht begreifen, warum ich auf diese Freude so lange verzichtet habe.«

Als er seine beiden Töchter mit ihren Söhnen ins Elternhaus brachte, schloss seine Frau alle überglücklich in die Arme. Dann tat sie den Ausspruch: »Nun hast du doch endlich die Buben, die deinen Namen weitertragen.«

Da schlug er sich mit der Hand vor die Stirn und rief aus: »Du hast recht! Ja, was bin ich blöd gewesen!« Von da an war er mit seinem Schicksal völlig ausgesöhnt. Er soll seinen beiden Töchtern sogar dankbar dafür gewesen sein, dass sie ihre Kinder unehelich zur Welt gebracht und damit den Namen Rink weitergereicht hatten. Als die zwei bald darauf Ehemänner fanden, die sogar bereit gewesen wären, die Söhne zu adoptieren, beschwor der Vater sie, das nicht zuzulassen.

Nachdem Catherine im Jahre 1911 im Alter von siebenunddreißig Jahren gestorben war, nahm Jacob den Enkel Karl zu sich; zum einen, damit der arme Junge nicht bei seinem Stiefvater aufwachsen musste, zum anderen hatte er seine Freude daran, den Buben selbst großzuziehen.

Sigune erinnert sich

Vorstehende Geschichte erfuhr ich erst von meiner Oma, als ich bereits fünfzehn und reif genug für solche Enthüllungen war.

Von all ihren Geschwistern wusste mir Lina etwas zu berichten, Gutes und Schlimmes. Von Peter aber, ihrem ältesten Bruder, der mein Großonkel war, sprach sie stets mit besonderer Hochachtung, obwohl sie ihn kaum gekannt hatte.

Peter, im Jahre 1890 geboren, verließ nämlich bereits 1904 das Elternhaus, als seine kleine Schwester Magdalena, kurz Lina genannt, erst drei Jahre alt war. Durch Vermittlung eines Kaplans war er in die Klosterschule der Steyler Missionare in St. Wendel/Saar eingetreten. Nach dem Abitur ging er noch weiter von zu Hause weg, nach St. Gabriel in der Nähe von Wien, wo er sein Noviziat absolvierte. Dort legte er 1912 seine zeitlichen Gelübde ab und drei Jahre später die ewigen. Am ersten Oktober 1915 wurde er zum Priester geweiht und schon kurz danach im Ersten Weltkrieg als Militärgeistlicher eingesetzt, bevor er eine Stelle als Gymnasiallehrer in St. Wendel antrat. Von dort kam er 1926 nach Steyl in Holland ans Gymnasium, wo er mit nur kurzen Unterbrechungen bis an sein Lebensende blieb.

Er erteilte seinen Schülern eifrig Unterricht in den drei Fächern Musik, Deutsch und Biologie. In seiner

Eigenschaft als Musiklehrer leitete er das Orchester und den Chor der Schule, studierte mit seinen Schülern Theaterstücke ein und gestaltete alle Feiern im Haus. Seine besondere Leidenschaft aber galt der Botanik. Über vierzig Jahre lang widmete er sich der Aufgabe, mit den Schülern einen botanischen Garten anzulegen. Im Jahre 1932 erfolgte durch Pater Peter der erste Spatenstich, und zwar in einem Gelände, das bereits Arnold Janssen (1837–1909), der Ordensgründer, als Garten angelegt hatte. Pflanzte Pater Jochum auf diesem Grundstück anfangs nur Gewächse, die im Freien gediehen – er benötigte sie als Anschauungsmaterial für seine Schüler –, so richtete er später auch Gewächshäuser ein. Als Erstes entstand ein Haus für große Pflanzen wie Palmen und Bananenstauden. Es folgten ein Kakteenhaus und ein Treibhaus für subtropische Pflanzen.

Jeden seiner Mitbrüder, den das Kloster als Missionar in andere Erdteile schickte, bat er darum, ihm zum Heimaturlaub Samen von landestypischen Pflanzen mitzubringen. So blühte in Steyl bald eine exotische Vielfalt, von der Ananasstaude bis zum Zitronenbaum. Vor allem gab es auch die herrlichsten Orchideenarten.

Da diese Anlage aber immer größere Ausmaße annahm, konnte es sich das Kloster bald nicht mehr leisten, sie zu unterhalten. Deshalb ging der botanische Garten in eine Stiftung über, die ihm – dem Gründer zu Ehren – den schönen Namen »Jochum-Hof« gab. Von da an war der Garten der Öffentlichkeit zugänglich, gegen Eintrittsgeld, versteht sich. Mit den Einnahmen wurde der Jochum-Hof nicht nur unterhalten, man konnte ihn sogar erweitern, was sehr im Sinne meines Großonkels war.

Zu seinem achtzigsten Geburtstag wurde Pater Jochum eine zusätzliche Ehre zuteil. Um sein Lebenswerk zu würdigen, weihte man in einer großen Feierstunde in seinem botanischen Garten eine Bronzebüste ein, die ihn darstellte. Das war aber noch nicht alles. Königin Juliana der Niederlande verlieh ihm den Verdienstorden als »Ridder in de Ordre von Oranje-Nassau«. Von diesem und der Bronzebüste konnte ich mich selbst überzeugen, und zwar bereits im zarten Alter von elf Jahren.

Doch schon Jahre vorher hatte ich diesen Großonkel kennengelernt. Mein Vater hegte eine große Schwäche für Holland – warum, weiß ich nicht. Jedenfalls kann ich mich an meine erste »Fernreise« noch lebhaft erinnern.

Ich war gerade mal viereinhalb Jahre alt, da packte Papa seinen VW-Kombi voll bis obenhin. Außer uns fünf Personen und dem benötigten Gepäck mussten auch noch ein Zelt, ein Campingtisch, fünf Klappstühle und fünf Schlafsäcke mit. So düste Papa nonstop nach Holland, direkt ans Meer. Mitten in den Dünen schlugen wir unser Lager auf. Mama und Papa schliefen hinten im Kombi und ich schlief auf den Vordersitzen. Meine Geschwister durften im Zelt gleich nebenan übernachten.

Am nächsten Morgen ging es ins Meer, was jedoch für mich alles andere als erfreulich war. Eigentlich wollte ich nur ein bisschen im seichten Wasser herumwaten. Doch die Wellen der steigenden

Flut warfen mich Leichtgewicht immer wieder um, wodurch ich eine Menge Salzwasser zu schlucken bekam. Das behagte mir gar nicht, deshalb hielt ich mich bald nur noch in respektvoller Entfernung zum Wasser auf. Meine übrige Familie hatte jedoch großen Spaß daran, in den Wellen zu plantschen und zu schwimmen. Meine einzige Freude bei diesem Aufenthalt am Meer bestand darin, mit Edda Muscheln zu sammeln.

Auf der Rückreise machten wir Halt am Steyler Missionshaus, um den Onkel meiner Mutter zu besuchen, wobei er uns auch mit Stolz in seinem botanischen Garten herumführte.

Als ich elf war, machte ich eine zweite Reise zu Onkel Peter, die erste Bahnreise meines Lebens. Begleitet wurde ich von Jakob, dem jüngsten Bruder meiner Oma. Als Pater Jochums Gäste durften wir in der »Villa Elise« übernachten, einem schönen alten Prachtbau, der zum Kloster gehörte. Bei dieser Gelegenheit zeigte uns Pater Peter – nicht ohne Stolz – die Bronzebüste und den königlichen Orden.

Doch das alles konnte mich nicht über mein Heimweh hinwegtrösten, das mich bereits am zweiten Tage überfiel. Zum ersten Mal ohne Eltern und Geschwister unterwegs, und ohne Oma – das war zu viel für mich. Deshalb trat Jakob, der verständnisvolle Großonkel, die Heimreise bereits am dritten Tage an, also wesentlich früher als geplant. Wie war ich glücklich, wieder bei meiner Familie zu sein!

Wie bereits erwähnt, wurde bei Oma Lina das Familienleben großgeschrieben. Die Art, wie Lina mit unserer »Familie« lebte, bedeutete Geborgenheit und

Sicherheit. Ja, sie vermittelte uns, dass Familie noch mehr war: ein Hort des Vertrauens und der Kommunikation.

Vor 1971 gab es bei uns noch keinen Fernsehapparat, der jegliche Kommunikation zwischen den Familienangehörigen verhindert hätte, weil alle stur in die Glotze gestarrt hätten, wie heute so oft. Als ich zwölf war, stellten meine Eltern der Oma einen Fernseher ins Wohnzimmer – man musste ja mit der Zeit gehen. Aber auch dann pflegte sie nach wie vor ihre alten Gewohnheiten. Den Kasten ließen wir meist aus, versammelten uns am Abend um den Küchentisch, machten Spiele oder redeten miteinander. Am allerschönsten war es, wenn Lina von früher erzählte. Dann lauschten wir wie gebannt und konnten gar nicht genug kriegen.

Eine unserer Lieblingsgeschichten war die von der »Ferkelsau« – zum Glück einer von den Berichten, den Lina am liebsten zum Besten gab. Weil ich die Geschichte so oft hörte, bleibt sie für mich unvergesslich. Sie ereignete sich, als Oma noch eine junge Frau war, aber schon in diesem Haus lebte.

Lina erzählt weiter

Die Ferkelsau

Es war Anfang der Dreißigerjahre, da wachte ich eines Nachts kurz vor drei Uhr, von innerer Unruhe getrieben, auf. Sogleich lief ich in den Schweinestall. Ich wusste nämlich, dass unsere große Sau kurz vor dem Werfen stand. Nach einer alten Faustregel trägt eine Sau drei Monate, drei Wochen und drei Tage, die waren gerade um. Natürlich halten sich nicht alle Säue an diese Regel.

Bei unserer Rosa war es tatsächlich so weit, ich kam keine Sekunde zu früh. Als ich den Schweinekoben betrat, war das erste Ferkel schon da. Um Platz fürs zweite Schweinchen zu schaffen, legte ich das Erstgeborene gleich bei seiner Mutter an. Dann ging es Schlag auf Schlag. Wie am Fließband kamen die quiekenden Tierchen auf die Welt. So sehr ich mich auch beeilte, ich schaffte es immer nur knapp, ein Ferkel an die Zapfstelle zu legen, da war das nächste schon da. Jedes Mal, wenn ich meinte, es sei das Letzte, hörte ich die Sau grunzen: »Noch, noch, noch!« Das Ferkeln schien schier kein Ende zu nehmen.

Nachdem ich das Zwölfte angelegt hatte, waren alle Nippel besetzt. Zu meiner Verblüffung ging es aber munter weiter. Es folgten ein dreizehntes und noch ein vierzehntes Schweinchen, auch diese beiden quiekten vor Hunger. Was tun? Prüfend guckte ich mir die Reihe der saugenden Ferkelchen an, um die zwei kräftigsten zu entdecken. Kurz entschlossen hängte ich diese ab und platzierte die beiden Neugeborenen an ihre Stelle.

Aufmerksam beobachtete ich eine Weile die zwölfköpfige Geschwisterschar. Alle hingen gierig an den Zapfhähnen, und die Mutter blieb friedlich liegen. Deshalb wagte ich es, sie mit ihrem Wurf allein zu lassen. Mich wieder aufs Ohr legen konnte ich aber nicht. Mir blieb noch die Aufgabe, die beiden zu versorgen, die ich gewaltsam von der Futterquelle entfernt hatte. Würde ich sie im Koben belassen, liefen sie Gefahr, zu verhungern. Es bestand aber auch das Risiko, dass die Mutter die überzähligen Tiere einfach totbiss.

Da unsere Ferkelsau nun mal vierzehn Junge geworfen hatte, entwickelte ich den Ehrgeiz, sie alle durchzubringen, und das nicht nur aus reiner Tierliebe. Jedes Schwein, das ich aufzog, bedeutete auch bares Geld. Die beiden überzähligen Kleinen nahm ich also mit in die Küche, füllte eine Säuglingsflasche mit angewärmter Ziegenmilch, setzte einen Schnuller auf und bot sie dem ersten Ferkel an.

Zu meinem Glück war es nicht wählerisch. Es war eine Freude, zu sehen, wie es kräftig am Schnuller saugte. Das andere konnte es kaum erwarten, bis es an die Reihe kam. Beide saugten so gierig, als ob es auf der Welt nichts Besseres gäbe als Milch aus der Flasche. Da hatte ich gewonnen.

Nun brauchten meine beiden Flaschenkinder auch einen Schlafplatz. Diesen richtete ich her, indem ich eine Holzkiste mit Stroh auslegte und neben den Küchenherd stellte. Wohlig kuschelten sie sich ins Stroh und schliefen bald friedlich ein. Endlich wollte ich meinen unterbrochenen Schlaf fortsetzen. Aber ein Blick auf die Uhr belehrte mich, dass es bereits halb sechs am Morgen war, also Zeit zum Aufstehen.

Als mein Mann in die Küche kam, zeigte ich ihm voller Stolz meine beiden »Pflegekinder« und berichtete ihm von der großen Ferkelei. Anschließend führte ich ihn in den Schweinestall. Er freute sich nicht nur, dass wir so viel »Schwein« gehabt hatten, sondern lobte mich auch, was für eine gute Bäuerin ich geworden sei, denn von zu Hause aus besaß ich ja keine Erfahrung mit Landwirtschaft und Viehzucht. Im Stall bei Rosa war alles friedlich, und ich beobachtete mit Genugtuung, dass die »Zwölferbande« wuchs und gedieh.

Meine beiden »Adoptivkinder« wilderte ich erst aus, als alle Schweinchen kräftig genug waren, um richtiges Schweinefutter zu fressen, sodass für sie keine Gefahr mehr bestand, im Stall zu verhungern oder von der Mutter totgebissen zu werden. Tatsächlich habe ich alle vierzehn Ferkel durchgebracht. Weder vorher noch nachher ist es bei uns vorgekommen, dass wir einen so großen Ferkel-Wurf hatten.

Später konnte ich sie gut verkaufen. Genau genommen verkaufte ich nur zwölf der Schweine, denn zwei behielten wir selbst, weil es bei uns zweimal im Jahr ein Schlachtfest gab.

In dem Kessel, in dem sonst das Schweinefutter gekocht wurde, bereiteten wir dann die »Worschdsopp«

zu, also die Brühe, in welcher der Saumagen, das Wellfleisch sowie die Blut- und Leberwürste gesiedet wurden. Wie die Heuschrecken fielen dann die Verwandten und Nachbarn bei uns ein, mit Milchkannen und Töpfen ausgerüstet, um etwas von der Suppe zu ergattern. Umgekehrt gingen wir natürlich auch zu ihnen, um Wurstsuppe abzustauben, wenn sie geschlachtet hatten.

Es war üblich, dass jeder noch ein Leber- oder Blutwürstchen mitbekam. Die großen Würste aber und die schönen Schinken, die der Opa in seinem Räucherhäuschen räucherte, behielten wir für uns, denn der Winter war lang, und erst im nächsten Jahr zu Ostern würde eine weitere Sau fett genug fürs Schlachtfest sein.

Der Teufel im Plumpsklo

Über meinen Bruder Peter kann ich nichts Nachteiliges sagen; er war immer ein feiner Kerl. Mein zweiter Bruder aber, der Fritz, fünf Jahre älter als ich, hatte es faustdick hinter den Ohren. Von klein auf hatte er lauter »Deiweleien«, kleine Teufeleien, im Kopf und lernte unsere jüngeren Brüder rechtzeitig an, es ihm nachzutun.

Eines Sommerabends nach dem Abendessen, es war schon etwas dämmrig, suchte ich das stille Örtchen auf, das sich in unserem Garten in gebührendem Abstand zum Wohnhaus befand. Zu der Zeit muss ich zehn oder elf gewesen sein. An nichts Böses denkend, ließ ich meine Unterhose runter und richtete mich auf der kreisrunden Öffnung gemütlich ein. Während meiner Sitzung trällerte ich recht gut gelaunt ein fröhliches Liedchen vor mich hin.

Doch plötzlich stockte mir der Atem, unter mir war etwas! Etwas Krallenartiges hatte meinen Allerwertesten berührt! Auf meinen Schreckensschrei erfolgte ein mehrstimmiges schauriges Hohngelächter.

Wie von der Tarantel gestochen, fuhr ich in die Höhe, ließ meine Hose in der Eile am Boden liegen und rannte laut schreiend aufs Haus zu. Sofort stürmten alle in den Garten: der Vater, die Mutter und meine Schwestern. Sie dachten, es sei etwas Schreckliches passiert.

Völlig außer Atem keuchte ich: »Oje, ich glaab, de Deiwel is hinner mir her!«

»Ich glaab, den Deiwel kenn ich«, rief mein Vater und setzte sich mit Riesenschritten in Richtung Abort in Bewegung.

Wie er vermutet hatte, entdeckte er hinter demselben seinen Sohn Fritz, in Begleitung von Alois, Klaus und Jakob, die sich schier kaputtlachten. Ihm war nicht nur klar, dass Fritz die Sache ausgeheckt hatte, sondern es war ebenso offensichtlich, was der Bub angestellt hatte: An der Rückwand des bewussten Häuschens befand sich eine Öffnung zum Leeren der Grube. Diese war mit ein paar Brettchen abgedeckt, die nur leicht angenagelt waren, damit man sie bei Bedarf ohne Mühe entfernen konnte. Der Fritz, nicht faul, hatte einfach die Nägel herausgezogen und dann mit einem Reisigbesen in die Öffnung hineingestochert. Das also waren die »Teufelskrallen« gewesen, die ich an meinem Hinterteil gespürt hatte.

»Was habt ich euch nur dabei gedacht?«, fauchte der Vater seine Söhne mit Donnerstimme an, wobei er sich das Lachen jedoch kaum verkneifen konnte.

»Wir wollten der Lina nur einen kleinen Schrecken einjagen«, gestand Fritz, der Rädelsführer, zerknirscht.

»So etwas Blödes!«, schimpfte der Vater. »Dass ihr mir das nicht noch mal macht!«

»Nein, ganz bestimmt nicht«, versprachen die jungen Übeltäter im Chor.

Diesem Versprechen traute ich aber nicht so recht. In Zukunft nahm ich deshalb immer, wenn ich das Herzhäuschen aufsuchen musste, eine meiner Schwestern mit. Die musste dann hinter dem Abort Schmiere stehen. Umgekehrt bewachte ich dafür auch meine Schwestern, wenn sie eine Sitzung hatten. Es hätte den lieben Brüdern ja einfallen können, ihre anderen Schwestern genau auf die gleiche Weise zu foppen wie mich. Fritz war durchaus zuzutrauen, dass er sein Versprechen, so etwas nie wieder zu tun, nur in Bezug auf mich gegeben hatte.

Hausmusik

In unserer Familie herrschten stets viel Frohsinn und Humor. Vater Nikolaus war ein vielseitig begabter Mann: nicht nur sehr musikalisch, sondern auch dichterisch veranlagt und zudem ein guter Schauspieler. Er schrieb selbst Theaterstücke und Verse, von denen sogar einige veröffentlicht wurden.

Einen Teil seiner Begabung erbte wohl jedes von uns Kindern: Einige schmiedeten Verse, andere, so auch ich, spielten mit Vorliebe Theater. Auf jeden Fall aber beherrschte jedes von uns ein Instrument. Daher war Hausmusik bei uns an der Tagesordnung, das heißt, es wurde fast jeden Samstagabend musiziert – für den Haushalt eines Bergmannes eine äußerst ungewöhnliche Tradition.

Weil es sich meine Eltern aber nicht leisten konnten, Geld für Musiklehrer auszugeben, unterrichtete unser Vater seine Kinder selbst. Nicht umsonst besaß er die bewundernswerte Fähigkeit, jedem Instrument, das ihm in die Hände fiel, nach kurzer Zeit Melodien zu entlocken. Bestimmt war er auf keinem der Instrumente virtuos, und auch wir Kinder brachten es nicht zu Meisterleistungen, aber für den Hausgebrauch reichte es allemal. So hatten wir in einer Zeit, in der man noch kein Radio und keinen Fernseher kannte, beste abendliche Unterhaltung. Ich selbst spielte die »Deiwelsgei'«, die Teufelsgeige. Diese hatte der Vater selbst aus Blechdosen und kleinen Glocken zusammengebastelt. Aus Holz hatte er eine Art Xylophon gefertigt, und natürlich leistete auch Mutters Waschbrett beim Musizieren gute Dienste. Eine echte Geige gab es in unserer Sammlung auch, ein altes Erbstück. Andere Instrumente erstand Vater gebraucht von Leuten, die nichts damit anzufangen wussten. So befanden sich in unserem Hausorchester mehrere Blockflöten, eine Klarinette, eine Triangel, eine Trompete, eine Trommel und sogar ein Cello.

»Geliebtes Fräulein Siska«

Franziska, die Fünftgeborene unter uns Geschwistern, war nur zwei Jahre älter als ich. Da uns ihr Name zum Aussprechen zu lang war, rief man sie kurz »Siska«. Kaum sechzehn geworden, fühlte sie sich schon als große Dame. Von ihrem ersten selbst verdienten Geld kleidete sie sich chic ein und trug die neueste Hutmode des Frühlings.

Damit verkörperte sie das genaue Gegenteil von mir. Ich mit meinen vierzehn Jahren war noch recht kindlich in Aussehen und Gemüt, aus Putz und anderem Firlefanz machte ich mir absolut nichts. Um die große Schwester zu ärgern, sang ich immer wieder – in schönstem Berliner Dialekt – einen etwas ordinären Gassenhauer, den ich mal irgendwo aufgeschnappt und umgedichtet hatte:

»Jeliebtes Fräulein Siska,
bitte jeb'n Se mir mal
den Schlüssel von dem Pissoir,
der ist ja jar nicht da!
Jeh'n Se rechts 'rum, jeh'n Se links 'rum,
jeh'n Se immer j'radeaus,
dann kommen Se an ein Sch...haus,
und dann sch... Se sich aus!«

Statt die Sache mit Humor zu nehmen, ärgerte die Siska sich über diesen Gesang grün und blau. Dabei hatte ich eine wirklich schöne Singstimme, wie mir in der Schule immer wieder bestätigt worden war. Das wusste sie nur nicht zu würdigen. Wenn meine

Schwester mich erwischen konnte, gab sie mir auch manchmal eine auf die »Schniss«, wie man bei uns das lose Mundwerk nennt. Doch ich ließ mich nicht davon abhalten, ihr mein Lieblingslied bei der nächsten Gelegenheit wieder vorzutragen.

Sigunes Erinnerung

Wenn wir die Oma recht lieb darum baten und sie guter Dinge war, sang sie auch uns dieses kleine »Kunstwerk« vor – und zwar den vollen, deftigen Text, ohne die Pünktchen …

Meine Schwester Edda fand das Lied so amüsant – sie hatte wohl das gleiche Temperament wie unsere Großmutter –, dass sie jedes Mal einstimmte. So gab's dann immer ein Duett vom »Jeliebten Fräulein Siska«.

Sigune berichtet

Opa Sepp

Mein Großvater Sepp, Linas Mann, war mein Ein und Alles. Leider hatte ich ihn nur neun Jahre an meiner Seite. Doch diese Zeit prägte mich wie kaum eine andere. Oma Lina war zwar meine wichtigste Bezugsperson, gleich danach kam jedoch der Sepp, noch weit vor meinen Eltern. Im Gegensatz zu diesen hatte er immer Zeit für mich, vor allem dann, wenn Oma mit Hausarbeit beschäftigt war.

Stundenlang konnten wir miteinander reden oder spielen. Oft durchstreiften wir auch die Gegend, wo er mir eine Menge über Flora und Fauna beibrachte, ja sogar über uns Menschen selbst, denn er besaß eine beachtliche Menschenkenntnis. Auch über den Bergbau im Allgemeinen und den Kohlebergbau im Besonderen erfuhr ich so einiges vom Opa.

Bei seinen Erzählungen ging er in der Geschichte sogar bis zum Jahre 1870 zurück. Da es im Saarland kein Eisenerz gab, kam es der Region damals gerade zupass, dass nach dem Deutsch-Französischen Krieg von 1870/71 Teile Lothringens, in denen Eisenerz gefördert wurde, an das Deutsche Reich fielen. Weil diese Erze aber einen geringeren Eisengehalt aufwiesen als die anderer Regionen, nannte man sie verniedlichend »Minette« – ein Begriff, der aus dem Französischen stammt und so viel wie »kleines Bergwerk«, »kleine Ader« bedeutet. Dennoch lohnte es sich, dieses Erz per Bahn ins Saarland zu transportieren, wo man Kohle abbaute. Durch das Zusammenspiel von Kohle und Eisen entstanden in kurzer Zeit Hüttenwerke und Eisen verarbeitende Industrien, die vielen Menschen Lohn und Brot brachten, so auch etlichen meiner Vorfahren.

So wichtig der Bergbau für die Bewohner des Saarlandes auch war, so richtete er doch erhebliche Schäden an. So manches Haus wurde Opfer der Arbeiten unter Tage. Die Schäden fielen mitunter so stark aus, dass die Häuser erheblich saniert oder gar abgerissen werden mussten. Mit unserem Zuhause hatten wir Glück, es lag nicht über einem Kohleabbaugebiet.

Mein Opa Sepp arbeitete sein ganzes Berufsleben lang als Bergmann. Er, Jahrgang 1900, stammte zwar von einem ansehnlichen Bauernhof und hätte diesen liebend gern übernommen, aber er hatte das Pech, dass drei Jahre nach ihm den Eltern noch ein Sohn geboren wurde. In der Region war es üblich, dass der Jüngste das Anwesen erbte. Nur wenn dieser partout nicht wollte, konnte ein älterer Bruder zum Zuge kommen.

Georg, der Jüngste aber, zeigte schon von klein auf sehr großes Interesse an der Landwirtschaft und dachte nicht im Traum daran, auf sein Erbe zu verzichten.

Damit der Sepp eine Existenz hatte, wurde er mit sechzehn Jahren kurzerhand in seinem Heimatort Heiligenwald in die Kohlengrube gesteckt. Schon als Lehrling musste er unter Tage arbeiten: in der Grube »Itzenplitz«, die nach einem preußischen Handelsminister benannt war, 1960 jedoch stillgelegt wurde, weil der Abbau nicht mehr lohnte.

Im Jahre 1921, als in Heiligenwald der elektrische Strom Einzug hielt, begegnete ihm meine Großmutter Lina Jochum auf einem Fastnachtsball. Von dieser Begegnung schwärmte sie mir immer wieder vor: »Es war am Rosenmontag, mit meiner Freundin Ilse besuchte ich den Maskenball. Kaum hatten wir den Saal betreten, fiel mir ein gut aussehender Bursche mit schwarzen Locken auf. Er war der Größte und Stolzeste von allen. Zielsicher steuerte ich auf ihn zu und bat ihn zum Tanz. Zum Glück ist bei uns an Fastnacht immer Damenwahl, sonst hätte ich ihn nicht abgekriegt. Um mir gleich jede Konkurrenz vom Hals zu halten, zischte ich meiner Freundin zu: ›Den kriegst du nicht, das ist meiner!‹«

All das vertraute mir Oma an, als sie mich alt genug für solche Enthüllungen hielt. Verschwörerisch fügte sie hinzu: »Von sich aus wäre Sepp bestimmt nicht auf die Idee gekommen, mich zum Tanz aufzufordern.«

Durch ihre Initiative aber hatte sich der attraktive Mann sofort in die hübsche junge Dame verliebt, und noch im selben Jahr wurde Hochzeit gehalten. Da es um Wohnraum damals äußerst schlecht bestellt war, nahm das junge Paar das Angebot von Linas Eltern gern an. Sie durften zwei Räume im Keller bewohnen.

Theo, der Stammhalter, kam bereits 1922 an, und drei Jahre später Tochter Sylvia, die meine Mutter werden sollte. Für die vierköpfige Familie wurde die Behausung eng und enger. Eine größere und komfortablere Wohnung konnten und wollten sich Lina und Sepp jedoch nicht leisten. Sie lebten äußerst sparsam und legten jeden erübrigten Pfennig beiseite, weil sie sich ihren Traum vom eigenen Haus so bald wie möglich erfüllen wollten.

Es waren noch keine fünf Jahre nach Sylvias Geburt vergangen, da starb Peter, Sepps Vater. Er vermachte seinem Zweitjüngsten – weil er wusste, wie sehr dessen Herz an der Landwirtschaft hing – einen beachtlichen Acker.

Auf diesem erbaute mein Großvater nicht nur ein Wohnhaus, sondern errichtete auch gleich Stall und Scheune in der Absicht, einige Tiere zu halten. Das Stück Land war groß genug, um Kartoffeln und Viehfutter anzubauen, eine ausgedehnte Wiese zum Heumachen blieb auch noch.

Nun hatte Familie Jakob also ihr eigenes Haus und Sepp seine kleine Landwirtschaft. In dieser konnte er sich nach Feierabend betätigen und für den Eigenbedarf Kartoffeln, Obst und Gemüse ziehen sowie für sein Vieh das benötigte Futter. Die kleine Familie hätte also restlos glücklich sein können. Sepp war es gewissermaßen auch, doch in seiner Frau nagte etwas, denn er fand oft nach der Arbeit im Schacht nicht gleich den Weg nach Hause.

Ihm erging es wie den meisten anderen Bergwerksarbeitern: Das unter Tage herrschende staubige und heiße Klima machte Durst. Um sich den Staub aus der Kehle zu spülen, kehrten sie gern in eine der zahlreichen Kneipen ein, die auf ihrem

Heimweg lagen. Dort wanderte so manche »Bombe« Bier über den Tresen: jene Literflaschen mit Schnappverschluss, wie sie damals bei uns üblich waren.

Lina, die arme Ehefrau, wartete unterdessen vergebens mit dem Essen auf ihren Mann. An diesen Tagen blieb auch das Schuften im Stall und auf dem Feld allein an ihr hängen. Zum Glück verstand sie etwas von diesen Arbeiten, weil sie als junges Mädchen öfter im Sommer bei Bauern in Dienst gestanden hatte.

Wenn der gute Ehemann gar zu lange ausblieb, schickte Lina schon mal Theo, den Sohn, auf die Suche, damit er den Vater nach Hause bringe und am weiteren Geldausgeben hindere. Denn alles, was die Väter sich durch die Gurgel jagten, fehlte nachher der Familie zum Leben. In jener Zeit war Theo allerdings nicht das einzige Kind, das sich in schöner Regelmäßigkeit auf »Vatersuche« begab. Viele Bergarbeiterfrauen schickten ihre Zöglinge los, damit sie den Ernährer heimholten, ehe er den ganzen Wochenlohn versoffen hatte.

Als Theo siebzehn war, brach der Zweite Weltkrieg aus, und zwei Jahre später wurde der junge Mann eingezogen. Nach einem Jahr erhielten seine Eltern die Nachricht, dass er nach einer Schlacht als vermisst gelte, besonders für seinen Vater ein herber Schlag, war er doch so stolz gewesen auf seinen Stammhalter.

Als der Zweite Weltkrieg endete und man noch immer nichts von Theo gehört hatte, wandten sich die Eltern an den Suchdienst des Deutschen Roten

Kreuzes. Dort erhofften sie sich, Auskunft über den Verbleib ihres Sohnes zu erhalten.

Das DRK konnte ihnen Anfang der Sechzigerjahre tatsächlich eine Mitteilung machen. Demnach war Theo 1944 in einem rumänischen Lazarett an den Folgen von Typhus gestorben.

»Diese traurige Gewissheit war für mich immer noch leichter zu ertragen als die schreckliche Ungewissheit, was aus ihm geworden sei«, sagte Opa einmal, während er sich eine Träne aus den Augen wischte. Er selbst hatte Glück gehabt, weder im Ersten noch im Zweiten Weltkrieg war er zu den Waffen gerufen worden. Als Arbeiter in einem Kohlebergwerk leistete er einen kriegswichtigen Dienst und war deshalb nicht abkömmlich.

Das Jahr 1950 brachte eine einschneidende Veränderung in Sepps Leben. Obwohl er persönlich vom Krieg verschont geblieben war, tickte in ihm eine Zeitbombe. Eine Weile nach Kriegsende wurde er immer wieder von heftigem Husten geplagt, und das Atmen fiel ihm immer schwerer. Wenn seine Frau ihn darauf ansprach, tat er seine Qual als »Erkältung« ab.

Als es nach Wochen nur schlimmer statt besser wurde und ihn immer wieder Hustenanfälle mit Auswurf von zähem Schleim attackierten, sprach Lina ein Machtwort und drängte ihn, doch endlich zum Doktor zu gehen.

Das tat der Folgsame dann schließlich. Der Arzt ließ ihn husten, horchte ihn ab und ließ eine Röntgenaufnahme anfertigen. Die Diagnose war schnell gestellt: Silikose! Diese Krankheit ist allgemein unter dem Namen »Steinstaublunge« bekannt.

»Was kann man dagegen tun?«, wollte der Bergmann wissen.

»Das Einzige, was Ihnen hilft, ist, sofort in Rente zu gehen.«

»Was? In Rente? Ich mit meinen fünfzig Jahren? Kann ich nicht noch ein, zwei Jährchen anhängen?«, lautete der entsetzte Kommentar.

»Nein, Herr Jakob. Wenn Sie noch ein paar Jahre leben wollen, müssen Sie sofort aufhören«, drängte der Arzt.

»Ach, so schlimm wird's schon nicht sein. Verschreiben Sie mir ein paar Pillen, dann wird es bestimmt besser.«

»Gegen diese Krankheit helfen keine Tabletten. Viel Bewegung an frischer Luft ist die einzige Medizin, die ich Ihnen verschreiben kann.«

Das war ein harter Schlag für den Sepp. Seine Arbeit, wenn sie auch zu den äußerst anstrengenden und den gefährlichen gehörte, war zu seinem Lebensinhalt geworden. Vor allem aber würde ihm der Kontakt zu den Kumpeln fehlen, deshalb sträubte sich zunächst in ihm alles gegen das Ansinnen des Arztes. Er versuchte, mit ihm zu verhandeln, um wenigstens noch ein paar Monate herauszuschinden.

Doch der Mediziner blieb beharrlich, die Erkrankung sei nicht heilbar, und jeder weitere Tag im Kohleabbau würde den Zustand nur verschlimmern.

Von diesen Worten ließ sich mein Opa schließlich überzeugen, und er begann, die Sache von der positiven Seite aus zu betrachten: »Dann habe ich mehr Zeit für meine Landwirtschaft und damit gleichzeitig Bewegung an der frischen Luft.«

Die Formalitäten waren schnell erledigt, und Opa trat ab 1950 sein Rentnerdasein an. Lina hatte bis dahin, um die Arbeit für sich überschaubar zu halten, außer zwei Schweinen und einem Dutzend Hühnern nur zwei Geißen gehabt. Nun sah Sepp seine große Stunde gekommen.

Also stieg der vorzeitig pensionierte Bergmann, der ja von Hause aus alle bäuerlichen Arbeitsgänge kannte, voll in die Landwirtschaft ein. Zunächst kaufte er eine Kuh, verdoppelte den Bestand an Schweinen und stockte die Hühner um zwei Dutzend auf. Mit allem, was er mit seiner »Bauerei« erwirtschaftete, zahlte er zunächst das Haus ab. Was danach an Gewinn übrig blieb, steckte er wieder in den Bauernhof. Ehe er aber auch die Anzahl an Kühen verdoppeln, die der Ziegen verdreifachen und die der Schweine erneut verdoppeln konnte, musste mehr Land her, denn sein landwirtschaftliches Gelände hätte nicht genug an Nahrung für so viele Tiere hergegeben.

Er griff also mit beiden Händen zu, als von der Bergwerksgesellschaft Acker- und Wiesenland zu einem sehr niedrigen Pachtzins angeboten wurde, und vergrößerte danach auch die Anzahl seines Federviehs erheblich.

Nach und nach brachte er es auf mehrere Hundert Hühner und ein halbes Dutzend Gänse, damit man endlich eigene Federn hatte und zu Weihnachten einen Gänsebraten. Von den Hühnern fielen bald täglich an die dreihundert Eier an. So viele konnte die Familie beim besten Willen nicht verzehren, obwohl in meiner Kindheit fast täglich Eiergerichte auf dem Speiseplan standen.

Oma Linas Aufgabe bestand darin, die übrigen Eier zu vermarkten. Mit zwei großen Taschen, in denen sie die sorgfältig in Zeitungspapier gewickelten Eier, immer sechs Stück nebeneinander, verstaut hatte, lief sie täglich im Dorf herum, um die Stammkundschaft zu beliefern. Eierschachteln waren bei uns damals nicht üblich, sie wären sicher auch zu teuer gewesen.

Später, als es mich schon gab und ich einigermaßen tapfer auf den Beinen war, durfte ich Oma bei diesen Gängen begleiten. Das tat ich nicht ungern, denn meist fiel für das »brave Kind« etwas ab. Das konnte etwas Süßes sein, ab und zu auch ein paar Pfennige für die Spardose. Der Opa war so schlau und so geschickt, dass er für die Hühner Nester konstruierte, von denen aus die Eier sanft in eine Kiste rutschten, sodass sie sauber blieben und Oma sie vor dem Verkauf nicht abwaschen musste.

Im Herbst wurden die älteren Hühner geschlachtet und als Suppenhühner verkauft, auch dafür gab es Abnehmer genug. Damit war ein Teil des Federviehs über Winter aus dem Futter. Im Frühjahr zog man sich neues nach, indem man einige Glucken brüten ließ. Das lief noch alles natürlich bei uns ab, es gab keine Brutapparate und vor allem keine Käfighaltung. Unsere Hühner waren noch glückliche Tiere, liefen den ganzen Tag auf der riesigen Wiese herum und scharrten eifrig im Boden. Zusätzlich bekamen sie natürlich gekauftes Futter wie Muschelkalk und Legemehl sowie jede Menge Gartenabfälle. Sogar einen stolzen bunten Gockel gab es, der tüchtig seines Amtes waltete, sonst wären im Frühjahr nicht so viele gesunde Küken geschlüpft.

Zwei Eiergeschichten

Da meine Großeltern so viele Hühner ihr Eigen nannten, trugen sich natürlich auch »Eiergeschichten« zu. Deshalb möchte ich es nicht versäumen, zwei davon zu erzählen.

Eines Tages beobachtete Oma Lina, von der zehnjährigen Edda unbemerkt, wie diese im Hühnerstall mehrere Eier aus dem Nest nahm. Oma sprach sie nicht darauf an. Am Abend aber, als mein Vater von der Arbeit kam, berichtete sie ihm von der Beobachtung. Besorgt fügte sie an: »Meinst du, dass das Kind bei mir nicht satt wird?«

Als wir nach dem Abendessen in der Küche noch alle beisammen saßen, stellte mein Vater seine älteste Tochter zur Rede: »Stimmt es, dass du Eier aus dem Nest genommen hast?«

Sie nickte mit Unschuldsblick. Doch noch bevor sie eine nähere Erklärung abgeben konnte, zog der Vater einen seiner Pantoffeln vom Fuß und bearbeitete damit Eddas Hinterteil. Das war seine übliche Art der Bestrafung.

Das Mädchen ließ das alles ohne Klagelaute über sich ergehen. Auf des Vaters anschließende Frage, wieso sie auf die Idee gekommen sei, Eier zu stehlen, und was sie damit gemacht hätte, antwortete meine Schwester: »Die hab ich der Katze zu fressen gegeben.«

Große erstaunte Augen rundum.

»Wie? Der Katze?«, echote der Vater ungläubig.

Edda nickte. »Die Nachbarin ist an allem schuld. Sie hat gesagt, Eier sind gut für die Katze. Davon kriegt sie ein Fell so weich wie Seide.«

Ich kann mir nicht erklären, warum Edda Wert darauf legte, dass die Katze ein seidenweiches Fell bekam. Weil das Kind aber so naiv war, dem Tier zu einem solchen zu verhelfen, ist ihr das eigene versohlt worden, im wahrsten Sinne des Wortes. So dumm kann es manchmal im Leben laufen.

Die zweite Eiergeschichte, die sich etwas später abspielte, hat mit mir und meiner eigenen Naivität zu tun. Edda war noch immer zehn und ich demnach sechs Jahre alt.

Der Opa kam nach seinem Besuch im Hühnerstall ganz aufgeregt in die Küche. »In den Nestern hab ich viel weniger Eier als sonst gefunden! Da muss jemand eine Macke haben. Denn als ich außen am Stall vorbeiging, sah ich eine Menge Eierschalen auf dem Boden liegen. Deshalb betrachtete ich mir die Wand genauer, die war über und über mit Eigelb verschmutzt.«

Alle Augen richteten sich spontan auf Edda, die aber beteuerte: »Nein, ich war's bestimmt nicht. Ich hab noch die Nase voll von der letzten Lektion.«

In diesem Moment meldete ich mich zu Wort: »Opa, ich weiß, wer es war.«

Nun sahen alle mich an.

»Etwa du?«, fragte der Opa ungläubig.

»Nein, ich war es nicht. Der Thomas war's.« Weil man mir offenbar nicht glaubte, dass es mein Spielkamerad gewesen sei, fuhr ich in meiner Rede fort: »Ich hab ihm extra gesagt, dass er das nicht tun soll, aber er hat nicht auf mich gehört.« Dazu muss ich erklären, dass der Bub zwei Jahre älter war als ich und mindestens einen Kopf größer.

»Was? Warum sollte er denn so etwas machen?«, rief der Opa erstaunt. »Die haben doch daheim eine Hühnerfarm!«

»Es war aber der Thomas«, versicherte ich erneut. »Er wollte mal sehen, wie das ist, wenn man Eier an die Wand wirft. Daheim hat er sich nicht getraut.«

Das mit der Hühnerfarm stimmte, die Familie muss mindestens tausend Hühner gehabt haben. Nicht dass mein Großvater dazu neigte, jemanden zu verpetzen, in diesem Fall hielt er es aber für angebracht, dem Vater von Thomas die Eierstory zu erzählen, damit sich so etwas nicht wiederhole. Der reagierte natürlich so, wie alle Väter damals reagiert hätten: Wie wir aus gut unterrichteter Quelle erfuhren, verbläute er seinem Sprössling tüchtig das Hinterteil, damit der sich besser einprägen solle, dass man so etwas nicht tat, weder zu Hause noch anderswo.

Zu der Zeit beklagten meine Großeltern zwar den Verlust von zwanzig Eiern, später konnten wir aber noch oft herzlich über diese Geschichte lachen.

Wenn Opa Sepp für mich auch der beste Großvater war, den ich mir hätte denken können, so war er doch beileibe kein Heiliger. Bei meiner Geburt war er bereits seit neun Jahren nicht mehr in die Grube eingefahren, und als ich sechs Jahre alt wurde, hatte er seit anderthalb Jahrzehnten keine Kohlengrube mehr von innen gesehen. Er hätte also keinen Grund gehabt, in ein Wirtshaus einzukehren, um sich den Kohlenstaub aus Mund und Kehle zu spülen. Dennoch verschwand er immer wieder mal für Stunden.

Wahrscheinlich hatte er die liebe Gewohnheit, gelegentlich einzukehren, beibehalten, um seine alten Kumpel wiederzutreffen, mit ihnen zu diskutieren und gemeinsam Skat zu spielen.

Eines Tages sagte Oma Lina zu mir: »Komm, Sigune, wir müssen den Opa suchen.«

Wir zogen also los zur nächstgelegenen Kneipe. Lina selbst blieb draußen stehen, mich aber schickte sie hinein. Entweder genierte sie sich, die suchende Ehefrau zu spielen, oder sie wollte ihrem Mann die Peinlichkeit ersparen, dass er von seiner Alten gesucht werde.

Da ich ihn in der ersten Wirtschaft nicht fand, steuerten wir die nächste an. Oma blieb jedes Mal draußen, ich aber musste in den verräucherten Buden nachschauen, ob sich mein Großvater unter den saufenden und Skat spielenden Männern befand.

Im fünften Gasthaus wurde ich endlich fündig, zum Glück ging Opa bereitwillig mit. Wahrscheinlich war es genau das, was Oma erwartet hatte: dass er bei seinem geliebten Enkelkind keinen Widerstand leisten würde.

Einige Wochen später war es wieder so weit, ich begab mich mit ihr erneut auf Opasuche. Bald kannte ich alle Wirtschaften der näheren Umgebung, sodass Lina mich allein losschicken konnte, damit ich ihren versackten Ehemann heimbringe. Da ich mit schöner Regelmäßigkeit in den Kneipen auftauchte, kannten mich bald alle Wirte, und Opas Saufkumpane auch. Erfreulicherweise traf ich ihn am häufigsten in der Wirtschaft an, die unserem Haus am nächsten lag, das verkürzte natürlich meine Sucherei.

Die Wirtin dieser Kneipe nannte man die »schöne Leonie«; warum war mir ein Rätsel, denn ich konnte nichts Schönes an ihr finden.

Opa Sepp hatte auch einen Kosenamen für mich. Da mein Familienname »Lang« lautete und ich für mein Alter recht klein und zierlich war, nannte er mich anderen gegenüber oft »'s lange Bissje«.

Wenn man es genau nimmt, hatte Opa den falschen Beruf ergriffen, für einen Bergmann war er viel zu groß. Die Stollen waren teilweise so niedrig, dass selbst kleine Bergleute sich nur in gebückter Haltung darin bewegen konnten, was sehr schmerzhaft für den Rücken war. Ja, wie mir der Opa erzählte, gab es Stollen, da konnte man nur auf allen Vieren arbeiten, oder gar nur auf dem Allerwertesten sitzend. Dazu legte man sich eigens ein sogenanntes »Arschleder« unter, um den Hosenboden zu schonen. Es kam nicht selten vor, dass ein Bergmann von normaler Größe den halben Tag auf eben diesem Leder zubringen musste. Wie viel mehr Zeit muss der groß gewachsene Opa darauf verbracht haben!

Für einen Bergmann ebenfalls unentbehrlich war seine Grubenlampe. Voller Stolz zeigte mir der Großvater eines Tages die seine und erklärte: »Schau, Gunchen, unter Tage ist es stockdunkel. Man kann aber keine Lichtleitungen verlegen, denn der Arbeitsplatz wandert von Tag zu Tag weiter. Um etwas sehen zu können, muss jeder Kumpel sein eigenes Licht bei sich haben. Im Laufe meiner Bergmannszeit haben sich die Grubenlampen immer wieder

58

verändert, genau genommen sogar verbessert. Dadurch wurde die Arbeit im Stollen für uns immer sicherer.«

»Was meinst du denn damit? War es denn sonst gefährlich?«

»Und ob! Wenn man in eine Grube einfährt, weiß man nie, was einen da erwartet. Überall und ganz plötzlich kann man auf Schlagwetter treffen.«

»Was ist Schlagwetter?«, wollte ich wissen.

»Das sind brennbare Gase, wie sie sich oft in den Stollen bilden«, erklärte Opa geduldig. »Sie können leicht durch die offene Flamme der Lampe entzündet werden und zu einer gefährlichen Explosion führen.«

»Kann man denn nicht merken, ob solche Gase im Stollen sind?«, hakte ich nach.

»Bis dahin kann es schon zu spät sein. In meinen ersten Jahren im Bergbau hatten wir aber ein ganz einfaches lebendiges Warnsystem. Außer unserer Lampe nahmen wir Kanarienvögel mit unter Tage. Wenn sie das Köpfchen hängen ließen oder gar umfielen, bestand höchste Alarmstufe. Dann hieß es, nix wie raus aus dem Stollen. So haben sie manchem Kumpel das Leben gerettet.«

»Ach, die armen Kanarienvögel«, jammerte ich.

»Jaja, Gunchen, die taten uns auch leid. Aber es war doch besser, die gingen drauf als wir«, entschuldigte er sich gewissermaßen.

Da musste ich ihm recht geben. Weiter erklärte er mir, dass man bald Grubenlampen entwickelt hatte, die den Bergmann vor Schlagwettern warnen konnten. Seitdem brauchte man keine Vögelchen mehr.

Da zeigte ich mich sehr erleichtert. Weiter erfuhr ich, dass man lange Zeit Grubenlampen benutzte, die man in der Hand tragen musste oder am Anzug aufhängen konnte. Beide Arten seien beim Kohlehauen äußerst hinderlich gewesen, berichtete Sepp. Endlich habe ein findiger Tüftler eine batteriebetriebene Lampe entwickelt, die man auf der Stirn trug. Eine solche Kopflampe hatte Opa noch in seinen letzten Dienstjahren benutzen können. Sie hatte nicht nur den Vorteil, dass man beide Hände zum Arbeiten frei hatte, das Licht der Lampe strahlte auch genau dorthin, wo man etwas sehen wollte.

Opa erzählte auch von dem schlimmen Grubenunglück auf der Grube Luisenthal bei Völklingen, das im Jahre 1962, gar nicht so weit von uns entfernt, geschehen war.

Es sei eines der schwersten Grubenunglücke in der Geschichte der Bundesrepublik Deutschland gewesen. Die Zeitungen aus jener Zeit hatte er aufgehoben, sodass ich die Einzelheiten nachlesen konnte, als ich alt genug dazu war. Demnach hatten sich 433 Bergleute unter Tage befunden, als das Unglück geschah, 299 von ihnen starben, nur 61 der Männer blieben unverletzt.

Spontan umarmte ich den Großvater mit dem Ausruf: »Was bin ich froh, dass du nicht mehr im Bergwerk arbeiten musst! Sonst müsste ich jeden Tag Angst haben, es könnte dich auch erwischen.«

»Jaja, Kindchen«, antwortete er mit belegter Stimme. »Nachdem ich von dem Unglück auf Luisenthal gehört hatte, dankte ich dem Himmel, dass ich meine Bergmannszeit gut überstanden hatte und nie wieder in eine Grube einfahren musste.«

Nachdem er mir ausführlich von diesem Unglück und auch von einigen anderen berichtet hatte, verstand ich, weshalb man sich den Bergmannsgruß »Glück auf« zuruft.

Opa und ich unterhielten uns aber auch noch über andere Themen. So erfuhr ich von ihm eine Menge zur Landwirtschaft. Er gab mir praktische Unterweisung, nahm mich immer wieder mit in den Stall und erklärte mir geduldig, wie man dieses und jenes machte. Das Schöne daran war, dass er dabei nie verlangte, dass ich etwas arbeitete. Er ließ mich nur zugucken, wenn er selbst anpackte.

Das weckte meinen Ehrgeiz, und ich versuchte, ihn nachzuahmen. Ob es sich ums Heuherunterwerfen, Rübenhäckseln, Füttern der Kühe, Ausmisten oder ums Melken handelte – immer versuchte ich, es dem Opa gleichzutun.

Vorerst beschränkte ich mich mit dem Melken auf die Ziegen. Die Kühe erschienen mir kleinem Wesen doch ein bisschen zu groß, die Ziegen aber waren recht handlich und freundlich. Eine von ihnen, die Horni, gab eine besonders sahnige Milch. Deshalb durfte ich bald jeden Morgen in den Stall, um frische Milch für das Frühstück zu melken.

So erlernte ich spielerisch alle Stallarbeiten und setzte mir in den Kopf, einst Bäuerin auf diesem Anwesen zu werden. Denn dass meine Eltern Opas Nachfolger werden sollten, schien ziemlich ausgeschlossen. Sie hatten ja ihre Berufe und ihre Hobbys, die sie bestimmt bis ans Lebensende nicht aufgeben würden. Mein Bruder und meine Schwester kamen als Hoferben auch nicht infrage. Sie hatten an allem Möglichen Interesse, nur nicht an der Landwirtschaft.

Auf die Felder und Wiesen nahm der Großvater mich natürlich auch mit. Im April durfte ich beim Setzen der Rübenpflänzchen helfen, sie dann im Mai vereinzeln und später immer wieder zwischen ihnen Unkraut zupfen. All das ging ebenfalls spielerisch vor sich. Niemals erwartete Opa, dass ich ein gewisses vorgegebenes Pensum schaffte. Ich selbst war es, die den größten Ehrgeiz an den Tag legte, möglichst viel zu leisten.

Damit ich auch beim Heuzusammenrechen mittun konnte, hatte Opa eigens einen kleinen Rechen für mich besorgt. Nachdem wir bei strahlend blauem Himmel das Heu zusammengezogen hatten, übertrug er mir eine äußerst wichtige Aufgabe. Während er das Heu mit der Gabel hinaufreichte und Oma es auf dem Wagen ordentlich stapelte, durfte ich vorn bei den Kühen stehen und ihnen »befehlen«, wann sie weitergehen und wann sie wieder anhalten sollten. Das machte mich mächtig stolz.

Von Opa Sepp erfuhr ich auch einige Begebenheiten aus meiner frühen Kindheit, an die ich mich selbst nicht erinnern konnte, weil ich damals zu jung gewesen bin. Am meisten beeindruckt hat mich die folgende unglaubliche Geschichte.

Das Laufstühlchen

Zu der Zeit, als ich dabei war, laufen zu lernen, steckte man mich, wie damals üblich, in ein Laufstühlchen. Mit diesem pflegte ich unter Omas Aufsicht im Erdgeschoss herumzudüsen. Meine Eltern aber bewohnten den ersten Stock, dort befand sich auch das Kinderzimmer.

Wie allmorgendlich, nachdem meine Mutter mich frisch gemacht hatte, wollte sie mit mir zum Frühstück nach unten gehen. Weil sie jedoch im Schlafzimmer noch etwas zu erledigen hatte, »parkte« sie mich vorübergehend in besagtem Stühlchen. Dabei ließ sie außer Acht, dass die Schlafzimmertür nur angelehnt war.

Der Opa, der unten zufällig von der Küche in den Hausgang trat, vernahm plötzlich Kinderlachen. Als er diesem nachging, blieb ihm fast das Herz stehen. Er glaubte, seinen Augen nicht trauen zu können. Da entdeckte er doch tatsächlich seinen kleinen Liebling auf der zweituntersten Treppenstufe, dort zwischen Geländer und Wand eingeklemmt, wo die Treppe eine Kurve machte. Offensichtlich kam das Kleinkind weder vor noch zurück. Statt aber in dieser brenzligen Situation zu weinen, hätte ich laut gelacht.

Vor Schreck schlug Opa zunächst die Hände über dem Kopf zusammen und rief: »Mein Gott, Kind! Wie hast du das nur angestellt?«, bevor er mich aus meiner misslichen Lage befreite und mich in die Küche zu seiner Frau brachte.

Als wenig später meine Mutter herunterkam, ziemlich aufgelöst, weil sie mich in der ersten Etage nicht finden konnte, bekam sie aber etwas zu hören! Von Leichtsinn, von Verantwortungslosigkeit war die Rede. Sie aber beteuerte, sie habe sich gerade nur mal umgedreht, um etwas aus dem Kleiderschrank zu holen.

»Dieser Moment muss aber ziemlich lang gewesen sein«, entgegnete der Opa, »sonst hätte es Sigune nicht geschafft, die ganze Treppe hinunterzusteigen.«

Mir gegenüber betonte er ein ums andere Mal, er hätte nie geglaubt, dass ich es schaffen würde, mit dem unhandlichen Gerät heil bis nach unten zu gelangen. »Du musst mehr als einen Schutzengel gehabt haben«, versicherte er mir immer wieder. »Wie leicht hättest du dich überschlagen und die fünfzehn Stufen hinabpurzeln können! Aber selbst wenn du nur von einem Teil der Stufen abgestürzt wärst, hättest du dir das Genick brechen oder einen Schaden fürs ganze Leben davontragen können.«

Eine andere Geschichte, die insofern mit meinem Großvater zu tun hat, als dass sie sich vor seiner Lieblingskneipe abspielte, erlebte ich ohne ihn. Er lachte herzhaft, als ich sie ihm brühwarm berichtete. »Das sieht dem alten Saufkopp ähnlich«, war sein Kommentar.

Der spendable Briefträger

Eines Tages im Advent, ich besuchte die zweite Klasse, befand ich mich mit einigen Mitschülern gerade auf dem Heimweg, als ich auf der obersten Treppenstufe eines mir sehr vertrauten Wirtshauses unseren lieben Briefträger Heinrich entdeckte.

Lauthals grölte dieser ein Adventslied und fuchtelte dabei wild mit den Armen herum. Bei dem Versuch, nach unten zu torkeln – ich hielt schon den Atem an –, wäre er beinahe gestürzt. Im letzten Moment konnte er sich noch am Geländer abfangen. Aber wie sah er aus! Sein Haupt war geschmückt mit einem Adventskranz, auf dem alle vier Kerzen brannten. Damit erinnerte er mich lebhaft an Lucia, die Lichtheilige von Schweden, deren Bild uns kürzlich die Lehrerin gezeigt hatte.

Schwankend und lallend kam Heinrich auf uns Kinder zu. Er griff in seine Posttasche und verschenkte die letzten Briefe daraus an uns. Auch hatte er für jedes noch einen Groschen übrig. »Für Kaugummi«, erklärte er leutselig.

Den Groschen setzten wir auch gleich am nächsten Automaten in Kaugummi um. Die Briefe aber, mit denen wir nichts hätten anfangen können, gaben wir, da die Adressen leserlich draufstanden, bei den rechtmäßigen Empfängern ab. Dass Heinrich nach dieser Eskapade vorzeitig in den Ruhestand geschickt wurde, versteht sich von selbst.

Eine andere Begebenheit erlebte Opa auch selbst noch mit:

Die »Invasion«

Wie bereits erwähnt, gab es bis zu meinem zwölften Lebensjahr im Hause der Großeltern keinen Fernseher. Aber ein Radio besaßen sie, und das schon seit

Langem. Meist schalteten sie es am Abend ein, um Nachrichten zu hören. Wurde danach ein Hörspiel gesendet, blieben wir Kinder alle wie gebannt gemeinsam mit Oma und Opa vor dem Kasten sitzen, manchmal gesellte sich sogar noch unsere Mutter dazu.

Da sich sonst nicht viel bei uns ereignete, war es unser größtes Vergnügen, das akustische Geschehen im Rundfunk zu verfolgen. Wir krochen fast in den brauen Kasten hinein, damit uns nur ja kein Wort verloren ging. Aber immer, wenn es am spannendsten war, unterbrach der Sprecher mit den Worten: »Die Fortsetzung folgt morgen Abend durch den Äther, wir hören uns wieder, früher oder später.«

Obwohl wir die Handlung immer äußerst packend fanden und alle Geräusche realistisch wirkten, war selbst uns Kindern bewusst, dass es sich dabei um erfundene Geschichten handelte, die mit der Wirklichkeit absolut nichts zu tun hatten.

Doch eines Abends hatten wir – aus welchem Grund, weiß ich nicht mehr – das Radio etwas zu spät eingeschaltet und dadurch den Anfang der Sendung verpasst. Es ging um eine Invasion von Außerirdischen, dermaßen lebendig erzählt und akustisch so dramatisch dargestellt, dass wir wirklich den Eindruck gewannen, es handle sich um einen Tatsachenbericht. Selbst meine Großeltern waren davon überzeugt. Es war die Rede von unbekannten Wesen, die schon an verschiedenen Orten aufgetaucht seien.

Lina, total verängstigt, machte sich gleich daran, alle Fensterläden zu schließen, und veranlasste den

Sepp sogar, die Türen zum Keller und zum Stall zu verriegeln. Nach der Sendung gingen wir Kinder tief beunruhigt zu Bett und konnten lange nicht einschlafen.

Am Abend darauf, für den ein Hörspiel angekündigt war, machte der Ansager zu Beginn eine wichtige Mitteilung: »Meine Damen und Herren, bei unserem gestrigen Hörspiel ›Die Invasion‹ handelte es sich um reine Fantasie. Leider haben viele unserer Zuhörer die Schilderungen für bare Münze gehalten. Das hätte fast zu einer Massenhysterie geführt. Viele Menschen haben bei uns im Sender angerufen, andere haben sich Schutz suchend an die Polizei gewandt. Hiermit möchte ich Sie deshalb ausdrücklich darauf aufmerksam machen: Die Geschichte ›Die Invasion‹ ist frei erfunden. Bei unserem neuen Hörspiel, das wir jetzt ausstrahlen, wünschen wir Ihnen gute Unterhaltung.«

»Und deswegen habe ich alle Rollläden runtergelassen«, lamentierte die Oma.

»Und mich hast du gezwungen, alle Türen zu verrammeln«, beschwerte ihr Mann sich lachend.

Erleichtert atmeten wir alle auf. Das an diesem Abend folgende Hörspiel konnten wir nun unbeschwert genießen. Aber noch Jahre später, wenn man mit älteren Leuten ins Gespräch kam, erzählten sie, dass dieses Stück sie sehr aufgeregt habe, weil sie den Mitteilungen Glauben geschenkt hatten.

So weit ich damals zurückdenken konnte, hatte der Großvater Sepp immer wieder mal einen Hustenanfall gehabt und Schleim dabei ausgespuckt. Das war für mich etwas ganz Alltägliches, das gehörte zum Opa dazu. Aber nie zuvor hatte ich erlebt, dass er auch nur einen Tag im Bett verbrachte. Daher war ich sehr bestürzt, als ich eines Tages von der Schule nach Hause kam und Opa nicht auf seinem Platz am Mittagstisch vorfand.

»Wo ist Opa?«, fragte ich besorgt. »Ach, dem geht es gar nicht gut, deshalb ist er heute im Bett geblieben«, war Omas Antwort. Spontan wollte ich zu ihm eilen, das konnte Lina gerade noch verhindern. »Halt! Nicht so stürmisch«, rief sie, als ich die Küchentür schon erreicht hatte. Erst sollte gegessen werden, der Opa schlafe ja jetzt, später dürfe ich mal bei ihm hereinschauen.

Meine Großmutter und ich saßen allein am Tisch und löffelten in gedrückter Stimmung unsere Bohnensuppe. Meine Schwester hatte an diesem Tag länger Schule als ich, und Heinz, mein Bruder, war schon mit dem Vater unterwegs, um ihm bei seiner Arbeit zu helfen. Meine Mutter Sylvia hatte, wie meist, vorher schon ihre Suppe heruntergeschlungen, weil sie einen wichtigen Auftrag fertigstellen musste.

Gegen drei am Nachmittag durfte ich endlich an das Krankenlager. Auf Zehenspitzen schlich ich in sein Zimmer, um ihn nicht zu stören. Ich erblickte aber nicht mehr den Opa, den ich vom Vortag kannte. Sepp lag bleich und schwer atmend in den Kissen.

Er hob ein wenig die Augenlider, weil er mich gehört hatte. »Ach, Gunchen, bist du es?«, brachte er nur mühsam hervor.

Wenig später traf der Arzt ein, in den folgenden Tagen sollte er Stammgast in unserem Hause werden.

Wir Enkel durften nicht mehr zum Großvater hinein. »Er ist schwer krank«, erklärte Lina, »Besuch strengt ihn zu sehr an.«

Das sahen wir ein. Nur Sylvia durfte immer wieder zu ihm. Sie unterstützte ihre Mutter bei der Pflege.

Einmal tauchte auch jemand vom Gesundheitsamt auf. Die Frau wollte prüfen, ob der Opa auch ordnungsgemäß gepflegt würde. Ich schnappte auf, wie sie Oma fragte: »Wollen Sie Ihren Mann nicht ins Krankenhaus geben? Sie sind doch mit der Pflege überfordert.«

Lina antwortete: »Das ist mir egal. In guten Tagen haben wir zusammengehalten, nun tun wir das auch in den schlechten. Außerdem würde man sich im Krankenhaus bestimmt nicht so intensiv kümmern können, wie meine Tochter und ich das tun.« Zufrieden zog die Fremde wieder ab.

Nach etwa zwei Wochen, es war ein Sonntagabend, sagte die Oma, nachdem der Arzt das Krankenzimmer verlassen hatte: »Kinder, Opa möchte euch noch mal sehen.« Tränen strömten ihr über die runzligen Wangen.

Bedrückt betraten wir das Schlafzimmer des Großvaters und reihten uns neben seinem Bett auf, wo er schwer röchelnd lag, die Augen geschlossen.

Mühsam öffnete er sie, schaute uns der Reihe nach an und formte Worte, die wir nur mit Mühe verstanden: »Bleibt brav und helft der Oma, so gut ihr könnt.« Das versprachen wir einstimmig, bevor wir uns so leise, wie wir gekommen waren, wieder hinausschlichen. Hinter uns hörten wir noch seinen rasselnden Atem.

Als ich am folgenden Tag aus der Schule kam, traf ich Lina ganz in Schwarz gekleidet und mit verweinten Augen an.

»Der Opa hat ausgelitten«, sagte sie schlicht.

Laut schluchzend warf ich mich in ihre Arme, wo ich still weinend lange Zeit verharrte.

An der Beerdigung, zu der auch zahlreiche Verwandte, Freunde und Nachbarn kamen, nahmen viele seiner pensionierten oder auch noch aktiven Kumpel teil. Später erklärte mir Oma, dass Sepp an einer Rippenfellentzündung gestorben sei.

Eine Menge habe ich von ihm gelernt, alles hat er mir gezeigt und erklärt. Doch ein Geheimnis nahm er mit ins Grab – ein Geheimnis, das selbst seine Frau nicht kannte. Aber viele Jahre nach seinem, ja selbst viele Jahre nach Linas Tod sollte es doch noch ans Licht kommen.

Opas düsteres Geheimnis

Wie Oma stammte Opa aus einer kinderreichen Familie. Wenn ich ihn in meiner Wissbegier darauf ansprach, wich er jedoch immer wieder aus und schnitt ein anderes Thema an, weshalb ich mich in dieser Sache schließlich an Lina wandte. Sie liebte es, über die Familie zu reden.

So erfuhr ich von ihr nicht nur die Namen und Daten seiner Geschwister, sondern auch ein paar Einzelheiten aus deren Leben. Demnach waren es bei Sepp zu Hause sechs Buben und ein Mädchen gewesen. Katharina war seine Zwillingsschwester. Sie musste schon in recht jungen Jahren nach Bonn geheiratet haben, seitdem hatte es keinen Kontakt mehr zwischen den Zwillingen gegeben. Den Grund dafür wusste Oma leider nicht. Er hatte lediglich 1953 die Nachricht vom Tode seiner Schwester erhalten.

Seine beiden ältesten Brüder, Johann, geboren 1890, und Friedrich, Jahrgang '91, waren bereits im Ersten Weltkrieg gefallen. Über die Brüder Theodor, Jahrgang '93, und Peter, 1896 geboren, wusste Oma nur, dass sie ebenfalls Bergleute gewesen und vor einigen Jahren verstorben seien. Die genauen Jahreszahlen ihres Todes konnte sie mir leider nicht nennen.

Zwar wusste sie zu sagen, dass die Geschwister alle Familien gehabt hatten, zu diesen bestand aber keinerlei Kontakt. Nur über Sepps jüngsten Bruder konnte sie etwas mehr berichten. Er hieß Georg, war 1903 geboren und hatte nach dem Tode des Vaters im Jahre 1930 den Hof übernommen. Maria, seine Mutter, sei eine ernste, in sich gekehrte Frau gewesen, die kaum den Mund aufgemacht habe.

Dennoch hätten sie, solange die Mutter noch lebte, immer wieder Besuche auf dem elterlichen Anwesen gemacht. Dabei, so erzählte Lina mir, habe sie Georg als netten, umgänglichen Kerl kennengelernt. Deshalb sei es ihr unerklärlich, weshalb ihr Mann nach dem Tode seiner Mutter nie wieder den elterlichen Hof aufgesucht habe. Erbstreitigkeiten könne man ausschließen, bei der Testamentseröffnung sei alles friedlich über die Bühne gegangen.

Mehr über diese Seite der Familie war also auch von Oma beim besten Willen nicht herauszukriegen gewesen. Lediglich an den Mädchennamen der Mutter und den Namen des Ortes, aus dem diese stammte, erinnerte sie sich noch.

Nachdem Sepp gestorben war, erwähnte Lina einmal, sie hege die Vermutung, dass es um Opas Verwandtschaft ein Geheimnis gebe, das er selbst ihr, obwohl sie schon über vierzig Jahre lang zur Familie gehöre, nicht anvertraut habe. Doch ich kam hinter dieses Geheimnis, das sich als ein recht düsteres herausstellte, durch puren Zufall. Und das erst vor kurzer Zeit.

Seit einigen Jahren lebte in unserer Nachbarschaft eine alte Frau, die von auswärts zugezogen war. Zu ihr fühlte ich mich gleich hingezogen, weil sie mich ein bisschen an Oma Lina erinnerte. Man half sich mal mit diesem oder jenem aus und hielt auch das eine oder andere Schwätzchen. Eines Tages erwähnte sie dabei den Namen des Ortes, aus dem sie stammte. Da wurde ich hellhörig und verriet ihr: Aus diesem stamme auch die Mutter meines Großvaters. Ich nannte den Namen in der Hoffnung, dass die neue Nachbarin ja vielleicht Näheres über diese Familie wüsste.

»Oh mein Gott, ja«, antwortete sie und schlug, offensichtlich bestürzt, die Hände vor den Mund. »Diese Geschichte liegt schon Jahrzehnte zurück, aber sie bewegt die Gemüter der Dorfbewohner noch immer.«

Nach einigem Zögern war sie bereit, mir davon zu erzählen. Da es ein langer Bericht zu werden schien, wollte ich mir diesen nicht über den Gartenzaun hinweg anhören und bat die Nachbarin ins Haus. Bei einer guten Tasse Kaffee packte sie aus:

Maria, die Mutter meines Opas, hatte unter anderem einen Bruder namens Karl gehabt. Wie so viele Männer im Saarland, die den väterlichen Hof nicht erben konnten, schuftete Karl in der Kohlengrube. Vor Jahren hatte er eine nette Frau gefunden und mit ihr fünf Kinder bekommen. Er liebte es – wie so viele Bergleute –, nach der Schicht ins Wirtshaus zu gehen, um die trockene Kehle zu spülen. War er anfangs nur gelegentlich eingekehrt, so wurden seine Kneipenbesuche mit der Zeit immer häufiger. Ja, bald verging kaum ein Tag, an dem er nicht ein gehöriges Quantum Bier in sich hineinschüttete. Offenbar gehörte er zu denen, die nicht wissen, wann sie aufhören müssen. Heutzutage würde man einen Menschen wie ihn als Alkoholiker bezeichnen.

Das Geld, das er in der Wirtschaft versoff, fehlte natürlich der Familie zum Leben. Weil sie die Miete in ihrer Dorfwohnung bald nicht mehr zahlen konnten, waren sie in ein winziges, halb verfallenes Haus am Ortsrand gezogen.

Die Frau wusste oft nicht, wovon sie Lebensmittel kaufen sollte, und der kleine Garten gab auch nicht viel her. Es war keine Seltenheit, dass die Kinder hungrig zu Bett gehen mussten. Aber es kam noch schlimmer.

Wenn Karl in volltrunkenem Zustand endlich ins Haus torkelte und dann nichts Ordentliches auf dem Tisch vorfand, verprügelte er seine Frau nach Strich und Faden. Dabei schlug er so brutal zu, dass die verängstigten Kinder um das Leben der Mutter fürchteten und still vor sich hin weinten. Selbst den Jüngsten von ihnen war schon klar, dass sie dann völlig schutzlos in der Welt stehen würden, wenn er sie totprügelte.

Nachdem die Kinder etwas herangewachsen waren, versuchten die beiden älteren Söhne, die Mutter vor der Brutalität des Vaters zu beschützen. Ihr Bemühen nützte aber nichts. Sobald sie auch nur den Versuch antraten, die Mutter aus dem Gefahrenbereich zu ziehen, prügelte der Vater auf die Söhne ein und schlug sie fast zu Krüppeln. Bald spitzte sich die Lage dermaßen zu, dass sich Karl nach den Wirtshausbesuchen zunächst auf seine Kinder stürzte und sie grün und blau schlug, bevor er seine Frau mit einem Knüppel und Fußtritten attackierte.

Es gab niemanden, bei dem Mutter und Kinder Schutz und Zuflucht gefunden hätten. Deshalb fasste der Älteste im Alter von sechzehn Jahren einen Entschluss. Um das eigene sowie das Leben der Mutter und Geschwister zu retten, wollte er der Tyrannei ein Ende setzen. Mit einer Axt bewaffnet, legte er sich eines Abends hinter einem Busch an dem Weg, den sein Vater nehmen musste, auf die Lauer. Dieser Pfad führte ein Stück an einem Bach entlang.

Sobald die schwankende Gestalt des Vaters an dem Busch vorbei war, sprang der Sohn hervor und versetzte dem Betrunkenen mit der Schneide der Axt einen Schlag auf den Kopf. Tödlich getroffen, sackte dieser zusammen. Der Junge rollte den leblosen Körper die Böschung hinab, wo er in den Fluten versank.

An diesem Abend wartete die Mutter vergeblich auf ihren Mann. Einerseits war sie erleichtert, andererseits besorgt. Sie wusste ja nicht, was dahintersteckte. Als er am nächsten Morgen noch immer nicht zu Hause aufgetaucht war und auch von ihrem ältesten Sohn jede Spur fehlte, erstattete sie bei der Polizei eine Vermisstenanzeige.

Alle verfügbaren Beamten begaben sich auf die Suche. Es dauerte einige Tage, bis man Karls Leiche endlich fand. Sie hatte sich weit unterhalb des Dorfes am Pfeiler einer Brücke festgesetzt. Zunächst hielt man Karls Tod für einen Unfall und raunte im Dorf: »Das musste ja so kommen. Kein Wunder, dass er mit seinem besoffenen Kopf in den Bach gestürzt ist.«

Bei der näheren Untersuchung stellte man jedoch fest, dass die klaffende Kopfwunde nicht auf den Absturz zurückzuführen und der Karl nicht ertrunken war. Er musste bereits tot gewesen sein, als er im Bachbett landete. Nun ging man von Mord aus. Da der älteste Sohn zur gleichen Zeit wie sein Vater verschwunden war und unauffindbar blieb, fiel der Verdacht auf ihn. Die Suche konzentrierte sich nun auf den Sechzehnjährigen.

Nach einigen Tagen fand man ihn in einer Feldscheune, völlig verdreckt und halb verhungert. Willig ließ er sich festnehmen, selbst froh darüber, dass dieses Versteckspiel ein Ende hatte. Unverzüglich kam er in Untersuchungshaft und wurde schon bald dem Strafrichter vorgeführt. Dieser zeigte sich als sehr human, ihm war die Familie nämlich bekannt. Er wusste um die Alkoholattacken des Familienvaters und davon, wie sehr Mutter und Kinder darunter zu leiden gehabt hatten. Letztlich sprach er ein äußerst mildes Urteil.

Während der Sohn im Gefängnis saß, zog die Mutter mit den anderen Kindern in eine größere Stadt, um dem Gerede der Leute zu entgehen. Sobald der Junge seine Strafe verbüßt hatte, arbeitete er auf der Kohlengrube, um seine Mutter und Geschwister zu ernähren.

Der Getötete war also niemand anderer als der leibliche Onkel meines Opas gewesen, und der Vatermörder demnach sein direkter Cousin. Nun konnte ich verstehen, dass Sepp niemals über seine Familie hatte sprechen wollen.

Das Leben ging weiter

Lassen wir die Erinnerung wieder zurück in die Zeit nach Opas Tod schweifen. Danach war auf unserem Hof nichts mehr so wie einst. Abgesehen davon, dass Sepp uns als Mensch sehr fehlte, musste auch vieles neu geplant und umorganisiert werden. All die Tiere zu versorgen, schaffte die Oma allein nicht, denn ich mit meinen gerade mal neun Jahren konnte ihr noch keine große Hilfe sein.

Auf die Unterstützung meiner Eltern konnte Lina auch nicht zählen. Sie waren nicht nur beruflich stark eingespannt, sondern benötigten auch viel Zeit für ihr Hobby.

Als Erstes verkaufte Oma drei Kühe. »Für uns reicht die Milch von einer Kuh«, lautete ihre Erklärung. Danach wurden nicht nur Mastschweine, sondern auch noch einige Ziegen hergegeben. Ich sah zwar ein, dass das nötig war, aber bei jedem Tier, das den Hof verließ, blutete mir das Herz.

Von den verbliebenen Schweinen wurde eines im Frühjahr und das andere im Herbst geschlachtet, sodass nur noch die Sau übrig war. Deren Ferkel, die sie jedes Jahr warf, verkauften wir alle bis auf zwei, damit wir weiterhin jedes halbe Jahr schlachten konnten.

Im folgenden Herbst landete die ältere Hälfte unserer Hühner in diversen Suppentöpfen, und im Frühjahr setzten wir nur noch eine Glucke an, damit sie unseren Bestand verjüngte. Aus den zwölf untergelegten Eiern schlüpften immerhin zehn muntere Küken, von denen etwa die Hälfte Hähnchen waren. Diese wanderten nach und nach knusprig gebraten auf unsere Teller. Im Herbst verkauften wir wieder den älteren Teil der Hühner, so reduzierte sich das Hühnervolk dann ganz von selbst. Die Gänsehaltung gaben wir ganz auf. Alles, was wir an Federbetten benötigten, hatte Oma Lina schon fertig. Ja, vorausschauend, wie sie war, hatte sie sogar schon Federbetten für die Aussteuer ihrer Enkelinnen vorbereitet.

Das schwarze Schaf

Einige Zeit, nachdem Opa gestorben war und Oma unseren Viehbestand erheblich verkleinert hatte, nahm sie ein kleines Lämmchen in unsere Menagerie auf. Liebevoll nannten wir es »Lieschen«. Einerseits dachte Lina daran, von diesem Tier Wolle zu scheren, um diese zu verspinnen, »denn es wärmt nichts besser als selbst gesponnene Wolle«, wie sie zu sagen pflegte. Andererseits hoffte sie darauf, dass sich das

Schaf später vermehrte und wir zur Abwechslung einen Lammbraten auf die Speisekarte bekämen.

Zu fressen gab es für das neu erworbene Tierchen auf der großen Wiese hinter dem Haus genug. Auch das Heu würde bei unserem stark geschrumpften Viehbestand für den ganzen Winter reichen. An Gesellschaft sollte es Lieschen nicht fehlen, wir hatten ja noch zwei Ziegen. Gemeinschaft ist für ein Schaf wichtig, denn wie man weiß, ist es ein Herdentier und fühlt sich allein nicht wohl.

Oma hatte natürlich vorausgesetzt, dass sich Lieschen in Ermangelung von Artgenossen den Ziegen anschließen würde. Entweder waren diese ihm aber zu hochnäsig oder sie meckerten ihm zu viel. Traurig schaute sich das Lämmchen auf der Weide um, ob sich außer den wild herumtollenden Geißen nicht ein passenderer Umgang fände. Da entdeckte es unseren schwarzen Pudel Charly, der ebenfalls noch jung war, und wählte sich diesen als Spielkameraden aus. Die beiden verstanden sich prächtig und wuchsen gemeinsam auf.

Wie es aussah, hatten sie miteinander viel Spaß und wir als Zuschauer ebenfalls. Es war lustig anzusehen, wie sie auf der Wiese herumtollten und Charly mal auf, mal über und mal um das Lamm herumsprang.

Nach einem guten Jahr etwa, als aus dem Schäfchen ein Schaf und aus dem Lieschen eine Liese geworden war, wollte meine Oma wie geplant ihren Schafbestand vermehren. Aus diesem Grund entlieh sie sich aus unserem Nachbardorf einen Schafbock. Doch kaum hatte dieser unsere Weide betreten, ging es unserem Pudel schlecht. Jedes Mal, wenn er sich seiner Spielgefährtin nähern wollte, stieß ihn der Bock, der keinen Nebenbuhler duldete, weg. Charly blieb nichts anderes übrig, als sein Heil in der Flucht zu suchen.

Ziemlich sauer – er konnte ja nicht ahnen, dass der Neuankömmling nur vorübergehend Gast bei uns sein sollte – stand er am Wiesenrand und schaute eifersüchtig zu, wie sich das fremde Schaf mit seiner Jugendgespielin vergnügte. Erst als der Eindringling wieder verschwunden war, konnte er die Freundschaft mit seiner Liese wieder fortsetzen. Zu Ostern dann fand die Oma, als sie am frühen Morgen den Schafstall betrat, zwei Lämmchen vor, das eine makellos weiß, das andere pechschwarz.

Kaum war die Kunde von dem Nachwuchs in die Küche gedrungen, rannten wir alle hin, um das Wunder zu bestaunen. Doch was mussten wir zu unserem Entsetzen feststellen? – Die Liese war keine gute Mutter. Das weiße Schäfchen schien sie heiß und innig zu lieben, aber sobald sich ihr das schwarze näherte, um an ihren Zitzen zu saugen, stieß sie es brutal weg. Kein Wunder, dass das kleine Schwarze jämmerlich schrie, und nicht nur, weil es sich ungeliebt fühlte; sein Hunger wurde immer größer.

Die praktisch denkende Lina wusste Rat. Sie nahm das schwarze Gretelchen, das seine Farbe offensichtlich seinem schwarz gefleckten Vater verdankte, mit in die Küche. Durch die zwei Ferkel, die sie mit der Hand aufgezogen hatte, besaß sie ja Erfahrung mit »Flaschenkindern«. Aus einem Gemisch von Kuh- und Ziegenmilch bereitete sie dem schwarzen Schäfchen eine Flasche zu, die ich ihm mit großem Vergnügen reichen durfte.

Gierig nuckelte das Gretelchen daran. Obwohl es danach rundum satt sein musste, ließ es erneut jämmerliche Schreie vernehmen, wahrscheinlich vor lauter Sehnsucht nach Mutter und Schwester. Es wäre aber sinnlos gewesen, es wieder in den Schafstall zu bringen, weil das Mutterschaf es einfach nicht annehmen wollte. Deren Ablehnung verwunderte uns umso mehr, da wir doch annehmen mussten, dass ihr die schwarze Farbe von unserem Pudel, ihrem Spielgefährten, her bestens vertraut sein sollte.

Doch auch in diesem erneuten Notfall sprang Charly, der Treue, ein. Als er die kleine Grete so klagen hörte, legte er sich zu ihr und leckte ihr zärtlich die Schnauze. Was soll man sagen? Von da an schliefen die beiden jede Nacht gemeinsam in der Holzkiste neben dem Herd. Und wenn jemand von uns mit Charly Gassi ging, trottete das Lämmchen treu und brav hinterher. Die Leute blieben staunend stehen und freuten sich über das possierliche Schauspiel.

Nur einmal rief eine Frau verblüfft aus: »Da guckt mal, der eine Hund sieht ja aus wie ein Schaf!«

Cindy und Bert

Einige Jahre später, Oma hatte ihre »Schafzucht« längst aufgegeben – die ganze Familie war für Jahre mit warmen Wollsocken, Fausthandschuhen, Pullovern, Mützen, Schals und Westen versorgt –, brachte mein Vater eines Tages zwei süße Lämmchen, die gerade von der Mutter entwöhnt waren, daher. Das eine war pechschwarz, das andere fleckenlos weiß. Deshalb überlegten meine Schwester und ich, ob wir sie »Engel« und »Teufel« nennen sollten oder doch lieber »Schneeweißchen« und »Rosenrot«, obwohl uns letzterer Name nicht ganz treffend erschien.

Doch von unseren Namensvorschlägen wollte unser Vater nichts wissen. Humorvoll, wie er war, hatte er sich schon festgelegt, nämlich auf »Cindy« und »Bert«. Dazu muss man wissen, dass diese beiden Namensvettern ein aus dem Saarland stammendes deutsches Schlagerduo waren, das in den Siebzigern große Erfolge feierte.

Mein Vater hatte diese beiden Schäfchen als Bezahlung für das Verlegen eines Teppichbodens in einem Bauernhaus erhalten. Da es Merino-Schafe waren, die bekanntlich eine besonders wertvolle Wolle liefern, sollten die beiden das »Startkapital« für eine Merinozucht bilden.

In unserem alten Hühnerstall war aufgrund der drastischen Reduzierung unseres Federviehbestands und der Aufgabe von Omas »Wollzucht« genügend Platz für die beiden neuen Mitbewohner. Im Winter fraßen sie eifrig von unserem Heu, ab dem Frühjahr grasten sie voller Lebenslust auf der Wiese. Nur mit dem Nachwuchs tat sich nichts, worüber mein Vater sehr klagte.

»Mit Schafnachwuchs kann es nichts werden«, versuchte ich schließlich, meinen Vater aufzuklären.

»Was verstehst denn du naseweise Göre davon?«, versuchte er, mich abzukanzeln.

»Vermutlich ein bisschen mehr als du«, wagte ich zu widersprechen. »Schau mal genau hin! Das sind zwei Böcke.« So viel hatte ich von meinem Großvater schon gelernt, dass ich weibliche Tiere von männlichen einwandfrei unterscheiden konnte.

Helmut, mein Vater, aber hatte offensichtlich keine Ahnung. Woher auch? In einer Arbeiterfamilie aufgewachsen, hatte er als Vierzehnjähriger gleich eine Lehre als Dekorateur angetreten. Schon als junger Bursche hatte er am Zweiten Weltkrieg teilnehmen müssen und anschließend jahrelang in Kriegsgefangenschaft gelebt. Später warf er kaum mal einen Blick in den Stall meiner Großeltern. Beim Heumachen und bei der Kartoffelernte hatte er zwar gelegentlich mit angepackt, dabei lernt man aber nichts über Tiere.

Nun forderte ich ihn auf, sich Cindy und Bert mal genauestens anzusehen, was er auch tat. Trotz ihrer tollkühnen Bocksprünge konnte er erkennen, dass beide Merinos zwischen den Hinterbeinen völlig gleich gebaut waren.

»Eindeutig, das sind zwei Weibchen«, stellte er erfreut fest. »Wir brauchen also nur einen Bock kommen lassen, dann kann ich mit der Merinozucht gleich doppelt loslegen.«

»Aber Papa, da muss ich dich leider enttäuschen. Cindy und Bert sind eindeutig Böcke.«

»Du meinst«, startete er einen letzten verzweifelten Versuch, »das, was den beiden da hinten zwischen den Beinen baumelt, sind gar keine Euter?«

»Nein, so leid es mir auch für dich tut. Euter haben Zitzen. Das, was du siehst, sind ganz eindeutig Hoden.«

Nachdem mein Vater seine größte Enttäuschung verarbeitet hatte, erfreute er sich weiterhin an den quicklebendigen Schafen. Manchmal verlieh er sie an Bekannte mit weiblichen Tieren, die gerne Nachwuchs haben wollten. Hatten die beiden erfolgreich ihres Amtes gewaltet, bekam er auch einen kleinen Obolus, der allerdings bei Weitem nicht die Futterkosten deckte. Wir alle rechneten fest damit, dass wir »Cindy« und »Bert« spätestens nach einem weiteren Jahr als Braten auf unserem Tisch wiederfinden würden, um wenigstens eine kleine Entschädigung für das Futter zu haben.

Aber daraus wurde nichts. Den einzigen Nutzen, den uns die beiden Merinos brachten, war ihre Wolle. Die Menge fiel aber so gering aus, dass es sich nicht lohnte, diese zu verkaufen. Wenn das schöne Frühjahr kam, schor Oma »Cindy« und »Bert«, wie sie damals ihre eigenen Schafe auch selbst geschoren hatte. Lina war so geschickt in allem, was Wollverarbeitung anging, dass sie die Rohwolle selbst wusch, zupfte und verspann. Dann nahm sie ihre Stricktätigkeit wieder auf.

Die Großeltern Fritz und Mariechen

Bevor ich auf Eltern und Geschwister zu sprechen komme, möchte ich meine Großeltern väterlicherseits vorstellen. Als meine Großmutter, Mariechen Müller, im Jahre 1893 in Neunkirchen zur Welt kam, hatte sie bereits zwei Schwestern: Katharina war 1888 geboren und Luise 1891. Daher ist es verständlich, dass ihr Vater Karl seine ganze Hoffnung darauf gesetzt hatte, dass sein drittes Kind endlich der ersehnte Sohn würde. Nicht, dass Karl einen Besitz gehabt hätte, den er an diesen hätte vererben wollen. Nein, wie bei den meisten Männern damals galt es als Makel, wenn man keinen Sohn zeugen konnte. Mit einem Jungen hätte er vor Freunden und Kollegen sein Ansehen mächtig steigern können.

Ein angesehener Mann war er ohnehin schon, denn er hatte es auf der Eisenhütte bereits in frühen Jahren bis zum Meister gebracht. Als solcher lebte er, wie es sich gehörte, in einem Meisterhaus. Das unterschied sich von den Häusern der einfachen Arbeiter dadurch, dass es größer und komfortabler war.

In den folgenden Jahren wurmte es ihn schon sehr, dass vor den Häusern seiner »Untergebenen« Söhne herumtollten und vor dem seinen nur Töchter. Ein Glück, das sah er bald ein, dass sich seine Töchter zu hübschen jungen Damen entwickelten. So standen potenzielle Schwiegersöhne bald Schlange.

Auf Vorschlag des Vaters heiratete Katharina einen Steiger, also einen Bergmann in höherer Position, und Luise einen Arbeiter von der Eisenhütte, welcher es auch schon etwas weiter gebracht hatte als seine Kollegen. Damit waren beide Mädchen »standesgemäß« verheiratet. Aber nicht nur das, sie hatten gewissermaßen auch finanziell ausgesorgt, da ihre Ehemänner nicht schlecht verdienten.

Mariechen, die Jüngste, galt als die Hübscheste der drei, deshalb erwartete der Vater für sie einen Ehemann, der die beiden anderen noch übertrumpfen

sollte. Leider war Mariechen auch die Wählerischs-
te. Karl konnte ihr vorschlagen, wen er wollte, sie
hatte an jedem etwas auszusetzen. Im Jahre 1915
reichte sie ihre Hand endlich dem Maurer Ludwig
Hartmann, den sie sich selbst ausgesucht hatte.

Nun ist das Maurertum ein ehrenwertes Handwerk, und gebaut wurde immer. Dem Vater passte
dieser Schwiegersohn aber nicht so recht in den
Kram. In seinen Kreisen galten nur Männer etwas,
die im Bergwerk oder auf der Hütte arbeiteten. Deren Posten galten als sicher, und am Ende der Woche
hatten sie mehr in der Lohntüte als die meisten
Handwerker. Bei seiner Jüngsten war der Karl aber
schon immer etwas nachsichtig gewesen, also willig-
te er – wenn auch brummelnd – in die Heirat ein.

Leider zeigte sich schon bald, dass Ludwig seine
Frau mehr schlecht als recht ernähren konnte. Wie
sollte das erst werden, wenn Kinder kamen? Doch
noch ehe er für Nachwuchs sorgen konnte, wurde er
eingezogen, denn seit dem 1. August 1914 wütete der
Erste Weltkrieg.

Der junge Ehemann bekam zwar ein paarmal
Heimaturlaub, aber als Mariechen zu Beginn des
Jahres 1918 die Nachricht erhielt, dass ihr Ehemann
in Frankreich gefallen sei, war sie noch immer kinderlos.

»Was für ein Glück«, raunte man sich in der Familie zu. »Damit hat sie keine unmündigen Halbwai-
sen zu ernähren, und Mariechens Heiratschancen
sind ohne Kinder wesentlich höher.«

Nach einer schicklichen Trauerzeit bemühten sich
die Eltern Karl und Caroline dann, ihre Jüngste bald

wieder an den Mann zu bringen, zum einen, damit sie finanziell versorgt sei, zum anderen, weil sie die Tochter mit Mitte zwanzig für zu jung wähnten, um fortan ein Witwendasein zu führen.

Zunächst sah sich das Ehepaar Müller in der Großfamilie um. Dort fanden sie tatsächlich schon nach kurzer Zeit den geeigneten Kandidaten für die hübsche Maria: den Fritz Lang. Seinen Eltern war ebenfalls daran gelegen, ihn so bald wie möglich »unter die Haube zu bringen«. Sie befürchteten nämlich, er könne sich sonst zu einem alten »Übergänger« entwickeln. So bezeichnete man einen Junggesellen, der lieber seine Freiheit genoss, statt Verantwortung für eine Familie zu übernehmen.

Fritz gehörte insofern zur Verwandtschaft, als dass sein älterer Bruder Richard schon seit einigen Jahren mit einer Cousine von Mariechen verheiratet war. Da Richard aus gutem Elternhaus stammte, ein umgänglicher Kerl war, fleißig und familienbewusst, vermutete man diese Eigenschaften auch bei Fritz. Zudem konnte er mit weiteren Pluspunkten aufwarten, die auch Mariechen gewiss beeindrucken würden: Als großer und gut aussehender Mann konnte er eine sichere Arbeit auf dem Hüttenwerk nachweisen.

Nachdem sich die beiden Elternpaare also in jeder Hinsicht einig waren, wagte man es erst, die zwei jungen Menschen zusammenzuführen. Ob es bei den beiden wirklich gefunkt hat, weiß man nicht, zumindest schienen sie sich nicht zuwider zu sein. Schon nach wenigen Wochen ließen sie verlauten, dass sie zu heiraten gedachten.

Die Brauteltern richteten also eine zweite Hochzeit für die jüngste Tochter aus. Obwohl der Krieg vorüber war, fand auch diese Hochzeit in bescheidenem Rahmen statt. Erstens hatte es die Familie noch nie üppig gehabt, und zweitens war die Nachkriegszeit von großer Armut gekennzeichnet. In kleinem Kreis wurde also am 7. Juni 1919 die Hochzeit gefeiert.

Nach einem knappen Jahr kam der Stammhalter zur Welt, Helmut, der mein Vater werden sollte. Doch obwohl die Familie vom Fritz auf eine baldige Heirat gedrängt hatte, damit er kein »Übergänger« werde, war es anscheinend schon zu spät gewesen. In seinen Gewohnheiten war er bereits so festgefahren, dass seine arme Frau darunter leiden musste. In seinem Umfeld galt er als »Bettschoner«, also als einer, der nachts den Heimweg schlecht fand. Mit seinen dreißig Jahren hatte sich der gute Fritz schon so an das Junggesellenleben gewöhnt, dass er trotz Frau und Kind die Vorliebe nicht aufzugeben beabsichtigte, so oft es ging, seine Kameraden und Sangesbrüder aus dem Hüttengesangverein zu treffen. Mit diesen versackte er häufig in der Stammkneipe, nachdem die Gesangsprobe beendet war. Nicht selten kam es vor, dass er erst in den frühen Morgenstunden nach Hause wankte.

Um sein sauer verdientes Geld dann auszugeben, brauchte er aber nicht auf die nächste Singstunde zu warten. Es kam auch vor, dass er es am Zahltag nach der Schicht nicht schaffte, an den zahlreichen Wirtshäusern vorbeizugehen, die den Heimweg säumten. Das Ende vom Lied: Er ging nicht eher heim, bis der ganze Wochenlohn beim Teufel war.

Maria, seine arme Frau, wusste oft nicht, was sie auf den Tisch bringen sollte. Wenn die Schwestern Katharina und Luise ihr nicht finanziell unter die Arme gegriffen hätten, wäre bald die ganze Familie, die mittlerweile auf fünf Köpfe angewachsen war, den Bach runtergegangen. Denn vier Jahre nach dem ersten Sohn war ein zweiter geboren worden, der Hans. 1931 kam Tochter Marianne als »Zugabe«. Nicht, dass Fritz seine Kinder nicht geliebt hätte, aber der Wein war offenbar einfach stärker als er. Außerdem war Mariechen einfach zu gut für ihn. Sie schaffte es nicht, ihrem Ehemann seine schlechten Gewohnheiten auszutreiben.

Zu jener Zeit war der Fritz beileibe kein Einzelfall. Wie ich das bereits bei meinem Opa Sepp geschildert habe, gab es viele Männer, die nach schwerer körperlicher Arbeit etwas Ablenkung und Entspannung am Wirtshaustisch suchten, indem sie sich mit Kameraden und zahlreichen Flaschen umgaben.

Doch das Schicksal hielt für Mariechen und Fritz noch anderes bereit. Zunächst aber will ich von meinem Vater berichten.

Nur Unsinn im Sinn

Am 12. Mai 1920 erblickte Helmut in Neunkirchen/ Saar als erstes Kind von Fritz und Mariechen Lang das Licht der Welt. In der kleinen Dachgeschosswohnung lebte auch noch Großvater Ludwig, der Vater von Fritz. Wie bereits erwähnt, kamen in den Folgejahren zwei weitere Kinder dazu, sodass es ganz schön eng in der Mietwohnung wurde.

Schon früh, so ist es überliefert, hatte der Junge, der aussah, als könne er kein Wässerchen trüben, es faustdick hinter den Ohren. Immer und überall war er zu Späßen aufgelegt – meist allerdings harmlose Streiche, die er mit dem Bruder Hans anstellte. Einmal aber heckten die beiden etwas aus, das schlimm hätte ausgehen können.

Helmut erzählt

Das »Scheesewähnsche«

Als mein Bruder acht und ich elf waren, bekamen wir von unserer Mutter öfter den Auftrag, unsere kleine Schwester Marianne, als sie alt genug war, um im »Scheesewähnsche« zu sitzen, in diesem auszufahren. Mit »Scheesewähnsche« bezeichnet man bei uns den Sportwagen, »Scheese« ist dabei lautlich dem französischen Wort für »Stuhl« (»chaise«) angenähert. »Wähnsche« bedeutet »Wägelchen«.

Von dieser Aufgabe waren wir natürlich nicht gerade begeistert. In unserer Freizeit hätten wir wahrlich Besseres zu tun gehabt, als immer die kleine Schwester herumzuschieben. Einmal aber wollten wir aus diesem Umstand wenigstens unseren Spaß herausschlagen. Obwohl ich als Ältester eigentlich der Vernünftigere hätte sein müssen, schlug ich vor: »Jetzt lassen wir das Wähnsche einfach den Hüttenberg runterrollen. Mal sehen, wie schnell es wird.«

Wie nicht anders zu erwarten, gab sich Hans begeistert und war sofort mit von der Partie. Der Berg hatte ein beachtliches Gefälle; hinzu kam, dass er mit Kopfsteinpflaster belegt war und zudem noch Straßenbahnschienen vorhanden waren. Doch in unserem jugendlichen Leichtsinn erkannten wir noch nicht, welche Gefahren das Experiment barg.

Am Anfang der Straße brachten wir den Wagen in der Straßenmitte in Position. Dann ließen wir ihn los und schauten amüsiert zu, wie er immer schneller werdend den Berg hinunterpolterte. Wie sich jeder vernünftige Mensch denken kann, kippte die »Schees«, wie man den Wagen bei uns kurz nannte, nach etlichen Metern um.

Unser Schwesterchen muss einen sehr wachsamen Schutzengel gehabt haben, denn die Kissen, die ebenfalls herausgeschleudert wurden, dämpften ihren Sturz. Der Schrecken fuhr uns Brüdern jedoch gewaltig in die Knochen. Unsere Sorge galt dabei nicht so sehr der kleinen Marianne, sondern vielmehr uns. Das Kind schrie nämlich aus Leibeskräften, sodass von allen Seiten Leute herbeigerannt kamen, um zu gaffen und zu helfen.

Sie fragten uns beide Tunichtgute nach unseren Namen und wollten wissen, wo wir wohnten. Aus gutem Grund gaben wir keine Antwort. In höchster Eile packten wir das schreiende Baby samt Kissen wieder in die Schees und machten uns aus dem Staub. Denn wenn jemand uns daheim »verpetzte«, hätte unser Hinterteil Kirmes gehabt (für die, die es nicht wissen: »Kirmes« ist ein lokaler Ausdruck für die Kirchweih).

Unser Schwesterchen hatte zwar alles gut überstanden, aber noch bevor wir Helden die elterliche Wohnung erreichten, fiel mir auf, dass doch etwas Schmutz an ihren Wangen und Händchen zurückgeblieben war, was zu unliebsamen Nachfragen der Mutter hätte führen können.

Um dem vorzubeugen, durchforstete ich nervös meine Hosentaschen, aber wie meist hatte ich kein

Taschentuch dabei. Deshalb rief ich Hans, der einige Meter hinter mir geblieben war, zu: »Gib mir mal dein Sacktuch. Wir waschen die Kleine einfach mit Spucke ab!«

Gottlob, er hatte tatsächlich eines dabei. Auf dieses spuckte ich kräftig und rieb die verräterischen Spuren weg. Dass auch die Kissen ein wenig Schmutz abbekommen hatten, würde nicht auffallen, da sie bunt gemustert waren.

So entgingen wir nach diesem riskanten Manöver zum wiederholten Mal einer verdienten Tracht Prügel. Bei unserem nächsten Abenteuer blieb sie mir allerdings nicht erspart.

Eine »Batschkapp« mit Inhalt

In meiner Kindheit trug jeder Bub im Freien eine »Batschkapp«, eine Schirmmütze. Der Streich, den ich ausheckte und bei dem die Kappe meines Gegners eine bedeutende Rolle spielte, war nicht gerade »stubenrein«.

Eines Tages war ich mit meinen Kameraden zu einem Fußballspiel verabredet. In unserer Mannschaft befand sich auch ein Junge – ′s Bach-Karlsche, mit dem ich des Öfteren Ärger hatte, so auch an diesem Tag, als wir uns auf dem Heimweg von der Schule befanden. Die ganze Zeit über, während des Mittagessens und auf dem Weg zum Fußballfeld, sann ich darüber nach, wie ich dem Karlsche mal eins auswischen könnte. Da kam mir ein glücklicher Zufall zu Hilfe.

Das Spiel fand auf einer Wiese statt, und weil wir nichts Geeignetes hatten, was als Tor dienen konnte, schlug einer vor: »Wir markieren es einfach mit Batschkappen.«

Gesagt, getan. Mit Freuden gewahrte ich, dass auch die Schirmmütze vom Bach-Karlsche als Torpfosten diente.

In der ersten Halbzeit spielte ich recht unkonzentriert, ständig ging mir im Kopf herum, wie ich mich unauffällig der Kopfbedeckung meines Widersachers bemächtigen könnte. Auch da gab es für mich wieder eine glückliche Fügung. Um sich von der anstrengenden ersten Halbzeit auszuruhen, ließen sich alle am Rande der Wiese nieder, in respektvoller Entfernung von den »Torpfosten«.

Da alle damit beschäftigt waren, das Spiel zu diskutieren, achtete gerade keiner auf mich. Unbeobachtet, schnappte ich mir Karlchens Kappe und verschwand mit ihr hinterm Gebüsch. Dort konnte ich die Gemeinheit, die ich mir ausgedacht hatte, ungestört verrichten. Wieder nach allen Seiten sichernd, schlenderte ich mit der »gefüllten« Kopfbedeckung zu der Stelle zurück, wo sie weiterhin als Torpfosten dienen sollte. Scheinheilig legte ich sie wieder auf ihren alten Platz zurück, als ob nichts gewesen wäre. Dann mischte ich mich unter meine Mannschaft, um mit dieser die zweite Halbzeit zu bestreiten.

Doch kaum hatte diese angefangen, war sie schon wieder zu Ende. Der Tormann nämlich, das Bach-Karlsche, schrie plötzlich entsetzt auf: »Wer hat in meine Batschkapp geschissen?«

Sämtliche Spieler eilten herbei, um diese Ungeheuerlichkeit persönlich in Augenschein zu nehmen, und wollten sich schier kaputtlachen.

Nur dem Karlchen war nicht nach Lachen zumute. Mit Tränen in den Augen, Wut im Bauch und dem Corpus Delicti in der Hand rannte er nach Hause. Unterwegs schon stieg in ihm der Verdacht hoch, dass das eigentlich nur mein Werk gewesen sein könne, denn erstens hatte er mit mir auf dem Heimweg von der Schule Streit gehabt, und zweitens erinnerte er sich, dass er mich während der Halbzeitpause nicht gesehen hatte. Daheim berichtete er seinem Vater brühwarm, was geschehen war, und benannte mich als sicheren Täter.

Schnurstracks begab sich Karlchens Vater zu meinen Eltern und offenbarte ihnen die Schandtat ihres Ältesten. Meinem Vater kamen nicht die geringsten Zweifel, dass ich der Übeltäter sein musste. Karlchens Papa verlangte nicht nur eine neue Batschkapp für seinen Sohn, die von meinem Vater schweren Herzens bewilligt wurde, sondern betonte auch: »Für diese Sauerei hat der Helmut eine ordentliche Abreibung verdient.«

Voller Wut auf seinen Erstgeborenen, weil er ja nun das Geld für eine neue Kopfbedeckung berappen musste, rief Vater Fritz aus: »Der soll nur heimkommen! Wenn ich mit dem fertig bin, dann kann der acht Tage lang nicht mehr sitzen.«

Und was soll ich sagen, natürlich hielt Fritz Wort. Kaum dass ich die Wohnung betreten hatte, fiel er mit dem Lederriemen über mich her. So ging die Geschichte mit dem Bach-Karlsche für mich nicht so lustig aus. Das hinderte mich aber keineswegs daran, neue Streiche auszuhecken.

Die Kaffeekanne

Nachdem ich die Volksschule absolviert hatte, gaben mich meine Eltern zu einer namhaften Firma in Neunkirchen in die Lehre. Dort bildete man mich in dem ehrenwerten Dekorateurberuf aus. Nach meiner dreijährigen Lehrzeit schickte man mich 1937 nach Saarbrücken in das Stammhaus der Firma, wo ich als Gebrauchswerber, auch »Plakatmaler« genannt, und Schaufensterdekorateur tätig war.

Als Lehrling in Neunkirchen hatte ich mir schon einige Streiche erlaubt. Diese »Karriere« setzte ich als Geselle in Saarbrücken fort. Mir zur Seite stellte man den Lehrling Arthur. Von mir lernte der aber nicht nur das Dekorieren und Plakatmalen, sondern auch, wie man seine lieben Mitmenschen auf die Palme bringen kann.

In jener Zeit hatten wir einen nicht gerade sehr beliebten Vorgesetzten. Genauer gesagt, es war ein Vorgesetzter, den ich partout nicht ausstehen konnte. Das hatte seinen Grund. Dieser Kerl hatte nämlich eine äußerst unangenehme Eigenschaft: Er konnte nicht immer zwischen Mein und Dein unterscheiden. Es kam immer wieder vor, dass er mir meinen Kaffee einfach wegtrank. Dabei hatte er auch noch die üble Angewohnheit, jede Menge Zucker direkt in die Kanne zu schütten, und dann den Kaffee aus der »Schnute« zu trinken. Er setzte die Kanne nicht eher ab, bis sie leer war. Das machte er aber nicht nur bei mir so, auch andere Mitarbeiter der Firma klagten über diese Unart.

Um dem Chef das Handwerk zu legen, musste ich mir etwas einfallen lassen. Endlich hatte ich die richtige Idee ausgebrütet. Statt meine Kanne mit Kaffee zu füllen, gab ich eine starke Bouillon hinein, die ich zusätzlich mit reichlich Salz »verfeinerte«.

Arthur und ich legten uns auf die Lauer, um zu beobachten, wie dem Vorgesetzten das Getränk wohl schmeckte. Kaum war er bei seinem Kontrollgang meiner Kanne ansichtig geworden, kippte er, wie gewohnt voller Vorfreude auf den aromatischen Kaffee, eine große Menge Zucker hinein, setzte die Schnute an den Mund und nahm einen kräftigen Schluck.

Die Wirkung war ungeheuerlich. In hohem Bogen spuckte er das Gebräu wieder aus und warf die unschuldige Kanne laut fluchend in die Ecke. Zum Glück war diese aus Blech, so ging sie nicht zu Bruch, wies nachher nur einige Beulen auf.

Natürlich konnte er mir nichts, denn es war ja meine Sache, welches Getränk ich in meiner Kanne hatte. Jedenfalls machte sich der Schnorrer nach diesem Ereignis nie wieder an fremdem Kaffee zu schaffen. Vielleicht ist er ja seitdem ein überzeugter Teetrinker geworden.

Die Spiegelaffäre

Ein anderer Scherz, den ich mir gemeinsam mit Arthur, der mittlerweile mein Freund geworden war, in der Saarbrücker Firma erlaubte, ist ebenfalls erzählenswert. Immer wieder spukten mir verrückte Einfälle durch den Kopf. Dass ich kreative Ideen entwickelte, war für meinen Beruf als Dekorateur unabdingbar. Manchmal aber schoss ich dabei ein bisschen übers Ziel hinaus. Das konnte zum Nachteil eines Mitarbeiters, aber auch schon mal zum Nachteil eines Kunden sein.

Einmal, einige Wochen bevor die Fastnachtssaison anfing, hatte ich den Auftrag, mit Arthur ein Schaufenster zu gestalten, in dem schwarz-weiße Clowns und Harlekine ausgestellt werden sollten. Dazu musste ich mir etwas Extravagantes einfallen lassen.

Nach kurzem Nachdenken kam mir eine wirklich famose Idee, wie ich die Kostüme ins rechte Licht rücken und verkaufswirksam präsentieren könnte. Den gesamten Schaufensterboden belegte ich abwechselnd mit quadratischen Spiegeln und schwarzen Kartonquadraten, sodass der Boden wie ein Schachbrett aussah. Anschließend sollte eine junge Verkäuferin den Schaufensterpuppen die Kostüme anziehen. Bevor sie ins Schaufenster trat, warnte ich sie: »Passen Sie bloß auf, dass Sie nicht auf die Spiegel treten, die sind äußerst empfindlich. Sonst haben Sie lauter Scherben im Schaufenster, die Sie mühsam wegkehren müssen. Und wenn man einen Spiegel kaputt macht, hat man sieben Jahre Pech, und als junges Mädchen kriegt man sieben Jahre lang keinen Mann.«

Welche der beiden Drohungen die erwünschte Wirkung erzielte, ist mir nicht bekannt geworden. Mit spitzbübischem Vergnügen beobachteten wir nur, dass die junge Dame größte Vorsicht walten ließ. Um nur ja keinen der Spiegel zu zerstören, trat sie nur auf die schwarzen Felder. Dabei nahm sie notgedrungen eine breitbeinige Stellung ein. Arthur und ich im Hintergrund konnten uns das Lachen nicht verkneifen.

»Was lacht ihr denn so blöd?«, fragte die ahnungslose Verkäuferin.

Darauf erwiderte ich: »Oh wie nett, das gnädige Fräulein trägt heute himmelblaue Unterwäsche.«

Die junge Dame wurde puterrot im Gesicht und schimpfte wie ein Rohrspatz, weil wir sie beim Ankleiden der Puppen beobachtet hatten.

Zu unserer Verteidigung führte ich an: »Ja, wenn Sie sich schon so breitbeinig über einen Spiegel stellen, ist das doch Ihre Schuld. Sie können nicht erwarten, dass ein Mann bei einer solchen Ansicht unbedingt wegschaut.«

Über diesen Vorfall amüsierten wir uns noch eine Weile köstlich, vor allem, weil sie sich so aufregte, über diesen Scherz vermochte sie nämlich gar nicht zu lachen.

Auf wackligen Beinen

Mit Arthur arbeitete ich nicht nur für die Firma in Saarbrücken, ich nahm ihn auch häufig mit zur »Sackarbeit«. Darunter versteht man eine Tätigkeit, die nebenher, also nicht über die Firma läuft. Bei diesen privaten Aufträgen bekommt man den Lohn direkt in die Hand und kann ihn sozusagen gleich in den »Sack« stecken, wie man bei uns eine Tasche nennt.

Meine Sackarbeit führte mich häufiger in das benachbarte Lothringen, wo ich Schaufenster dekorieren durfte. In dieser Gegend, die bekanntlich seit dem Ersten Weltkrieg wieder zu Frankreich gehörte, arbeitete ich schon deshalb besonders gern, weil es dort zusätzlich zum Lohn stets gut und reichlich zu essen gab. Auch zu trinken bekamen wir, und das nicht zu knapp. Beim Rotwein sagten mein Freund und ich niemals Nein. Da wir immer per Bahn anreisten und auch wieder heimfuhren, konnte man auch mal ein Gläschen mehr trinken.

Als wir wieder mal von einer Tour heimkamen, wo wir gut und reichlich mit Essen und Getränken versorgt worden waren, meinte Arthur: »Solche Aufträge müsste man häufiger haben.«

»Ja, das find ich auch«, antwortete ich. Sogleich sann ich darüber nach, wie man es anstellen müsste, um aus einem Auftrag zwei zu machen.

Da kam uns ein Auftrag aus Merlebach wie gerufen; den Laden kannte ich, daher wusste ich, dass der Boden des Schaufensters, das wir dekorieren sollten, nicht mehr sehr sonderlich stabil war. Darauf hatte ich die Inhaberin des Geschäftes schon oft hingewiesen, sie hatte aber nichts davon wissen wollen. Nun kam mir diese Tatsache sehr zupass.

Das Schaufenster dekorierten wir wunderschön, was Madame zu Bewunderungsausrufen hinriss. Mit Bedacht aber hatte ich alles so aufgestellt, dass es nicht gerade standfest war, und sämtliche Objekte auf kleinen Tischen mit überhohen schlanken Beinen platziert. So wurde die Ware zwar sehr ansprechend, aber nicht lange präsentiert. Genau das war meine Absicht.

Es vergingen nur ein paar Tage, da erhielt ich von Madame aus Lothringen einen Brandbrief. Sie jammerte, ihr Schaufenster müsse umgehend komplett hergerichtet werden, sie hätte doch auf mich hören und einen neuen Boden legen lassen sollen.

Täglich donnern an meinem Laden die großen Lastwagen vorbei, die heftige Erschütterungen verursachen. Ständig vibrieren die Scheiben, und nun haben sie auch Ihre ganze schöne Dekoration zum Einsturz gebracht, schrieb sie wörtlich. Meine Rechnung war aufgegangen.

Arthur und ich ließen uns nicht zweimal bitten. Sobald wir von unserer Firma aus abkömmlich waren, setzten wir uns in den Zug nach Merlebach und gestalteten das Schaufenster innerhalb weniger Tage zum zweiten Mal. Wie erwartet, wurden wir nicht nur für das neue Dekorieren bezahlt, Madame erstattete uns auch die Fahrtkosten. Das übliche reichhaltige Essen, nebst dem süffigen Rotwein, auf den wir es unter anderem auch abgesehen hatten, wurde uns selbstverständlich serviert.

Zu meinem größten Bedauern ließ sich dieses Spielchen bei der Dame aus Lothringen nicht wiederholen. Denn bevor sie unsere Dienste erneut in Anspruch nahm, hatte sie einen neuen soliden Boden verlegen lassen. Leider fanden wir auch kein weiteres Schaufenster, in dem wir diese Taktik hätten anwenden können.

Sigune denkt zurück

Krieg

Dem Treiben meines Vaters in der Saarbrücker Firma und auch seinen Sackgeld-Tätigkeiten wurde bald ein jähes Ende gesetzt. Am 1. September 1939 brach der Zweite Weltkrieg aus, und genau ein Jahr später wurde Helmut in die Wehrmacht eingezogen. Nun erwartete ihn, den knapp Zwanzigjährigen, die bittere Kriegszeit.

Nach einer kurzen militärischen Ausbildung ging es an die Front nach Russland. Wer aber glaubt, der Helmut hätte sich dort unterkriegen lassen, der irrt. Mit ein paar Gleichgesinnten gründete er schon bald ein Fronttheater. Damit half er nicht nur sich selbst über die triste Zeit hinweg, er schenkte auch unzähligen Kameraden ein bisschen Freude und Frohsinn zwischen all dem Elend und Sterben, das der Krieg mit sich brachte. Die Themen für seine Aufführungen lieferte ihm natürlich der Soldatenalltag.

In der Schlacht Anfang März 1942 im Kessel von Charkow verloren die meisten seiner Kameraden ihr Leben. Er selbst wurde »nur« schwer verwundet, was ihm wahrscheinlich das Leben rettete, denn so lädiert war er natürlich nicht mehr einsatzfähig: Mit einem Lungendurchschuss wurde er in ein Feldlazarett bei Krakau gebracht.

Seine Familie im fernen Neunkirchen erfuhr zunächst nichts von der schweren Verwundung. Er selbst war lange Zeit nicht in der Lage, zu schreiben, und es gab auch niemanden, der das für ihn übernommen hätte. Helmut dachte bei sich, das wäre auch besser so. Warum sollte er die Eltern beunruhigen? Andererseits ahnte er, dass sie sich erst recht sorgen würden, wenn er sich so lange nicht meldete. Doch er beruhigte sich mit dem Sinnspruch: »Keine Nachricht ist eine gute Nachricht.« Denn wäre er gefallen, so hätte man dies bestimmt den Angehörigen mitgeteilt.

Mit der Feldpost schien mittlerweile ohnehin alles drunter und drüber zu gehen, denn er hatte von zu Hause auch schon ewig keinen Brief, geschweige denn ein Päckchen mehr erhalten.

Im Oktober 1942, also ein halbes Jahr, nachdem er die Verwundung erlitten hatte, befand er sich allmählich auf dem Weg der Genesung. Da erhielt sein Kamerad Otto, der ebenfalls aus dem Saarland stammte, ein Päckchen von daheim. So ramponiert, wie es aussah, musste es eine halbe Ewigkeit unterwegs gewesen sein. Begeistert packte der Freund die Kleinigkeiten aus, die ihm die Mutter liebevoll eingepackt hatte. Da Geschenkpapier in jener Zeit Mangelware war, hatte sie alles in Zeitungsblätter eingewickelt. Als das Päckchen dann bei seinem Empfänger ankam, waren sie schon gut anderthalb Jahre alt, aber für die jungen Soldaten dennoch ein lieber Gruß aus der Heimat. Wissensdurstig verschlangen sie die veralteten Nachrichten auf dem vergilbten Papier.

Kaum war Otto auf der Seite mit den Todesnachrichten angekommen, hielt er mit dem Lesen inne.

»Guck mal, Helmut«, deutete er auf eine der Anzei-
gen. »Da ist jemand aus Neunkirchen gestorben, die
auch ›Lang‹ heißt. Vielleicht kennst du die Frau.«

Der Angesprochene nahm ihm das Blatt aus der
Hand und überflog die Anzeige. Dann geschah etwas, womit der Kamerad nicht gerechnet hatte. Der
stets lustige Helmut, der so hartgesotten schien und
jeder Situation und sei sie noch so ernst gewesen, etwas Heiteres abgewonnen hatte, brach in Tränen aus.

Bestürzt fragte der Freund: »Was ist los? Was ist
passiert? Kennst du die etwa?«

»Ja«, presste Helmut schluchzend hervor. »Das ist
meine Mutter!«

Durch den Zufall, dass ausgerechnet diese Zeitung
als Einwickelpapier benutzt worden war, erfuhr mein
Vater, dass seine Mutter, das gute Mariechen, schon
vor anderthalb Jahren das Zeitliche gesegnet hatte.
Sie war exakt ein Jahr und einen Tag, bevor ihn die
schwere Kriegsverletzung getroffen hatte, gestorben.

Als seine Augen nicht mehr von Tränen verschlei-
ert waren, schaute er sich die Anzeige noch einmal
an. Da stand es wirklich schwarz auf weiß und dick
eingerahmt, ein Irrtum war ausgeschlossen:

Meine geliebte Frau, unsere herzensgute Mutter
Maria Lang, geb. Müller
* am 27.04.1893 – † am 02.03.1941
ist für immer von uns gegangen.

In stiller Trauer
Fritz Lang und Kinder
Neunkirchen im März 1941

Mit der Anzeige in der Hand suchte Helmut umgehend um Heimaturlaub an, der ihm auch sogleich bewilligt wurde. Für seinen Vorgesetzten war das insofern kein Problem, da der Soldat Lang aufgrund der Verwundung noch immer nicht diensttauglich war.

So kam es, dass der junge Mann vier Wochen Genesungsurlaub bei Vater und Schwester in Neunkirchen verbringen konnte. Sein Bruder, Marinesoldat, befand sich zu der Zeit auf See. Vom Vater erfuhr Helmut, dass die Mutter an Anämie, also an Blutarmut, gestorben war.

Im Jahr darauf, Ende Juli 1943, durfte er wieder für sechzehn Tage nach Hause. In dieser Zeit besuchte er auch Sylvia Jochum, die er bereits vor seiner Einberufung kennengelernt hatte. Da sein Bruder ebenfalls Heimaturlaub hatte, nahm er diesen zu Familie Jochum mit, davon jedoch später mehr.

Selbst nach diesem Urlaub musste er aber wieder zurück nach Krakau! Das war mir völlig unbegreiflich. Warum musste er erneut so weit weg? In einem Lazarett in Heimatnähe hätte er doch ebenso gut genesen können.

Im März 1944 verbrachte mein Vater seinen letzten Urlaub in der Heimat, danach ging es abermals zurück ins Krakauer Lazarett; er war noch immer nicht einsatzfähig. Das war sein Glück, dadurch entging er der Hölle an der Front.

Doch schon nach kurzer Zeit geriet er in russische Kriegsgefangenschaft. Die Russen lieferten ihn nach Kriegsende an die Engländer aus, ein erneuter Glücksfall für ihn. Bei seiner angeschlagenen Gesundheit hätte er ein russisches Gefangenenlager bestimmt nicht überlebt.

In England ging es wesentlich humaner zu, darüber berichtete er gern. Über seine Kriegserlebnisse dagegen hat er nie sprechen mögen. Immer wieder erzählte er uns von der bitteren englischen Marmelade, die sie oft zum Frühstück bekommen hätten, die ihm aber vorzüglich geschmeckt hatte.

Noch nach Jahren kaufte er sich ab und zu ein Glas englische Orangenmarmelade, um sich den Geschmack und die Erinnerung an England noch einmal ins Gedächtnis zu rufen. Auch an die bittere Schokolade von dort, welche in rot-weißen Büchsen verpackt war, die aussahen wie Schuhcremedosen, erinnerte er sich gern. Ja, die habe es sogar mit Cola-Geschmack gegeben.

Am liebsten aber sprach er darüber, wie er seine Mitgefangenen im Lager mit Liedern und Vorträgen unterhalten hatte. Bei diesem Thema geriet er geradezu ins Schwärmen.

Er versicherte mir, dass er mal mit mir in England Urlaub machen wolle, damit ich mir die Stätte ansehen könne, an der er vier Jahre seines Lebens verbracht hatte. Zu dieser Reise ist es leider nicht mehr gekommen.

Nach vollen vier Jahren Kriegsgefangenschaft durfte Helmut endlich nach Hause. Ehe er aber entlassen wurde, schrieb er einen Brief an seinen Vater. Darin erklärte er ihm, man werde nur entlassen, wenn man eine Adresse nachweisen könne, bei der man Aufnahme finde. Günther, sein treuer Lagerkamerad, aber stamme aus Ostdeutschland, und dahin werde niemand entlassen, weil das von Russen besetzt sei. Außerdem habe er durch das Rote Kreuz erfahren, schrieb Helmut, dass sämtliche Angehörigen seines Freundes im Krieg umgekommen seien. Daher gebe es für den Kumpanen keine Heimatadresse mehr. Helmuts Brief schloss mit der Bitte: *Darf ich den Günther mit zu euch bringen? Sonst muss er weiterhin im Lager bleiben.*

Vater Fritz antwortete postwendend, er solle den Kameraden mitnehmen, den würden sie daheim schon irgendwie unterbringen.

Aus vorhergehenden Briefen seines Vaters wusste Helmut, dass es sein Zuhause in Neunkirchen nicht mehr gab. Das Haus in der Adlerstraße war im Spätherbst 1944 den Bomben zum Opfer gefallen. Diese Straße lag ja unmittelbar neben dem Hüttengelände, welches ein beliebtes Angriffsziel für die Bomber der Alliierten war. Sie hatten damals die Absicht, das Werk lahmzulegen, weil dort Kriegsmaterial produziert wurde. Dass Fritz und dessen Tochter Marianne das Bombardement überlebt haben, grenzte an ein Wunder, war es doch purem Zufall zu verdanken – oder war es Fügung?

Von innerer Unruhe getrieben, hatte Fritz das Mädchen eines Tages zu seiner Schwester geschickt, die in etwa zwölf Kilometern Entfernung in einem Dorf lebte. Dort, so wusste er, war die Bombengefahr wesentlich geringer. Aus demselben Grund hätte er sich am liebsten selbst dort verkrochen, leider war das unmöglich. Er musste ja jeden Tag im Walzwerk antreten, das innerhalb des Hüttengeländes lag.

Da Fritz eine kriegswichtige Arbeit ausübte – er war ja an der Herstellung von Kanonen beteiligt –, hatte man ihn eigens vom Kriegsdienst freigestellt. In diesem Werk schwebte er, wie all seine Mitarbeiter, ständig in Lebensgefahr. Bei Fliegeralarm konnte man sich nur retten, wenn man den Hochbunker rechtzeitig erreichte. An bewusstem Tag aber kam der Alarm zu spät. Als sie die Sirene hörten, krachte es bereits.

Doch die Bombe verfehlte das Hüttengelände und traf das Haus, in dem Familie Lang zur Miete gewohnt hatte. Es gab mehrere Tote: Die Bewohner, die im Keller Zuflucht gesucht hatten, waren vom einstürzenden Gebäude erdrückt worden. Fritz überlebte nur deshalb, weil er sich zu dem Zeitpunkt im Walzwerk befunden hatte. Sein Zuhause aber war dem Erdboden gleichgemacht.

Er fand Unterschlupf in Altstadt bei Homburg – bei Bekannten, die ihm zwei Mansardenzimmer überließen.

Der Neubeginn

In den ersten Augusttagen des Jahres 1948 traf also Helmut mit seinem Freund Günther an der neuen Adresse seines Vaters ein. Dort erwarteten den Heimkehrer weitere Überraschungen.

Nach dem Tode seiner Frau hatte sich Fritz schon bald mit der Witwe Frieda getröstet. Noch im letzten Kriegsjahr hatte er sie geheiratet, dem Sohn davon aber nichts mitgeteilt. Er präsentierte ihm aber nicht nur eine Steifmutter, sondern auch noch einen jungen Stiefbruder, den Paul.

In die Enge dieser »Wohngemeinschaft« traten nun noch Helmut und Günther ein. Frieda, eine Seele von Mensch, nahm aber nicht nur ihren Stiefsohn mit offenen Armen auf, sondern auch dessen treuen Kameraden. Überwältigt von Mitleid mit dem verwaisten Günther, bot sie ihm eine neue Familie und ein neues Zuhause.

Zum Glück war Hans, der leibliche Bruder Helmuts, der nach seiner Entlassung aus der Kriegsgefangenschaft zunächst auch beim Vater Unterschlupf gefunden hatte, schon wieder ausgezogen. Er war ebenfalls in einem englischen Lager interniert gewesen, aber keiner der beiden Brüder hatte das vom anderen gewusst. Hans, den man auf der Insel Guernsey inhaftiert hatte, durfte allerdings wesentlich früher heim als sein Bruder. Helmut hatte die vier Jahre Gefangenschaft in der Nähe von Dover verbracht.

Schon bald nach der Heimkehr heiratete Hans das Mädchen, mit dem er während seiner Gefangenschaft in Briefwechsel gestanden hatte. Mit Hildegard hatte er das große Los gezogen. Sie sah nicht nur gut aus und war sehr nett, sondern löste auch das Wohnungsproblem des heimgekehrten Soldaten. Er konnte zu ihr in das Haus ihrer Eltern ziehen, die ebenfalls in Altstadt lebten. Somit blieb für die Neuankömmlinge ein bisschen Platz in Fritz' und Friedas Quartier.

Wie bereits erwähnt, hatte sich Hans bei der Kriegsmarine verpflichtet. Es grenzte an ein Wunder, dass er den Krieg überhaupt überlebte. Im letzten Kriegsabschnitt war seine Einheit auf der englischen Insel

Guernsey stationiert gewesen. Wie schon so oft, hatten sie einen U-Boot-Einsatz und sollten englische Schiffe versenken. Ihr Boot, bald von einem Torpedo getroffen, erwies sich als manövrierunfähig, sie waren dadurch unter Wasser eingeschlossen, den baldigen Tod vor Augen.

Plötzlich hörte Hans, dass sich Leute an dem Boot zu schaffen machten. War es Freund oder Feind? Englische Soldaten! Sie versuchten, die Besatzung des Bootes zu bergen, konnten jedoch nur Hans und einen Kameraden lebend herausholen. Buchstäblich Rettung in letzter Minute! Für die anderen Besatzungsmitglieder kam jede Hilfe zu spät, vermutlich waren sie wegen Sauerstoffmangels erstickt.

Über dieses schreckliche Erlebnis hat mein Onkel jahrzehntelang nicht reden können. Erst nachdem er seinen achtzigsten Geburtstag gefeiert hatte, berichtete er mir davon. Beim Erzählen versagte ihm immer wieder die Stimme. Es war schrecklich für ihn, an die Todesgefahr zurückzudenken, in der er sich befunden hatte. Um wie viel furchtbarer muss es für die Eingeschlossenen gewesen sein, den Tod und das Bewusstsein, jede Minute könnte die letzte sein, ständig vor Augen zu haben!

Über die Kriegsgefangenschaft selbst wusste Onkel Hans allerdings ausgesprochen viel zu berichten. Nicht nur seinem großen Bruder, auch ihm war eine gehörige Portion musischer Begabung mit in die Wiege gelegt worden, was ihm im Gefangenenlager offenbar sehr zustatten kam. Glücklicherweise hatten seine Eltern ihm schon frühzeitig Gitarrenunterricht geben lassen. Als er das damals im Lager verlauten ließ, schafften die Aufseher ganz schnell eine Gitarre herbei und schleppten weitere Musikinstrumente für die Soldaten an, die kundtaten, welches Instrument sie spielen konnten.

So fand sich bald ein kleines Gefangenen-Orchester zusammen. Das Musizieren half den Gefangenen, zu überleben. Sie hatten nicht nur Proben, sie veranstalteten auch kleine Konzerte innerhalb des Lagers und auch in öffentlichen Sälen, womit sie die Einheimischen erfreuten. Das bot nicht nur den Vorteil, ab und zu aus dem Lager herauszukommen, die Musiker erhielten auch mehr – und besseres – Essen als die übrigen Kameraden.

Anstelle von Hans waren nun also Helmut und sein Freund in die Dachstübchen bei Fritz und Frieda eingezogen. Günther musste ihre Gastfreundschaft aber nicht allzu lange strapazieren. Denn auch er lernte bald ein Mädchen kennen, das ihm nicht nur ihr Herz schenkte, sondern ihm auch ein Domizil bieten konnte. In dieses zog er gleich nach der baldigen Hochzeit ein. Sie war eine Freundin von Hildegard, der Frau vom Hans. Nun hatte er wieder eine Heimatadresse und eine Familie, zu der er gehörte. Da er von Beruf Schreiner war – gesucht wurden damals Leute für den Wiederaufbau – fand er auch schnell eine Arbeitsstelle und konnte seine Familie ernähren.

Der Krieg hat viele Schicksale durcheinandergewirbelt und viele Lebensplanungen zunichtegemacht. Mein Vater aber hatte das Glück, da fortfahren zu können, wo er vor dem Krieg aufgehört hatte. Er traf nicht nur die allermeisten Mitglieder seiner Familie unversehrt an, er konnte auch gleich wieder in seinem alten Beruf Fuß fassen – abermals in Saarbrücken, wenn auch bei einer anderen Firma. Die Festanstellung gab ihm die Möglichkeit, endlich das Mädchen zu heiraten, das viele Jahre treu auf ihn gewartet hatte. Vom ersten September 1948 bis Mai 1949 war er also in Saarbrücken als Schaufenster-Dekorateur beschäftigt. Nebenher gab er auch als Plakatmaler sein Bestes.

Sogar seinen guten Freund Arthur traf er wieder, auch dieser hatte den Krieg einigermaßen gut überstanden. Da das vor dem Krieg mit dem sogenannten Sackgeld immer so gut hingehauen hatte, kamen die beiden auf die Idee, sich selbstständig zu machen. Mit Dekorationsaufträgen im Saarland, in Luxemburg und in Frankreich hielten sie sich einige Zeit lang ganz gut über Wasser. Daneben betätigten sie sich auch noch als Bühnenbildner für Laientheater oder für Aufführungen in Stadthallen sowie bei Dorffesten.

Da die beiden recht gut verdienten und immer mehr Handwerkszeug und Material zu den Kunden zu transportieren hatten, schaffte sich Helmut 1952 sein erstes Auto an, einen roten 2CV, heute noch bekannt als »Ente«. Zugegeben, es war kein Luxusauto, aber darin fand alles Platz, was sie benötigten, und sie mussten ihr Zeug nicht mehr vom Bahnhof bis zu den Auftraggebern schleppen. Das Auto erwies sich auch privat als nützlich. Da sich 1952 das erste Kind bei Familie Lang anmeldete, konnte der werdende Vater seine Frau stolz in die Klinik kutschieren.

Im Januar 1958 nahm Helmut, da er mittlerweile außer seiner Frau zwei Kinder zu ernähren hatte, wieder eine feste Anstellung an, und zwar bei der Firma in Neunkirchen, wo er damals seine Lehre absolviert hatte. Als Akquisiteur in der Gardinenabteilung und auch wieder für die Schaufensterdekoration verantwortlich, machte ihm die Arbeit dort viel Freude.

Als im Jahr darauf das dritte Kind zur Welt kam, also ich, war er froh, einen sicheren Job zu haben. Trotzdem hielt er es damit nicht lange aus: Der Unruhegeist war von 1960 bis 1968 mal wieder Freiberufler. Mit Arthur zog er erneut durch die Lande, um in weitem Umkreis die Schaufenster zu gestalten. Nach mehreren Wechseln zwischen recht erfolgreicher Selbstständigkeit und Anstellung in verschiedenen Unternehmen versuchte er es nach Jahren noch einmal mit einer eigenen Firma. Er wollte zeitlich unabhängig sein, um sich mehr seiner eigentlichen Berufung – öffentlichen Auftritten bei allen möglichen Anlässen – widmen zu können.

Tatsächlich brachte seine närrische Ader inzwischen auch ganz schön etwas ein, damit verfügte er gewissermaßen über ein zweites Standbein. Meine Mutter, die ihn stets in dieser Hinsicht unterstützte, war mit dieser Entwicklung nicht nur einverstanden, sie begrüßte den Schritt in die erneute Selbstständigkeit sogar sehr. Mittlerweile waren wir Kinder so weit herangewachsen, dass sie im väterlichen Betrieb als vollwertige Arbeitskräfte eingesetzt werden konnten.

Da Helmut nun nicht mehr auf die Mithilfe von Arthur angewiesen war, trennte man sich in aller Freundschaft. Für den Vertrauten, der inzwischen auch Weib und Kind hatte, war es wichtig, eine feste Anstellung zu haben. Diese fand er bei einer Firma in Saarbrücken, wo er bis zu seiner Pensionierung blieb. Wenn Not am Mann war, half er aber in Helmuts Familienbetrieb aus.

Auf Freiersfüßen

Lange Zeit habe ich nicht gewusst, dass meine Mutter Tagebuch geführt hat. Erst in ihrem Nachlass fand ich mehrere vollgeschriebene Bücher. Viele der Eintragungen darin waren für mich sehr aufschlussreich. Diese möchte ich Ihnen nicht vorenthalten.

Aus dem Tagebuch meiner Mutter Sylvia

Heiligenwald, den 10.7.1940
An diesem denkwürdigen heutigen Tag möchte ich mein Tagebuch, das ich zu Weihnachten bekommen habe, einweihen. Bisher ist ja noch nichts Bedeutendes passiert. Heute aber durfte ich auf die Kirmes nach Neunkirchen. Das war das erste Mal, dass mir meine Eltern den Besuch eines Kirmestanzes erlaubten. Ich durfte jedoch nicht allein dorthin, das sei unschicklich, erklärte mir die Mama. Deshalb musste Hermine, meine beste Freundin, als Begleitung mit. Sie ist immerhin schon siebzehn und sehr vernünftig. Wir fuhren mit der Straßenbahn.

Kaum hatten wir den Saal betreten, steuerte ein junger Mann auf mich zu und bat mich zum Tanz. Weder er noch ich haben jemals eine Tanzschule besucht, wie wir uns gegenseitig gestanden. Aber er schob mich geschickt hin und her, genau im Takt der Musik. Demnach muss er sehr musikalisch sein. Meinen Füßen trat er auch nicht zu nahe.

Es muss ihm gefallen haben, mit mir zu tanzen, denn er forderte mich mehrmals auf. Nach einiger Zeit meinte er, er müsse mich unbedingt wiedersehen. Deshalb wollte er meine Adresse haben. Ich gab sie ihm aber nicht. Meine Mutter würde mir was erzählen, wenn bei uns plötzlich ein Mann nach mir fragen würde. Außerdem bin ich noch viel zu jung für eine feste Bindung. Ein bisschen Ausgehen, ein bisschen Tanzen, ein bisschen Spaß haben, das reicht mir. Leider mussten Hermine und ich schon vor Mitternacht zu Hause sein, weil ich noch keine sechzehn bin. Trotzdem war es himmlisch! An Verehrern hat es uns nicht gemangelt. Da wir so früh heimkamen, bleibt mir sogar noch ein bisschen Zeit, meine wichtigen Eintragungen zu machen.

Heiligenwald, den 7.8.1940
Der Bursche aus Neunkirchen war ganz schön raffiniert. Während ich mal mit einem anderen Jüngling ein Tänzchen drehte, hat er meine Freundin zum Tanz geholt und sie so geschickt ausgehorcht, dass sie das gar nicht gemerkt hat.

Denn heute, als wir bei uns zum Kirmestanz waren, wer steuerte da gleich auf mich zu? Er, der eifrige Tänzer! Diesmal ließ er fast keinen Tanz mit mir aus. Die einheimischen Burschen mussten sich schon sehr beeilen, wenn sie mich mal erwischen wollten.

Gegen Ende des Abends gestand mir Helmut, mein »Verehrer«, dass er am 1. September in den Krieg ziehen müsse. Das bedauerte ich sehr, denn er gefiel mir irgendwie. Er tat mir auch leid, weil er an die Front musste, man weiß ja, wie gefährlich das ist. Immerhin hatte es zwei meiner Onkel im Ersten Weltkrieg erwischt. Weil er mich gar so lieb bat und mich so treuherzig anschaute, versprach ich, ihm zu antworten, wenn er mir aus dem Feld schreibe.

Heiligenwald, den 5.2.1941

In den letzten Tagen hat sich so viel ereignet, dass ich gar nicht mehr zum Tagebuchschreiben kam. Also fange ich mal mit der Überraschung an.

Vor drei Wochen stand auf einmal Hermine vor unserer Tür. Ob ich nicht mit ihr spazieren gehen wolle, fragte sie. Natürlich wollte ich. Gerade hatten wir die Hauptstraße erreicht, wen sehe ich da? Helmut! Er sah mich strahlend an.

»Jetzt lasse ich euch wohl besser allein.« Mit diesen Worten zog sich meine liebe Freundin, die nur den Köder gespielt hatte, zurück.

Es war ein kalter Wintertag, aber es lag wenig Schnee, so konnten wir problemlos im Wald spazieren gehen. Helmut hatte drei Wochen Heimaturlaub, die wollten wir gut nutzen. Für den Sonntag drauf lud er mich nach Neunkirchen ins Kino ein, in einen Film mit Marika Rökk, die ich sehr verehre.

Wir saßen in der letzten Reihe. Vom Film selbst habe ich aber nicht viel mitbekommen, das lag jedoch nicht an den vielen Zuschauern, die vor uns saßen – ganz im Gegenteil: Da die Vorstellung so gut besucht war, konnte man ungesehen Händchen halten. Auf einmal wurde der Helmut so kühn, mich zu küssen! Himmlisch! Bevor der Film zu Ende war, folgten viele weitere Küsse.

Zwei Tage später musste ich nach Neunkirchen zur Anprobe bei meiner Tante Ännchen. Sie ist Näherin und hat den Auftrag, mir für Fastnacht ein Dirndlkleid zu nähen. Bei dieser Gelegenheit stellte ich ihr gleich meinen Verehrer vor. Auf die Verschwiegenheit Ännchens kann ich mich verlassen. Als ich ihr klagte, leider könne ich Helmut nicht nach Hause einladen, weil meine Eltern sonst vermutlich einen Aufstand machten, lachte ihr der Schalk aus den Augen.

»Da habe ich eine Idee«, meinte sie.

Für eine andere Kundin sollte sie ebenfalls ein Fastnachtsdirndl nähen. Diese hatte es aber abbestellt, weil sie in anderen Umständen war und nicht mehr hineinpasste. Im nächsten Jahr wollte die Frau aber darauf zurückkommen. »Jetzt liegt das Kleid halb fertig herum. Helmut, schlüpf doch mal rein, es könnte dir passen.«

Er zeigte keinerlei Hemmungen in dieser Hinsicht. Das Dirndl, aus dem gleichen weiß-blauen Blümchenstoff wie das meine, passte tatsächlich, als sei es eigens für ihn gemacht. Wie ein Mannequin auf dem Laufsteg stolzierte er vor uns herum. Wir lachten uns kaputt!

Drei Tage später durften wir wieder zur Anprobe erscheinen. In der Zwischenzeit hatte meine Tante zwei entzückende Dirndl gezaubert, mit Goldborte am Saum, an den Puffärmeln und um den Ausschnitt.

Dazu gab es für jeden eine weiße Halbschürze mit Spitze am unteren Rand. Bei Helmut wurde oben natürlich ein bisschen ausgestopft. Dann setzte die Tante ihm noch eine schwarze Perücke auf, und fertig war meine »neue Freundin«. Kein Mensch wäre auf die Idee gekommen, dass darin ein Frontsoldat steckte. Süß sahen wir beide aus, fast wie Zwillinge.

Nun musste ich die Mama nur noch überreden, dass ich am Samstagabend bei uns eine Fastnachtsfeier für meine Freundinnen geben durfte. Das war wesentlich leichter, als ich erwartet hatte. Sie sagte nicht nur sofort Ja, sondern besorgte sogar Limonade und backte Fastnachtskuchen.

Zu meiner großen Überraschung beteiligte sich sogar der Papa an den Festvorbereitungen. Er schleppte sein geliebtes Grammofon herbei, damit wir Musik hatten. Meine vier Freundinnen aus Heiligenwald kannten meine Eltern, die »neue Freundin« stellte ich als »Anita« vor, die ich von der Berufsschule in Neunkirchen her kennen würde. Ich behauptete, ihr Vater werde sie später abholen.

Nach der Begrüßung verschwanden meine Eltern im Schlafzimmer und kamen kurz darauf verkleidet hervor. Nun wurde mir klar, warum sie mir so bereitwillig das Fest erlaubt hatten: An diesem Abend wollten sie selbst ausgehen und waren froh, dass ich ihn nicht allein verbringen musste. Ganz beruhigt besuchten sie also ihre Fastnachtsveranstaltung, und wir hatten die ganze Bude für uns. Es wurde ein toller Abend. Wir tanzten nach der Grammofonmusik, ließen es uns gut gehen und waren in Mordsstimmung, auch ohne Alkohol. Leider musste Helmut gestern schon wieder zu seiner Truppe zurück.

Heiligenwald, den 7.9.1942

Voriges Jahr hatte ich so sehr gehofft, dass Helmut zur Kirmes in Neunkirchen kommen würde. Aber die Hoffnung zerschlug sich, zur diesjährigen Fastnachtszeit war er auch nicht da. Briefe von ihm kamen auch immer seltener, bis sie schließlich ganz ausblieben. Deshalb stellte ich das Schreiben ein.

Allerdings machte ich mir Gedanken: Wollte er von mir nichts mehr wissen? Steckte er in einem Kriegsgebiet, aus dem Post weder rein- und noch rauskam? Oder war er etwa bereits gefallen? Aber nein, das konnte nicht sein, ich studiere ja jeden Tag in der Zeitung die Liste der Gefallenen. Jedes Mal atme ich auf, wenn sein Name nicht darunter ist.

Im März erhielt ich einen Brief von einem gewissen Berthold, der ebenfalls aus dem Saarland, aus Völklingen, stammte. Er habe die Adresse von meinem Bruder erhalten, erklärte er. Er suche dringend eine Brieffreundin. Ob ich ihm nicht schreiben wolle. An der Front sei es so schrecklich, da brauche man etwas, auf das man sich freuen könne, beispielsweise auf einen lieben Brief von mir. Das rührte mich so sehr, dass ich ihm sogleich antwortete.

Im nächsten Brief schickte er ein Foto von sich, ein schnatzer Kerl! Ich stellte es aufs Radio. Meine Eltern hatten nichts dagegen, dass ich ihm schrieb. Im Gegenteil, sie meinten, wir wären verpflichtet, den armen Soldaten, die unter ständiger Lebensgefahr fürs Vaterland kämpften, ein wenig Freude zu machen. Sie hofften sehr, dass auch ihr Sohn ein Mädchen habe, das ihm schrieb, um ihm die schreckliche Zeit ein wenig zu verschönern. Berthold bat um ein Foto von mir, das wolle er sich in den Spind hängen, damit er mich immer wieder vor Augen habe.

Ein paar Wochen später sollte er Heimaturlaub bekommen. Ich war wahnsinnig gespannt. Aber wie war ich enttäuscht! Sicher, er sah gut aus, aber er war ein totaler Langweiler. Deshalb schicke ich ihm keinen Brief mehr.

Im Juli war ich auf der Kirmes in Neunkirchen, und im August auf der in unserem Ort. Es gab einige Burschen, die mir eifrig den Hof machten. Zu ihrer Enttäuschung ließ ich mich nicht nach Hause begleiten. Ich will nichts mit ihnen anfangen. Für meine Begriffe sind sie mit ihren sechzehn und siebzehn Jahren noch Milchbübchen. Die richtigen Jahrgänge sind leider alle im Krieg. Außerdem geht mir der Helmut nicht aus dem Kopf.

Heiligenwald, den 23.11.1942
Die letzten vier Wochen waren so turbulent, dass ich nicht zum Schreiben kam. Helmut lebt! Helmut liebt mich! Das hat er mir selbst gesagt. Aber alles schön der Reihe nach.

Mitte Oktober stand er ganz plötzlich vor unserer Haustür. Vor lauter Freude fiel ich ihm gleich um den Hals. Ich glaube, das war ihm nicht unangenehm.

Zufälligerweise waren meine Eltern nicht daheim, ich bat ihn aber nicht herein, weil ich das nicht ausnutzen wollte. Stattdessen gingen wir im Wald spazieren, etwa eine Stunde. Dadurch waren wir so ausgekühlt, dass er mich zu einem heißen Getränk in ein Gasthaus einladen wollte. Doch als wir die Gaststube betraten, wäre ich am liebsten wieder rückwärts hinausgegangen, aber dazu war es schon zu spät. Meine Mama hatte mich bereits erblickt und dem Papa etwas zugeflüstert. Da half nur noch die Flucht nach vorn.

Ich stellte ihnen Helmut vor.

»Ist das nicht der Bursche, dem du schon öfter geschrieben hast?«, wollte Mama wissen. Ich nickte und hoffte, dass sie nicht noch den Namen von meinem anderen Brieffreund erwähnen würde.

Der Zurückgekehrte gefiel ihr offenbar so gut, dass sie ihn gleich für den nächsten Tag zum Kaffee einlud. Sie backte extra einen Zwetschgenkuchen und machte echten Bohnenkaffee. Helmut sprach dem Kuchen gut zu. Als er sich verabschieden wollte, konnte Mama ihn zu längerem Bleiben bewegen, indem sie für den Abend panierte Koteletts in Aussicht stellte.

Von dem Essen schwärmte er später regelrecht, so etwas Gutes habe er seit Jahren nicht mehr gegessen. Das kann ich mir vorstellen. Während ihrer Kampfeinsätze müssen die Armen bestimmt schon froh sein, wenn sie überhaupt Erbsensuppe kriegen. Bei der Verabschiedung sagte meine Mutter zu ihm, er könne am nächsten Tag gern wiederkommen. Das hörte ich nicht ungern, war es doch ein Zeichen dafür, dass er ihr gefiel.

Am anderen Tag war Helmut pünktlich zur Stelle. Aber er kam nicht allein. Hans, sein Bruder, der bei der Marine eingesetzt war, hatte zufällig auch Heimaturlaub, begleitete ihn und entschuldigte sich bei meiner Mutter gewissermaßen für sein Erscheinen mit den Worten, der Helmut hätte von ihrem guten Essen so geschwärmt, dass er Lust bekommen hatte, mitzukommen.

»Das freut mich, dass du so ehrlich bist. Komm nur rein. Für dich wird's auch noch reichen.« Schon schob sie ihn ins Wohnzimmer.

Da meine Eltern eine kleine »Landwirtschaft« nebenher betreiben, gibt es bei uns wirklich mehr zu essen als bei den Städtern, die von dem bisschen leben müssen, was es auf Lebensmittelmarken gibt.

So hat meine Mutter in den nächsten vierzehn Tagen die beiden Fronturlauber durchgefüttert. Mir war das mehr als recht. Zu meiner Freude war mit der heimlichen Freierei Schluss, nun konnte ich meinen Helmut jeden Tag sehen. Ja, wir saßen zu dritt auf dem Sofa, und jeder der Brüder hielt mir die Hand, der eine rechts und der andere links. Mein Vater ließ sich zusätzlich etwas einfallen, um romantische Stimmung zu zaubern: Auf seinem Grammofon spielte er uns alte Schlager vor.

Leider hieß es nach zwei Wochen Abschied nehmen. Da durfte ein Abschiedskuss nicht fehlen. Der vom Helmut fiel aber länger aus als der vom Hans. Bei seiner Abreise machte ich mir um Helmut keine allzu großen Sorgen, er muss ja nicht zurück aufs Schlachtfeld. Da er im März bei einem Einsatz schwer verwundet worden ist, darf er noch einige Zeit im Lazarett verbringen. Ich hoffe und bete, dass der Krieg endlich aus ist, bis er als Soldat wieder verwendungsfähig ist. Ich frage mich nur, warum er in ein Lazarett muss, das so weit entfernt von uns ist? Hier in der Nähe gibt es doch auch welche, dann könnte ich ihn ab und zu besuchen.

Heiligenwald, den 2.12.1945

Endlich! Endlich habe ich Nachricht von Helmut! Er lebt! Es geht ihm gut. Er ist in englischer Kriegsgefangenschaft. Der letzte Brief, den ich von ihm bekommen hatte, stammte vom Juni 1944. Seitdem war unser Kontakt wieder wie abgeschnitten.

Seit dem 8. Mai ist der Krieg aus. Gott sei Dank! Aber selbst einige Wochen danach hörte ich von Helmut absolut nichts. Weil ich die Ungewissheit nicht mehr aushielt, besuchte ich seine Familie in Neunkirchen, die jedoch ebenfalls seit Juni 1944 nichts mehr von ihm gehört hatte.

Wir versprachen uns gegenseitig, dass derjenige von uns, der als Erster Nachricht erhielte, es den anderen gleich mitteilen sollte. Nun zeigte es sich, dass bei ihnen und bei uns fast zeitgleich ein kleines Lebenszeichen von Helmut ankam. Fünfundzwanzig Wörter für mich, ebenso viele für seine Eltern. Mehr dürfen sie dort in der Gefangenschaft wahrscheinlich nicht schreiben. Und das Bisschen war auch noch zensiert, wie man an dem Stempel sehen konnte.

Der Brief an mich, der eigentlich nur eine Karte war, ist ein halbes Jahr unterwegs gewesen! Heute weiß ich nicht mehr, wie ich die letzten anderthalb Jahre ohne Nachricht überstanden habe. Hoffentlich höre ich bald mehr von meinem Liebsten. Es beruhigt mich einigermaßen, dass er bei den Engländern ist. Das sei auf jeden Fall besser, als in Russland zu sein, meint mein Papa.

Heiligenwald, den 30.8.1946
Inzwischen sind ein paar Briefe hin- und hergegangen. Mittlerweile ist es den Gefangenen erlaubt, etwas mehr zu schreiben. Daher erfuhr ich einiges über Helmuts Schicksal. Seinem letzten Brief lag ein Foto bei, und auch eines von seinem Freund Günther, ebenfalls ein gut aussehender Bursche.

Helmut schrieb, sein Kamerad sei auch sehr charmant. Dann bat er um ein Foto von mir, aber nicht nur, um sich daran zu erfreuen, er wolle auch dem Günther sein »Heimatliebchen« zeigen. Wie aber sollte ich an ein aktuelles Bild von mir kommen? Während der letzten Kriegsjahre waren keine Fotos mehr gemacht worden. Und ihm ein Kinderbildnis von mir schicken? – Nein, gewiss nicht.

Es war mir bekannt, dass kein Fotograf für Geld und gute Worte ein Foto machen würde. Also musste ich mir etwas anderes einfallen lassen. Die Augustäpfel waren gerade reif, und der Baum, den mein Vater 1930 gepflanzt hatte, hing voll mit köstlichen Früchten. Also pflückte ich mir eine Tüte voll Äpfel und marschierte zum Fotografen.

Ich sah förmlich, wie ihm das Wasser im Munde zusammenlief beim Anblick des Obstes. Dafür opferte er seine angeblich letzte Platte. Die Äpfel nehme er nicht für sich, erklärte er mir nachher, die solle seine Frau essen, weil sie gerade ein Kind erwarte. Das war mir auch recht.

Nach einigen Tagen konnte ich das Foto – es war wirklich gut gelungen – meinem Helmut schicken.

Heiligenwald, den 14.10.1946

Die Antwort von meinem Schatz ließ nicht lange auf sich warten. Ganz begeistert schrieb er, nun könne er alles ertragen, weil er sich beim Anblick meines Bildes immer neue Kraft hole. Auch von seinem Kameraden bestellte er mir herzliche Grüße, der habe sich über mein Foto genauso gefreut wie er.

Dann fragte Helmut an, ob er Günther meine Briefe zu lesen geben dürfe. Der habe nämlich niemanden, der ihm schreibe. Warum eigentlich nicht? Es ist doch schön, wenn es jetzt zwei gibt, die sich über meine Zeilen freuen. Nur muss ich mir jetzt genau überlegen, was ich schreibe, wenn das ein »Fremder« mitliest.

Den ersten Brief für die beiden habe ich schon abgeschickt. Es sind heitere Zeilen geworden, ich habe sie nämlich in Versen verfasst. Wenn die beiden schon fern von der Heimat und all ihren Lieben ausharren müssen, sollen sie wenigstens etwas zu lachen haben.

Sigune erzählt wieder

Meine Mutter, ein Zirkuspferd

Kurze Zeit nachdem mein Vater aus der Kriegsgefangenschaft entlassen worden war, machte er seiner Angebeteten einen Heiratsantrag. Sie nahm ihn begeistert an, lange genug hatte sie ja auf ihren Liebsten warten müssen. Wie wir wissen, war die Wohnsituation bei Helmuts Eltern sehr beengt, daher sollte es ein Glücksfall für alle Beteiligten sein, dass er schon sehr bald in das Elternhaus seiner Braut einziehen konnte. Mutters Bruder war ja nicht mehr aus dem Russlandfeldzug zurückgekehrt, daher stand ein Zimmer leer.

Seinerzeit galt es jedoch als unschicklich, wenn ein unverheiratetes Paar unter einem Dach wohnte, deshalb wurde schon wenige Wochen später der Bund fürs Leben geschlossen. 1948 hatte man nicht viel Geld, um eine pompöse Hochzeit auszurichten, man lud nur die engsten Verwandten ein. Dennoch kam man auf dreißig Personen. Viele Schaulustige säumten den Weg, als das Brautpaar, gefolgt von allen Gästen, vom Wohnhaus meiner Großeltern zur Kirche schritt.

Genug zu essen gab es anschließend auch, denn die Brautmutter hatte bestens vorgesorgt. Wenn schon ihr einzig verbliebenes Kind heiratete, dann sollte es nicht heißen, es wäre eine Hungerhochzeit gewesen.

125

An fröhlicher Unterhaltung mangelte es auch nicht. Wer ein Instrument spielte, zeigte hier sein Können. Die Brautmutter, Lina, sang ein Lied, dessen Text sie selbst verfasst hatte. Sogar die Braut ließ es sich nicht nehmen, ein Gedicht über ihre Gäste vorzutragen, das aus der eigenen Feder stammte. Es wurde gefeiert bis in die Morgenstunden, dann blieb ein ganzer Tag zum Ausschlafen.

Danach aber war es aus mit der Romantik. An Flitterwochen oder eine Hochzeitsreise war nicht zu denken! Stattdessen hieß es: Alle Mann ins Feld! Die Kartoffeln mussten schließlich ausgemacht werden, denn der Winter war lang, und »Grombeere« (Grundbirnen) bildeten in jener Zeit die Hauptnahrung. In allen Variationen kamen sie auf den Tisch, ebenso wie Eier von unseren fleißigen Hühnern, die in jenen Tagen aber auch überwiegend von Kartoffeln lebten, denn Getreide war rar und teuer.

In Sylvia hatte mein Vater genau die richtige Frau gefunden. Sie unterstützte ihn nicht nur in seinem Beruf und in allen Freizeitaktivitäten, sondern liebte es auch, selbst im Rampenlicht zu stehen. Sie verfasste Gedichte, Lieder und humoristische Vorträge für alle sich bietenden Gelegenheiten, meist in saarländischer Mundart, aber auch in Hochdeutsch.

So wie ein Zirkuspferd zur Höchstform aufläuft, wenn es Manegenluft wittert, drehte auch Sylvia voll auf, wenn sie Bühnenluft schnupperte. Ob als Ansagerin, als Hauptvortragende oder als Pausenfüllerin, immer gab sie ihr Bestes und genoss den Applaus.

Sie verfasste sogar zwei Theaterstücke, deren Einstudieren sie selbst übernahm. Das eine Stück für

Kinder trug den Titel »Zwischen Himmel und Erde«. Als Darsteller trommelte meine Mutter alle Kinder aus der Nachbarschaft zusammen, jedes bekam einen kurzen Sprechtext. Wenn sich noch ein Nachzügler zum Mitspielen meldete, baute Sylvia schnell noch eine kleine Rolle ein. Sogar ich sollte ein paar Sätze sagen, dabei war ich doch so schüchtern, dass ich kaum den Mund aufmachte – diese Eigenschaft hatte ich gewiss nicht von meiner Mutter.

Doch während wir probten und ich mich als winziges Rädchen in dem großen Ganzen fühlte, brachte ich doch den Mut auf, meinen Text laut und deutlich zu sprechen. Meine Schwester meisterte natürlich die textlastige Hauptrolle mit Bravour, dafür bewunderte ich Edda haltlos. Ich weiß gar nicht mehr, wie viele Monate lang wir jede Woche geprobt haben, doch alle Kinder waren mit Begeisterung dabei.

Endlich, im Frühjahr 1965 an einem Samstagnachmittag, fand bei uns im Ort die Aufführung statt. Das Bühnenbild war selbstverständlich von meinem Vater gestaltet worden, die Kostüme hatte meine Mutter selbst entworfen und genäht.

Eine der ersten Aufgaben, die mein Vater in seiner jungen Ehe übernommen hatte, bestand darin, seiner Frau das Nähen beizubringen. Während seiner Ausbildung zum Dekorateur hatte er das ja gelernt. Alsbald musste die Mutter also die Kostüme nähen, die mein Vater und sie für ihre närrischen Auftritte brauchten. Später, als Helmut sich selbstständig gemacht hatte, musste sie hauptsächlich Gardinen nähen. Damit trug sie recht erheblich zum Familieneinkommen bei.

Nun aber zurück zu unserer Kindervorstellung. Schon lange bevor sich der Vorhang hob, strömten die Besucher von allen Seiten herbei. Jeder wollte sein Kind oder Enkelkind auf der Bühne bewundern. Aber auch der gute Ruf, den sich Sylvia mittlerweile erarbeitet hatte, lockte die Leute herbei, denn meine Mutter war durch ihre vielen Aktionen längst über die Ortsgrenzen hinaus bekannt.

Bald war die Turnhalle bis auf den letzten Platz besetzt. Ja, diejenigen, die zuletzt kamen, konnten froh sein, noch einen Stehplatz ergattert zu haben.

Sogar das Fernsehen war da: Mitarbeiter des Saarländischen Rundfunks zeichneten das ganze Stück auf. Am nächsten Abend konnten wir uns dann in den Regional-Nachrichten in einem kurzen Ausschnitt bewundern. Spätestens in diesem Moment, aber auch schon beim nicht enden wollenden Beifall nach der Darbietung, war ich stolz wie Oskar, schließlich hatte ich einen wichtigen Teil zum Erfolg beigetragen.

In dem Stück, das meine Mutter für Erwachsene geschrieben hatte, trug die Heldin den Namen Sigune. Leider habe ich diese Aufführung nicht sehen können, ich war noch entschieden zu jung, um sie besuchen zu dürfen. Vermutlich hätte ich auch nichts davon verstanden. Es muss aber auch sehr erfolgreich gewesen sein, denn wie mir Oma Lina später erzählte, hatte es tosenden Applaus gegeben.

Wie ich von meiner Mutter später erfuhr, hat sie diese Stücke verfasst, um einen Ausgleich zum doch oft eintönigen Nähen zu haben.

Die Teufelspriesterin

Sylvia hatte ihr dichterisches und schauspielerisches Talent wirklich nicht gestohlen, sondern es von ihrer Mutter geerbt. Um das zu belegen, füge ich eine Geschichte über meine Oma Lina an.

Wie uns Oma verriet, hatte sie in ihrer Jugend mit Begeisterung Theater gespielt. Schon als Kind muss sie so überzeugend gemimt haben, dass man ihr bei jeder Schulaufführung die weibliche Hauptrolle anvertraute. Nachdem wir das wussten, baten wir sie immer wieder mal um eine kleine Kostprobe ihrer Kunst. Meist ließ sie sich auch nicht lange bitten.

Eines Abends nun, als wir in der Küche so gemütlich beisammen saßen und »Mensch ärgere dich nicht« spielten, kam ein Gewitter auf. Es krachte und blitzte nur so, und auf einmal fiel auch noch der Strom aus.

Auf solche Fälle war Oma vorbereitet. Schnell hatte sie eine Kerze zur Hand, zündete sie an und stellte sie mitten auf den Tisch. Zusätzlich öffnete sie das Türchen vom Herd, so mussten wir wenigstens nicht im Dunkeln sitzen. Es war aber zu finster, um das Spiel fortzusetzen, und infolge des Stromausfalls funktionierte auch das Radio nicht.

Also saßen wir Kinder gelangweilt um den Tisch herum, bis Heinz auf die Idee kam, doch die Oma zu bitten, uns mal ihre Paraderolle vorzuführen. Sie hatte uns nämlich schon einige Male erzählt, dass sie in der Rolle »Die Teufelspriesterin« für Furore gesorgt habe, aber diese hatte sie uns bisher vorenthalten.

»Oh ja, Oma, spiel uns ›Die Teufelspriesterin‹!«, unterstützten wir Mädchen die Bitte des Bruders. Sogleich erfüllte uns Lina den Wunsch.

Um ihre Darbietung wirkungsvoll zu untermalen, hängte sie sich einen dunklen Vorhang um. Dann deklamierte sie mit schaurig-schöner Stimme ihre Verse, die sie vor langer, langer Zeit auswendig gelernt hatte. Das schummrige Kerzenlicht und das flackernde Herdfeuer ließen ihren Schatten im Raume gespenstisch hin- und herhuschen, was die kleine Aufführung noch schauriger wirken ließ.

Der Höhepunkt des Vortrages nahte. Oma stand mitten im Raum, die Arme hoch gen »Himmel« erhoben. Mit theatralischer Stimme, in die sie ihre ganze Seele zu legen schien, rief sie: »Hölle, tu dich auf! Satan – komm heraus!«

Im selben Augenblick zuckte ein tagheller Blitz auf, gefolgt von einem gewaltigen Donnerschlag. Uns allen fuhr der Schrecken in Mark und Bein. Mit Entsetzen fragte ich mich, welch dunkle Mächte die Oma da herbeigerufen hatte.

Vor Schreck bekamen wir Kinder zunächst den Mund nicht wieder zu, doch bald klapperten wir mit den Zähnen. Wenige Sekunden später begannen wir alle drei wie auf Kommando, halblaut das Vaterunser zu murmeln.

Doch Lina, über diese Naturerscheinung selbst mächtig erschrocken – wie sie uns später gestand –, versuchte, die unheimliche Situation mit Humor zu retten. Nach einigen Schrecksekunden rief sie: »Höllenhund, bleib, wo du bist! Ich hab doch nur Spaß gemacht.«

Wenig später begann sie ein lustiges Liedchen zu trällern, in das wir zögernd einstimmten. Beim nächsten Gewitter aber hüteten wir uns, die Großmutter noch mal um die »Teufelspriesterin« zu bitten; ja, wir baten sie nie wieder um diese Vorführung. Wir wollten es nicht noch einmal riskieren, dass sie Höllenmächte heraufbeschwor.

Die lieben Verwandten

Wie wir uns erinnern, hatten Catherine und Anna-Maria, die beiden Tanten meiner Großmutter Lina, jede im Jahr 1900 ein uneheliches Kind zur Welt gebracht. Vater Jacob, der erst sehr entsetzt darüber gewesen war, sich aber nach einiger Zeit als stolzer Großvater zeigte, freute sich, dass wenigstens auf diese Weise sein schöner Name Rink weitergegeben wurde.

Der Enkel Karl, den Jacob nach dem Tode von Catherine bei sich aufgenommen hatte, bescherte ihm Jahre später allerdings nur weibliche Nachkommen. Über die drei Urenkelinnen ist mir so gut wie nichts bekannt.

Der andere Enkel aber, Jakob, der Sohn von Anna-Maria, hat den Stamm der Rinks bis auf den heutigen Tag erhalten – und zwar gleich mehrfach, wie aus der Stammtafel am Ende des Buches hervorgeht.

1909 hatte seine Mutter den Gemeindearbeiter Michael Klein geheiratet, der aber schon nach kurzer Zeit an einer heimtückischen Krankheit starb. Ihr zweiter Ehemann, Paul Falteich, fiel schon gleich zu Beginn dem Ersten Weltkrieg zum Opfer. Beide

Ehen blieben kinderlos, beide Ehemänner hätten daher gern den netten Buben Jakob adoptiert.

Weil aber Anna-Marias Vater aus eigennützigen Motiven sein Veto eingelegt hatte, unterblieb die Adoption. Mit beiden Ehemännern hatte Anna-Maria in Idar-Oberstein gewohnt, sodass ihr Sohn dort aufwuchs. Später hat er seinen Nachkommen gern davon erzählt, dass er schon als Zehnjähriger seinen ersten Stiefvater hatte begleiten dürfen, wenn der die Gaslaternen anzündete oder sie wieder löschte.

Jacob Rinks Ehefrau Maria verstarb im Alter von achtundsechzig Jahren. Da mittlerweile alle Töchter aus dem Haus waren, stand er nun allein da mit seinem Enkel Karl. Die beiden bissen sich durch die schweren Zeiten, so gut es ging. Nachdem aber Anna-Marias zweiter Ehemann gestorben war, zog Jacob mit Karl zu ihr nach Idar-Oberstein.

Als die beiden Enkel fünfzehn waren und ihre Berufsaussichten im Saarland nicht besonders rosig aussahen, erfuhr Jacob zufällig, dass man in Duisburg im Stahlwerk Rheinhausen Arbeitskräfte suchte. Also verlegte er mitsamt seinen Nachkommen den Wohnsitz dorthin. Die beiden Buben wurden gleich in dem Werk angestellt, und Enkel Jakob durchlief eine Ausbildung zum Lokführer.

Im Werk gab es zwei Arten von Schienen: Die Normalspur wurde von der großen Lok befahren, die Schmalspur von der kleinen. Die Schmalspurschienen waren der Einfachheit halber zwischen die der Normalspur verlegt worden. Nun muss man sich das Gelände etwas hügelig vorstellen. Wollte man also vom Thomas-Werk, das oben lag, Waren nach unten befördern, benötigte man keine Lok. Hatte der Zug eine gewisse Stelle erreicht, kuppelte man die Waggons einfach ab und ließ sie den Berg hinunterrollen.

Als Jakob achtzehn war, befand er sich mit einem Heizer in der kleinen Lok, an der ein Waggon angehängt war. Mühsam schnaufte das kleine Gefährt nach oben, denn Jakob sollte schwere Eisenteile zum Thomaswerk bringen.

Plötzlich sah er aber einen Normalspurwaggon auf sich zurasen. »Spring ab!«, konnte er seinem Heizer gerade noch zurufen. In letzter Sekunde sprang er selbst von der Lok, aber zu spät.

Ein Krachen, ein Schlag, und schon war es passiert. Die kleine Lok kippte mitsamt dem Anhänger genau auf die Seite, auf der Jakob sich befand. Bei allem hatte er noch Glück im Unglück: Die Maschine erwischte nur sein rechtes Bein. Der Rettungsdienst brachte ihn sofort ins Krankenhaus, doch das Bein war leider nicht mehr zu retten und musste unterhalb des Knies amputiert werden.

Der Heizer blieb unverletzt, weil er zur anderen Seite abgesprungen war.

Nachdem Jakob wieder genesen war, konnte er den erlernten Beruf nicht mehr ausüben. Verständlich, dass er selbst sehr darunter litt. Sein Großvater aber litt mit ihm, die Zukunft des Enkels schien mit einem Schlag zunichte gemacht.

Jung-Jakob ließ sich jedoch nicht unterkriegen. Er war bereit, jede Arbeit anzunehmen, die man ihm vonseiten des Werks anbieten würde. So wurde er zunächst Sackflicker in dem Zementwerk, das dem

Stahlwerk angegliedert war. Dort hatte er die Jute-Umhüllung der Papiersäcke, in die man Zement einfüllte, zu reparieren.

Nach fünf Jahren wurde er »befördert«. An der Pforte des Berta-Krupp-Krankenhauses, wo er nach seinem Unfall einige Wochen verbracht hatte, bot man ihm die Stelle eines Portiers an. Das war für ihn eine wesentlich angenehmere und zudem besser bezahlte Arbeit. Nun konnte er endlich daran denken, seiner Margarete, die ihn trotz seiner Behinderung liebte, einen Antrag zu machen.

Das Paar heiratete 1925 und bekam schon bald einen Sohn, der in der Nottaufe den Namen Wilhelm erhielt, doch leider nur wenige Stunden am Leben blieb. Jakobs Großvater erlebte aber noch den zweiten Urenkel, ein kräftiges Kerlchen, 1930 geboren, das den Namen Herbert bekam.

Etwas über zehn Jahre später kam im Hause Jakob und Margarete Rink ein weiterer Sohn an, Manfred. Diesen hat Uropa Jacob leider nicht mehr erleben können, da er 1932 verstorben war, immerhin im stolzen Alter von fast siebenundachtzig Jahren.

Der neue Chef des Krankenhauses mochte den aufgeweckten Pförtner sehr gern und spielte hin und wieder Schach mit ihm. Dabei erkannte er dessen Fähigkeiten und setzte ihn schon bald als Finanz-Sachbearbeiter ein. Damit stieg nicht nur Jakobs Ansehen, sondern auch sein Gehalt. Von da an ging es seiner Familie wesentlich besser.

Dass meiner Mutter Sylvia dieser Zweig der Verwandtschaft besonders am Herzen lag, ist schon daran zu erkennen, dass sie auf diese Verwandten ein langes Gedicht verfasste, das ich in ihrem Nachlass fand. Es ist in schönstem Saarländisch gehalten. Damit es auch Nicht-Saarländer verstehen, habe ich es ins Hochdeutsche übersetzt:

Sylvias Gedicht

Mit Besuchen bei uns gab's keine Pause,
oft hatten wir Feriengäste aus Rheinhause'.
Ein Cousin von der Mama, mit Kind und Kegel,
der Jüngste, der Manfred, was war das ein Flegel!
Der kam auch allein fast jedes Jahr
zu uns in den großen Ferien gefahr'.
Den Lausbub hatt ich ins Herz geschlossen,
in Herbert war ich ein bisschen verschossen,
obwohl mit meinen achtzehn Jahr'
ich ein halbes Kind noch war.
Und er mit dreizehneinhalb erst recht,
doch wer denkt dabei denn schlecht?
Im Jahr darauf warn wir schon älter,
doch die Herzlichkeit nicht kälter.
Geneckt und geflirtet – was für ein Erlebnis!
Zum Abschied geweint – das war das Ergebnis.
Danach hat man liebe Briefe geschrieben,
das war'n halt Verwandte, die tat man lieben.
Bei Ankunft und Abfahrt hat man sich geküsst,
doch nur, weil ich meinen Bruder vermisst.
In Cousin Herbert, das ist doch klar,
ich nur Ersatz für mein' Bruder sah.

In der Nachkriegszeit war es aber nicht ausschließlich die Liebe zu ihrer Verwandtschaft, welche die

135

Duisburger ins Saarland reisen ließ. Bei Oma Lina konnten sie sich mal richtig satt essen, während man im Ruhrgebiet von dem bisschen leben musste, das es auf Lebensmittelkarten gab.

Als meine Mutter verheiratet war, hatte sie noch immer Sehnsucht nach ihrem »Ersatzbruder« und dessen Familie, deshalb erlaubte mein Vater großmütig, dass sie die Verwandten in Rheinhausen besuchte. Helmut meinte, so lange noch kein Kind da sei, solle sie sich diesen Urlaub gönnen.

Nun kommt wieder Sylvia zu Wort:

Zum ersten Mal allein verreisen
konnt' ich meine Selbstständigkeit beweisen.
Mein lieber Mann wünschte mir viel Glück,
er wusste ja, ich komm gern zurück.
Mama hatte – wie bei vielem – Bedenken,
trotzdem tat sie mir das Reisegeld schenken.
Ich war die Glücklichste von der Welt,
hatt' in der Tasche genügend Geld
und hübsche Kleider im Koffer drin
und wusste, die Reise wird für mich ein Gewinn.
Ein kleines Stück Jugend, das der Krieg mir gestohlen,
konnt' ich auf diese Weis' endlich nachholen.
Dass man sich auf mich freute, wusst' ich genau,
denn Gretchen war eine sehr liebe Frau.
Und erst die beiden Cousins von mir!
Mit denen hatte ich viel Pläsir.
Der Älteste stand auf dem Bahnsteig sodann,
was war er inzwischen ein stattlicher Mann!

Das letzte Mal waren wir beide noch Kind'
Wie schnell doch die Jahre vergangen sind!
Nun hatte er auch schon 'ne liebe Frau,
war glücklich mit ihr, das sah ich genau.
Auch ich verstand mich gut mit ihr,
hatte mit allen viel Pläsir.
Manfred war aus der Schul' indessen,
wir waren drei Wochen unzertrennlich gewesen.
Sind viel zusammen Rad gefahren,
grad wie bei uns in früheren Jahren.
Er zeigte mir die Gegend am Rhein,
wir konnten wieder wie Kinder sein.

In den folgenden Jahren hat Mutters Klein-Cousin
Manfred immer wieder gern in Heiligenwald Urlaub
gemacht. Als Stadtkind genoss er das Landleben
und verstand sich auch gut mit meinem Opa und
meinem Vater, denen er im Stall, auf dem Feld oder
beim Dekorieren zur Hand ging.

Da kam es schon mal vor, dass mein Vater und er
die Nacht auf Wellpappe hinter dem Schaufenster
verbrachten, um am nächsten Morgen rechtzeitig am
Arbeitsplatz zu sein, aber auch, um Geld zu sparen.

Eines Vormittags schickte mein Vater den fünf-
zehnjährigen Manfred los, er solle in der Metzgerei
Fleischwurst kaufen, damit sie zu Mittag etwas Def-
tiges zu essen hätten. Manfred betrat den nächstgelegenen Metzgerladen. Sein Blick fiel gleich auf jede
Menge Fleischwurstringe, die fein säuberlich auf einer Stange aufgereiht waren. Als die Verkäuferin
nach seinem Wunsch fragte, bat er um ein halbes
Pfund Fleischwurst.

Die junge Dame schüttelte bedauernd den Kopf und sagte eiskalt: »Wir haben keine Fleischwurst.«

Der junge Mann verstand die Welt nicht mehr. Wieso wollte die ihm nichts verkaufen? Doch er ließ sich nicht entmutigen. Indem er mit dem Finger auf die aufgereihten Fleischwurstringe deutete, stellte er fest: »Da haben Sie doch jede Menge davon!«

»Nein, das sind Lyoner«, bekam er zur Antwort.

Also kaufte der Bub ein halbes Pfund Lyoner, und das Mittagessen war gerettet.

Manfred und Herbert, die beiden Brüder, reichten dann den Namen Rink weiter. Letzterer, gleichzeitig auch der Ältere, bekam mit seiner Frau Elfriede zwei Kinder: Gisela (Jahrgang 1952) und Wolfgang (1955). Wolfgang gab den Namen weiter an seine Söhne Florian (1982) und Tobias, der vier Jahre später geboren wurde.

Und auch Manfred sorgte dafür, dass der Name seines Urgroßvaters nicht so bald ausstirbt. Seine Frau Erika brachte 1965 den Sohn Holger zur Welt. Dieser ist längst verheiratet mit Sabine, die auch schon für Nachwuchs gesorgt hat. Der Stammhalter Sebastian wurde 1996 geboren und die Tochter Melina im Jahre 2000.

Jacob Rink würde bestimmt stolz darauf sein, dass er es, obwohl er neben seinen acht Töchtern keinen einzigen Sohn hatte, zu Ur-Ur-Ur-Enkelsöhnen gebracht hat, die noch seinen Namen tragen.

Meine Großeltern Fritz und Frieda

Mit Opa Fritz gab es ähnliche Probleme wie mit Opa Sepp, denn er sprach auch nur zu gern dem Alkohol zu. Allerdings gab es einen gravierenden Unterschied: Bei Opa Sepp war es das Bier und bei Opa Fritz der Wein, der ihm die Kneipe so verlockend machte. Fritz' erste Frau, das gutmütige Mariechen, hatte ihm das nicht abgewöhnen können. Aber auch seine zweite Frau, die resolute Frieda, schaffte das nicht.

Wenn wir die Großeltern am Sonntag besuchten, trafen wir ihn nie zu Hause an. Die Oma sagte dann: »Kinder, geht mal den Opa holen, für heute hat der genug Viertele.« Mit dem Wort »Viertele« verriet sie die gebürtige Schwäbin, während sie im Übrigen perfekt Saarländisch gelernt hatte.

Für uns Kinder war es nichts Neues, uns auf die Suche nach Fritz zu begeben, damit hatte jedes von uns schon bei Opa Sepp genügend Erfahrung gesammelt. Mal zogen wir zu dritt los, mal zu zweit, mal eines von uns allein. So lernte ich mit der Zeit auch die einschlägigen Kneipen von Altstadt kennen. Wenn wir ihn abholen wollten und er noch keine Lust verspürte, mitzugehen, verstand es Fritz, uns Kinder bei Laune zu halten, indem er uns eine Limo oder ein Eis spendierte. Manchmal steckte er uns auch etwas Geld zu. Auf diese Weise gelang es ihm jedes Mal, seine Zechtour etwas zu verlängern.

Das Geld, das er uns schenkte, landete mit schöner Regelmäßigkeit komplett im Flipper-Automaten.

Diesen Großvater hatten wir recht lange. Er wurde dreiundachtzig Jahre alt und blieb rüstig bis ins hohe Alter. Nach seinem Eintritt in den Ruhestand legte er sich aber nicht auf die faule Haut. Um sich ein Zubrot – oder besser gesagt, einen »Zuwein« – zu verdienen, zog er mit dem Handwägelchen von Haus zu Haus. Für eine namhafte Firma verkaufte er Gewürze an der Haustür und für verschiedene Imker Honig. Daher war er bald im ganzen Ort als der »Honisch-Fritz« bekannt.

Mit seinen zahlreichen Enkeln – sogar Urenkel hat er noch erleben dürfen – war er sehr froh. In meinen Augen waren diese Großeltern stets sehr herzlich und liebevoll.

Als Frieda verwitwet war, kam sie häufig zu uns zu Besuch. Ein Anruf genügte, und mein Vater holte sie ab.

Schon wenn sie aus dem Auto stieg, sang sie fröhlich: »Hallihallo, es Frieda is mal widder do!« Selbstbewusst erklärte sie: »Ich bin ja auch die beste Geschirrspülmaschine aller Zeiten.«

Damit hatte sie recht. Wenn Frieda bei uns im Haus war, brauchte von uns Kindern keines mehr einen Spüllappen oder ein Geschirrtuch in die Hand zu nehmen. Sie spülte aber nicht nur das anfallende Geschirr blitzsauber, sie schmiss auch den ganzen Haushalt mit links und war immer fröhlich dabei.

Genau wie Oma Lina verstand sie es, so manchen humoristischen Vortrag zu dichten und zu halten. Noch gut erinnere ich mich an den glanzvollen Auftritt auf meiner Hochzeit. Bekleidet war sie dabei mit einer »Robe«, die meine Mutter eigens für sie zu diesem Festtag kreiert hatte.

Einmal, als Frieda wieder mal aus Vaters Auto stieg, rief meine Schwester ihr zu: »Ei, liebe Frieda, wie lange dürfen wir dich diesmal beherbergen?«

Schlagfertig antwortete sie: »Ei, so zwei Dutzend Hösjer hann ich eingepackt – und auch jede Menge Bonbons für meine drei Leckermäulcher sinn dabei.«

Für uns Kinder war sie zweifelsfrei die zweitbeste Oma auf der Welt. Erst sehr viel später habe ich erfahren, dass sie die Stiefmutter meines Vaters war, also gar nicht meine leibliche Großmutter. Sie stammte aus dem Schwarzwald, wie ihr erster Ehemann auch.

Dieser hatte einen äußerst gefährlichen Beruf ausgeübt. Zunächst war er Sprengmeister in seiner Heimat gewesen, wo er »überflüssige« Felsen wegsprengte. In den Zwanzigerjahren aber war er ins Saarland gezogen, wo er eine Stelle als Grubensprengmeister annahm. Im Alter von zweiundvierzig Jahren hat ein Arbeitsunfall seinem Leben ein jähes Ende gesetzt. Die Untersuchung ergab, dass weder er noch ein anderer einen Fehler begangen hatte. Es muss eine Verkettung unglücklicher Umstände gewesen sein, die zu diesem tragischen Unglück führte. Für seine Frau war das ein harter Schlag. Sie stand nun allein da mit ihrem Sohn Paul, der 1928 im Saarland geboren worden war. Zum Zeitpunkt des tragischen Geschehens war er gerade mal zehn Jahre alt.

Als Fritz 1943 seine zweite Frau kennenlernte, war Paul bereits fünfzehn und auf der Suche nach

einer Lehrstelle. Es gelang meinem Opa, den Burschen im Eisenwerk unterzubringen, wo er ja selbst
arbeitete. Gegen Kriegsende bewahrte das den Paul
davor, noch eingezogen zu werden, immerhin war
er an einer kriegswichtigen Produktion beteiligt.
Außer Lebensgefahr befand er sich deshalb aber
nicht, denn wie bereits erwähnt, bildeten die Hüttenwerke bevorzugte Ziele für Bombenangriffe.

Eines Tages hatte der Junge ein traumatisches Erlebnis. Wie alle anderen Arbeiter rannte er bei jedem
Fliegeralarm, so schnell er konnte, zum Spitzbunker
auf dem Werksgelände. Diesmal jedoch schaffte er es
nicht, das schützende Gebäude rechtzeitig zu erreichen. Während er noch auf der Flucht war, trafen
schon die ersten Einschläge neben ihm die Bahnli-
nie. Deshalb versuchte er, Schutz im nächstgelegenen Haus zu finden. In Todesangst stolperte er die
Kellertreppe hinab und kauerte sich – da im Keller
für ihn kein Platz mehr war – unter die Treppe.
Plötzlich tat es einen entsetzlichen Schlag, und das
Haus fiel in sich zusammen. Alle im Keller, auch er,
wurden verschüttet.

Es dauerte über zwei Stunden, bis man endlich
nach Überlebenden zu suchen begann, und tatsächlich wurden sie alle gerettet. Pauls körperliche Schäden fielen relativ gering aus, doch das Trauma und
die Todesängste, die er während dieser sehr lan-
gen Zeit durchgestanden hatte, konnte er nicht so
leicht verarbeiten. Ja, sie verfolgten ihn ein Leben
lang, zumal er es nicht fertigbrachte, sich das alles von der Seele zu reden. Erst vor einigen Jahren, im stolzen Alter von vierundachtzig, konnte er

sich überwinden, mir die ganze Geschichte zu erzählen.

Nach dem Krieg fand Paul, der mein Stiefonkel
war, unglücklicherweise nur in einem Kohlebergwerk Arbeit. Er musste also an jedem Arbeitstag in
die Grube fahren, was ihn jedes Mal erneut Über-
windung kostete. Die Enge und die Dunkelheit im
Stollen erinnerten ihn täglich aufs Neue an die Situation, als er verschüttet gewesen war. Zwei Jahrzehnte hielt er diese schwere Arbeit durch, trotz der
erheblichen psychischen Belastung. Dann traf ihn
das Schicksal erneut ungewöhnlich hart.

Im Alter von vierzig Jahren, mittlerweile war er
Ehemann und seine Tochter Iris dreizehn – erlitt er
mit dem Motorrad auf dem Weg zur Arbeit, ohne eigenes Verschulden, einen schweren Unfall. Ein Auto-
fahrer hatte ihm die Vorfahrt genommen. Der Fami-
lienvater trug eine so schwere Kopfverletzung davon,
dass er ab sofort als Invalide galt. Zum Glück lebte er
mit seinen Eltern Fritz und Frieda zusammen in deren Haus, das sie nach dem Krieg errichtet hatten.

Vor einigen Jahren zog Paul mit seiner Frau in ein
Seniorenheim, wo sie zwei Jahre später starb. Seitdem kümmere ich mich ein bisschen um ihn.

In jungen Jahren war er immer wieder mal mit
seiner Mutter nach Donaueschingen gefahren, um
Verwandte zu besuchen. Als Frieda nicht mehr lebte, fuhr er weiterhin in seine »alte Heimat«, wie er es
zu nennen pflegte, dabei wurde er doch im Saarland
geboren. Er fühlte sich Donaueschingen eben ver-
bunden, weil seine Mutter von dort stammte. Heute
gibt es dort von ihm keine nahen Angehörigen mehr.

Den Schwarzwald liebt er aber nach wie vor, deshalb freut er sich, alle zwei Jahre dort eine Kur antreten zu dürfen.

Da Paul zunehmend unter Atemnot leidet – eine Folge seiner langjährigen Tätigkeit unter Tage –, wird ihm in regelmäßigen Abständen eine bezahlte Erholung im Schwarzwald bewilligt. Zudem leidet er noch immer unter den Unfallfolgen und an Diabetes. Seine letzte Kur begann im Dezember 2014. Weil der alte Mann aufgrund seiner Gebrechen nicht mehr in der Lage war, allein zu reisen, wurde ihm von der Krankenkasse eine Begleitperson zugestanden. Als er mich fragte, ob ich diese sein wolle, sagte ich sofort zu.

Bevor die Reise losging, musste ich aber erst bei seiner Ärztin einen »Schnellkurs« in Krankenpflege absolvieren. In seinem Beisein unterwies sie mich sehr genau, wie man Zucker misst und dem Patienten die Insulin-Spritze verabreicht. Zusätzlich legte sie mir ans Herz, bei dem oft »uneinsichtigen« Patienten streng darauf zu achten, dass er nicht zu viel Zuckerhaltiges esse.

Am übernächsten Tag starteten wir die Reise per Bahn. Das Sanatorium in Höchenschwand im Südschwarzwald war unser Ziel. Bei unserer Abfahrt hatten wir noch grüne Wiesen und braune Felder hinter uns gelassen, und nach wenigen Stunden fanden wir uns in einer völlig weißen Landschaft wieder. Wunderbar! Der Onkel war zwar nicht mehr gut zu Fuß, ich aber würde in den nächsten Tagen wundervolle Schneespaziergänge genießen, nahm ich mir vor.

Dass Paul wirklich uneinsichtig war, bemerkte ich schon bei der ersten Mittagsmahlzeit. Nach dem Hauptgang wollte er sich sogleich auf den sehr süßen Nachtisch stürzen. Diesen nahm ich ihm unbarmherzig weg, obwohl er mir leid tat. Jeden Nachmittag versuchte das Schlitzohr, mich in die Cafeteria zu locken, damit er sich den guten Sahne- und Buttercremetorten zuwenden könne. Doch ich ließ mich nicht erweichen.

»Ach, du! Du bist ja schlimmer als die Schwester im Altenheim. Hätte ich das geahnt, hätte ich dich nicht mitgenommen«, beschwerte er sich. Doch dabei schmunzelte er, sodass ich wusste, es war nicht ernst gemeint.

Die Weihnachtsfeiertage verbrachten wir ebenfalls im Sanatorium. Das erste Mal in meinem Leben weilte ich an Weihnachten nicht zu Hause; das machte mir aber nichts aus, daheim wäre ich ja mutterseelenallein gewesen. Hier hatte ich eine Menge netter Leute um mich. Obwohl sie aus den unterschiedlichsten Regionen Deutschlands stammten, verstanden wir uns prächtig. Um den großen Baum im Speisesaal versammelt, sangen wir gemeinsam die schönsten Weihnachtslieder und genossen anschließend das festliche Mahl. Für trübe Gedanken blieb keine Zeit. Außerdem hatte ich ja meinen lieben Stiefonkel bei mir und damit eine wichtige Aufgabe. Ich musste darauf achten, dass er dem Weihnachtspunsch nicht zu sehr zusprach und nicht zu viel von dem Weihnachtsgebäck in sich hineinstopfte. Mit dem üppigen Abendessen waren seine Zuckereinheiten mehr als abgedeckt.

Für lange Gespräche blieb uns viel Zeit. So kam es auch, dass er mir nach Weihnachten die Geschichte von seiner Verschüttung in dem zerbombten Haus erzählte.

Aber zurück zu Frieda, unserer couragierten Stiefoma. Von ihr gäbe es eine Menge heiterer Begebenheiten zu berichten. Doch ich will mich auf eine beschränken.

Die »Grombeerkieschelscher«

Zunächst eine Erklärung dazu: Bei uns heißen Kartoffeln »Grombeere«, abgeleitet von dem hochdeutschen Wort »Grundbirne«, analog zu dem Wort »Erdäpfel«, das in anderen Regionen benutzt wird. »Kieschelscher« ist mit »Küchlein« zu übersetzen.

Oma Frieda machte keine Arbeit zu viel Mühe, bei allem packte sie mit an. Schon bei ihrer Ankunft verkündete sie jedes Mal lautstark: »Lass das mal die Frieda machen!« Und schon war sie ganz in ihrem Element.

Bevor meine Schwester verheiratet war, lud sie öfter mal am Abend junge Leute zu uns ein, wenn meine Eltern ausgingen. Mit uns waren wir manchmal zehn Personen. So saßen wir auch eines Abends gemütlich beisammen, mit Frieda natürlich.

Zu vorgerückter Stunde meinte auf einmal einer aus der Runde: »Ich hätt' aweil so rischdisch Luscht off Grombeerkieschelscher.« Alle waren von der Idee begeistert.

»Dat es kään Problem«, ließ Frieda verlauten, und schon zückte sie ihr spitzes Messerchen aus dem rechten Schürzensack. »Solang' ich mein Messersche bei mir hab, gibt's immer was Gut's zu essen«, war ihr Wahlspruch. Sogleich erteilte sie einen Befehl: »Ihr Buben holt mal dabber (schnell) sechs oder sieben dicke Grombeere aus'm Keller, dann fang ich an ze rabbe, und wie's Gewidder brotzeln dann die Kieschelscher in da Pann.«

Es war immerhin zehn Uhr abends! So spontan, wie sie nun mal war, rieb sie sogleich die dicken Kartoffeln und hatte sofort die jungen Leute für sich eingenommen. Sie war eben einmalig.

Nachdem die Kartoffelpuffer bis auf den letzten Bissen verputzt waren, erklärte Frieda: »Von dene Kieschelscher so spät am Abend krieg ich Bauchweh. Jetzt brauch ich einen Schnaps.«

Dieser wurde ihr bewilligt. Als Nachtisch gab sie dann einen ihrer humoristischen Vorträge zum Besten, denn die Zettel mit ihren »gesammelten Werken«, die sie im Nu aus der Tasche ihrer Nylonschürze hervorzauberte, hatte sie stets dabei.

Edda, das geborene Funkenmariechen

Das Leben meiner Schwester Edda fing noch dramatischer an als das meine. Es war am Rosenmontag 1955, meine Mutter war schon fast im achten Monat schwanger. Deshalb wagte sie es nicht mehr, mit Helmut zum Maskenball zu gehen. So zog mein Vater also mit seinem Bruder Hans los, der ihm in vielen Lebenslagen zur Seite stand.

Die beiden waren als Maharadscha verkleidet, verbrachten schöne Stunden in netter Gesellschaft, und es herrschte eine Bombenstimmung. Trotzdem befiel Helmut nach der Demaskierung, die üblicherweise um Mitternacht stattfindet, eine merkwürdige innere Unruhe. Er bestand darauf, heimzugehen, obwohl Hans nicht so recht wollte und die Freunde die beiden zum Bleiben zu überreden versuchten. Also wankten die zwei kurz nach Mitternacht Arm in Arm in Richtung von Helmuts Zuhause.

Als sie sich diesem näherten, grölten sie lauthals: »»Schnaps, das war sein letztes Wort, da trugen ihn die Englein fort!'« Mit dem Gesang störten sie niemanden, denn die Gegend war dünn besiedelt, und die wenigen Anwohner befanden sich mit Sicherheit alle auf dem Maskenball.

»Wieso brennt bei uns im ganzen Haus Licht?«, lallte mein Vater verwundert, als sie auf sein Domizil zusteuerten. Nachdem er endlich das Schlüsselloch gefunden hatte, empfing ihn unten im Hausgang seine Schwiegermutter mit den Worten: »Gut, dass ihr da seid! Deine Frau muss sofort ins Krankenhaus.«

»Wie? Was? Es ist doch noch gar nicht an der Zeit«, gab er trotz seines benebelten Kopfes von sich.

»Kurz vor Mitternacht haben bei ihr die Wehen eingesetzt«, hieß es.

Da man noch kein Telefon besaß, hatte man weder die Hebamme noch das Krankenhaus benachrichtigen und auch kein Taxi bestellen können. Helmuts Auto stand zwar in der Garage, aber weder sein Vater noch die Mutter besaßen einen Führerschein. Und da Oma Lina nicht wissen konnte, wann die beiden Fastnachter denn nach Hause kämen, hatte sie bereits einen großen Topf mit Wasser auf die Platte des Kohleherdes gesetzt und sich innerlich darauf vorbereitet, bei ihrer Tochter die Entbindung vornehmen zu müssen. Ein bisschen Erfahrung besaß sie ja, schließlich hatte sie selbst zwei Kinder auf die Welt gebracht und in jungen Jahren mal einer Hebamme assistiert, als sie auf einem Bauernhof in Dienst gestanden hatte.

Man kann sich vorstellen, wie erleichtert Lina war, als der Schwiegersohn auftauchte und ihr die Verantwortung abnahm. Die Wehen folgten bereits so dicht aufeinander, dass die Brüder es nicht mehr wagten, sich umzuziehen. So, wie sie waren, hakten sie die Schwangere ein, der eine rechts, der andere links. Sie geleiteten sie zum Auto und verfrachteten sie vorsichtig auf den Beifahrersitz. Noch eine wärmende Decke über die Beine, die Oma ihnen flugs gebracht hatte – es war immerhin eine eiskalte Februarnacht –, und sogleich schwang sich Hans auf den Rücksitz und Helmut klemmte sich hinters Lenkrad. Schon ging sie los, die abenteuerliche Fahrt nach Neunkirchen.

Heute wäre so etwas undenkbar: der Fahrer volltrunken hinter dem Steuer! Aber damals bestand noch kein Alkoholverbot, also existierten auch keine entsprechenden Kontrollen. Außerdem floss zu jener Zeit noch wenig Verkehr über deutsche Straßen. Die wenigen Autos, die vor dem werdenden Vater herzockelten, überholte er laut hupend. Mit seinem Gehupe brachte er auch alle Wagen, die von rechts oder links einbiegen wollten, zu respektvollem Halten, egal ob er Vorfahrt hatte oder nicht.

Mit einer Frau auf dem Beifahrersitz, bei der eine Wehe die andere jagte, glaubte Helmut, Vorfahrt zu haben. Trotzdem müssen die Schutzengel von allen vieren – das Ungeborene mitgerechnet – voll im Einsatz gewesen sein, sonst wären sie nicht heil bei der Klinik angekommen. Erneut hakten die beiden Maharadschas die werdende Mutter unter. So wankten sie im nächtlichen Krankenhaus zum Kreißsaal.

Die diensthabende Hebamme glaubte im ersten Moment, unter Halluzinationen zu leiden. »So was habe ich auch noch nicht erlebt«, rief sie. »Zwei Orientalen, die mir eine Gebärende bringen!«

Ehe sich die beiden versahen, hatte die Hebamme Sylvia schon in den Kreißsaal gezogen, und das Brüderpaar zog ab, um zu Hause seinen Rausch auszuschlafen.

Gegen ein Uhr in der Früh war meine Mutter im Krankenhaus angekommen, es dauerte aber noch eine Stunde, bis das Kind seinen erlösenden ersten Schrei tat. Bevor es so weit war, lag die werdende Mutter aber nicht jammernd in den Wehen, wie das manch andere Gebärende zu tun pflegt – nein, während der Wehenpausen unterhielt sie die Hebamme mit lustigen Vorträgen aus ihrem Repertoire. Wen wundert es da, dass dieses Kind etwas ganz Besonderes wurde?

In der Nacht vom Rosenmontag auf Fastnachtsdienstag von zwei betrunkenen Maharadschas in die Klinik gebracht, von einer Mutter geboren, die noch in den letzten Minuten närrische Verse aufsagte: Dabei musste doch eine Persönlichkeit herauskommen, die eine karnevalistische Größe werden sollte! Aber erstaunlicherweise wurde sie das dann auf eine ganz andere Art, als ihr Vater und ihre Mutter es ihr vorleben würden.

Zunächst aber wog das kleine Mädchen nur zwei Kilogramm und musste sogleich in den Inkubator. Am nächsten Morgen erschienen Papa und Onkel mit einem riesigen Gladiolenstrauß, den sie der jungen Mutter aufs Bett legten. Die Eltern waren glücklich, dass sie nun zu ihrem Stammhalter auch noch eine Tochter hatten.

Edda wuchs zunächst unauffällig heran. Als sie aber etwa drei Jahre alt war, beobachtete man, dass sie, sobald Musik aus dem Radio ertönte, ihre Beinchen nicht stillhalten konnte. Sie hüpfte, sprang und drehte sich so gekonnt im Rhythmus, dass das nicht nur den Eltern und Großeltern, sondern jedem Besucher auffiel.

»Ihr solltet das Kind in eine Ballettschule schicken«, wurde den Eltern immer wieder geraten, das taten sie dann auch. Vorher aber wurde die Kleine noch für den Laufsteg entdeckt.

Zu dieser Zeit war mein Vater gerade bei dem führenden Modehaus in Saarbrücken angestellt, das für eine Modenschau zufällig noch Kinder suchte, welche die neuesten Kreationen des Hauses vorführen sollten. Er meldete seine Tochter an und stellte sie zu gegebener Zeit vor. Auf Anhieb war man entzückt von ihrem Liebreiz und ihrem natürlichen Charme und »engagierte« sie vom Fleck weg.

Mit den süßesten Kleidchen – damals waren Petticoats in – tänzelte der blonde Lockenschopf keck über den Laufsteg und begeisterte das Publikum. »Eine zweite Shirley Temple«, riefen die älteren

Zuschauer begeistert, wenn sie das Lockenköpfchen auf dem Laufsteg sahen. Sie erinnerten sich nämlich noch an den Kinderstar, der in den Dreißigern das Kinopublikum verzaubert hatte.

Als Edda vier war, meldete mein Vater sie in der Ballettschule an, wo sie stets mit Begeisterung hinging und bald Klassenbeste war. Schon im zarten Alter von fünf Jahren trat sie in Neunkirchen bei den »Roten Funken« als Funkenmariechen auf, umjubelt und bewundert.

Von da an ging ihre Karriere steil bergauf. Von allen möglichen Vereinen wurde sie für einen Auftritt angefordert. Schon bald nahm sie an Wettbewerben teil. Sie wurde viermal Saarlandmeisterin, und in Kiel bei den Deutschen Meisterschaften der Funkenmariechen belegte sie den siebten Platz von immerhin dreihundert Teilnehmerinnen!

Edda tanzte aber nicht nur selbst leidenschaftlich gern, im Alter von zwanzig Jahren ließ sie bereits »die Puppen tanzen«. Sie hatte eine eigene Gardetanzgruppe gegründet, in der zwölf Mädchen nach ihrer Choreografie in von ihr entworfenen und gemeinsam mit der Mutter genähten Kostümen über viele närrische Bühnen wirbelten.

Aber nicht nur Gardetanz studierte die Karnevalsfreundin mit ihnen ein, sondern auch viele anspruchsvolle Show-Tänze, ebenfalls nach eigener Choreografie. Mich persönlich hat am meisten die Aufführung zu »Tausendundeine Nacht« begeistert. Das Bühnenbild zu dieser Show hatte – natürlich stilecht, ganz nach den Wünschen meiner Schwester – der Vater geliefert.

Diese Show begann nicht nur spektakulär, sie begann sogar gefährlich: Ein Tusch! Dann marschierten sechs Araber-Scheichs mit einem großen Teppich auf den Schultern unter arabischen Klängen vom Saalende durch den Mittelgang bis auf die Bühne, wo sie mit Schwung den Teppich ausrollten. Der Clou dabei war, dass die Tänzerin – Edda –, die darin eingewickelt gewesen war, über die ganze Bühne bis nach vorn rollte. Ganz knapp am Abgrund, der immerhin zwei Meter tief war, blieb sie liegen. Das Publikum hatte den Atem angehalten, doch als Edda leichtfüßig aufsprang, ging ein Aufatmen durch den Saal, und man spendete frenetischen Beifall. In zahlreiche Schleier gehüllt, führte sie dann in Ballettschuhen ihren fantastischen Solotanz auf. Nach und nach huschten von allen Seiten ihre Gardemädels herbei, als Tempeltänzerinnen in duftige Kostüme gekleidet. Gemeinsam legten sie einen faszinierenden Tanz auf die Bühne, der mit tosendem Beifall belohnt wurde.

Später gestand mir meine Schwester, dass sie beim Ausrollen des Teppichs ebenfalls den Atem angehalten hatte. Sie sei sich nämlich nicht sicher gewesen, ob sie wirklich am Bühnenrand zum Halten kommen würde. Auch die Sekunden des Hereintragens seien für sie schlimm gewesen. Sie hätte vorher nicht bedacht, dass es für sie furchtbar eng und heiß werden würde – und auch nicht, dass die Atemluft knapp werden könnte.

Doch diese negative Erfahrung hinderte sie nicht daran, im Jahr darauf erneut in eine Verkleidung zu schlüpfen, in der es eng und heiß war, und die ihr fast den Atem raubte: Sie steckte nämlich in einem Affenkostüm, das ihr Sylvia auf den Leib geschneidert hatte. Als Affe hüpfte Edda auf der Bühne herum, umringt von ihren Gardemädchen in bunten Kostümen, die verschiedene Früchte darstellen sollten. Wahrlich, fast wie ein Affe im Paradies!

Der Kaufladen

Wenn ich eingangs auch behauptet habe, dass mein Vater wenig Zeit für uns Kinder hatte, so muss ich das doch ein bisschen korrigieren. Als ich fünf war, hat Helmut für uns drei einen wunderschönen Kaufladen gebaut. Wie viele Stunden mag er dafür geopfert haben? Sicher sind viele Nachtschichten nötig gewesen, denn keines von uns Geschwistern hat etwas von seinem Eifer mitbekommen.

Ich weiß noch, wie wir gestaunt haben, als der Kaufladen unterm Weihnachtsbaum prangte, mit Waage, Kasse und allem, was sonst noch dazugehört. Begeistert spielten wir jeden Tag in den Weihnachtsferien einige Stunden damit, zumal die Mutter die vielen kleinen Schubladen mit allerlei gefüllt hatte, das zu »verkaufen« war: Rosinen, Nüsse, Mandeln, Kandiszucker, Erbsen, Linsen und Bohnen.

Immer abwechselnd schlüpften wir in die Rolle des Kaufmanns und wogen in spitzen kleinen Tütchen das ab, was die beiden Kunden wünschten. Die Hülsenfrüchte wanderten mit schöner Regelmäßigkeit in den Kaufladen zurück, damit die Ware auch ja nicht ausgehe, die süßen Sachen jedoch verschwanden auf geheimnisvolle Weise. Damit der Kaufmann am nächsten Tag aber nicht in Verlegenheit geriet, wenn nach diesen Waren verlangt wurden, füllte meine Mutter die Schubladen in der Nacht heimlich immer wieder auf.

Als die Weihnachtsferien vorbei waren, mussten unsere beiden Großen wieder in die Schule, und auch am Nachmittag blieb ihnen keine Zeit mehr, um mit mir zu spielen. Da empfahl mir meine Oma, ich solle mir Melitta aus dem Nachbarhaus einladen.

Das ließ sich diese nicht zweimal sagen. Von da an kam sie täglich herüber, um mit mir mit dem Kaufladen zu spielen. In den Osterferien spielten Edda und Heinz noch gelegentlich mit uns und dem Kauflädchen, aber nicht mit allzu großer Begeisterung. Da die zwei ja doch ein gutes Stück älter waren als ich, hatten sie längst andere Interessen.

Auch mit der Freundin hatte das ausgiebige Spielen bald ein Ende. Da sie so alt war wie ich, musste sie nach den Osterferien die Schulbank drücken. Für mich dagegen hatte der Opa noch ein Jahr Freiheit herausgeschunden.

Aber ich fand schnell eine Alternative: Nun kam Ute vom Haus gegenüber gelegentlich herüber, um mit mir zu spielen. Sie war ein Jahr jünger als ich und würde im Jahr darauf mit mir eingeschult werden.

Meine Schulzeit

Wie alle Kinder hätte ich eigentlich mit sechs Jahren in die Schule kommen sollen. Da ich aber immer noch außergewöhnlich klein und zierlich war, setzten meine Großeltern durch, dass ich erst mit sieben eingeschult wurde. Als mein Einschulungstag nahte – der Ranzen stand gepackt in der Ecke, mit allem, was ein Erstklässler braucht; die Schultüte war bis obenhin gefüllt mit lauter gesunden Sachen, wie Orangen, Bananen und Äpfeln –, da wurde ich krank. Wie schon öfter machten mir meine Bronchien zu schaffen, also verpasste ich die offizielle Einschulung.

Nach einigen Tagen, als es mir meine Gesundheit erlaubte, den Schulweg anzutreten, hieß es: »Die Mama bringt dich zur Schule.«

Da ich nie einen Kindergarten von innen gesehen hatte, wurde der angekündigte Schulbesuch für mich zum Albtraum. Eine dreifache Angst überfiel mich: Ich hatte Panik davor, von zu Hause weg zu müssen; fürchtete die Schule als solche und hatte Angst vor den vielen fremden Kindern.

Als meine Mutter mit mir das Haus verlassen wollte, wehrte ich mich mit Händen und Füßen, ich schrie lauthals, und meine Tränen flossen in Strömen. Weil das alles aber nichts half, ließ ich mich im Hausflur auf den Boden fallen und machte mich stocksteif.

Ob dieser »Bockigkeit« fühlte sich meine Mutter nicht mehr als Herrin der Lage. Mit dieser Situation total überfordert, sah sie keinen anderen Ausweg, als mir meine Sitzfläche zu versohlen. Darüber war ich so sehr geschockt, dass ich noch lauter schrie, denn bis dahin hatte ich noch nie Haue gekriegt.

Das war der Augenblick, in dem Opa einschritt. In seinen Augen ging das zu weit, dass sein armer kleiner Liebling Prügel bezog, nur weil er Angst vor der Schule hatte. Mit vielen Versprechungen, einem Fünf-Mark-Stück, reichlich Bonbons und Schokolade gelang es ihm, meine Tränen zu trocknen. Dann hatte er die Lage voll im Griff. Beschwichtigend sprach er auf meine Mutter ein, dann konnte sie endlich, mit mir an der Hand, das Haus verlassen.

Friede herrschte deswegen zwischen meiner Mutter und mir nicht. War mein Verhältnis zu ihr bis dahin kein gutes gewesen, so verwandelte es sich ab diesem Tag in ein schlechtes, für lange Zeit. Bis auf den heutigen Tag weiß ich noch genau, dass ich sie auf dem ganzen Schulweg nicht mehr angesehen, geschweige denn ein Wort mit ihr gesprochen habe.

Natürlich hatte der Unterricht längst begonnen, als wir endlich im Klassenzimmer eintrafen.

Auch dort sprach ich kein einziges Wort, zum Teil aus Angst, zum Teil aus Trotz, obwohl die Lehrerin recht freundlich zu mir war. Sie setzte mich neben das Mädchen aus meiner Nachbarschaft, mit der ich schon oft »Kaufladen« gespielt hatte. Aber auch mit ihr wechselte ich kein Wort. Schweigend saß ich meine drei Stunden ab, dann rannte ich heim, wie von Furien verfolgt. Meinen Ranzen pfefferte ich in die aufklappbare Eckbank, ließ den Deckel zufallen und setzte mich demonstrativ darauf. Während dieses »Sitzstreiks« brodelte es in mir wie noch nie, und ich kam zu dem Resultat: In die Schule gehe ich nie wieder!

Am nächsten Morgen war es der Güte und der Geduld meines Großvaters zu verdanken, dass ich den Ranzen wieder aus der Eckbank holte und den Schulweg antrat. Opa begleitete mich bis an die Klassentür. Unterwegs hatte er mir so viele interessante Sachen gezeigt, dass ich gar nicht gemerkt hatte, wohin der Weg führte. Er war es auch, der mich nach Schulschluss wieder abholte. Auch an den folgenden Tagen begleitete er mich. Durch gütiges Zureden gelang es ihm, mich davon zu überzeugen, dass der Schulbesuch für mich wichtig sei, dass ich dort Lesen, Schreiben und Rechnen lernen müsse, damit ich nicht dumm bleibe und nicht von allen ausgelacht werde.

Nach einer Woche hat er es geschafft, mich so zu motivieren, dass ich meinen Schulweg morgens allein zurücklegte und es auch bis zum Ende des Unterrichts in meiner Klasse aushielt, obwohl das alles andere als ein Honigschlecken für mich war.

Das fing schon mit meinem Namen an. Nach einigen Wochen war unsere Lehrerin krank. Ihre Vertreterin bat uns, unsere Namen auf dafür vorbereitete Kärtchen zu schreiben und diese dann vor uns auf die Bank zu legen. Meine Banknachbarin Ute hatte kein Problem mit ihrem Namen, und ob seiner Kürze war sie auch schnell fertig. Bei mir begann die Schwierigkeit schon damit, dass ich nicht wusste, welchen von meinen beiden Namen ich aufschreiben sollte. Zu Hause wurde ich nämlich »Gune« oder »Gunchen« gerufen. Zur Sicherheit schrieb ich schließlich beide Versionen auf.

Kaum hatte die Lehrerin mein Schildchen erblickt, rief sie entsetzt: »Das soll ein Name sein?«

Nervös begann sie, in ihrer Liste nach meinem richtigen Namen zu suchen. Aber auch mit dem war sie nicht zufrieden. Sie machte sich darüber lustig – vor der ganzen Klasse.

»So einen unchristlichen Namen habe ich ja noch nie gehört«, spottete sie lachend, und alle Kinder stimmten in ihr Gelächter mit ein.

Als ich diesen Namen dann noch nicht mal richtig schreiben konnte, ging es erst recht los: »Was? Du kannst noch nicht mal deinen eigenen Namen schreiben, obwohl du schon sieben Jahre alt bist?«

Am liebsten hätte ich laut losgeheult und war schon drauf und dran, aus der Klasse zu stürmen, da tauchte vor meinem geistigen Auge der geliebte Großvater auf. Nein, das konnte ich ihm nicht antun. Zum Glück fiel mir in diesem Moment ein, dass ich noch einen zweiten Vornamen habe – Monika. Meine Oma hatte mir mal erzählt, dass ihr großer Bruder, der Pater Peter, darauf bestanden habe, dass mir in der Taufe zusätzlich ein christlicher Name gegeben werde. Dieser musste im Familienbuch vermerkt sein.

Kaum zu Hause angekommen, ließ ich mir von Oma das Stammbuch zeigen und ließ mir vorlesen, was darin stand. Demnach war ich nicht nur einmal getauft worden, sondern zweimal. Direkt nach meiner Geburt hatte man mir im Krankenhaus die Nottaufe gespendet, weil man befürchtet hatte, das schwächliche Frühchen werde seinen ersten Tag nicht überleben. Da ich aber bis Ostern genug an Größe und Gewicht zugelegt hatte, trug man mich in die katholische Kirche unseres Ortes, wo dann

die zweite, die richtige und feierliche Taufe vorgenommen wurde.

»Und wer hat den Namen Sigune für mich ausgesucht?«, wollte ich von Oma wissen.

»Da musst du schon deine Mutter fragen«, wich
sie aus.

Am Abend überfiel ich Mama mit der Frage: »Wer
hat den scheußlichen Namen für mich ausgesucht?«

»Aber Sigune, dein Name ist doch nicht scheuß-
lich! Das ist ein ausgesprochen schöner Name«, ver-
teidigte sie die Wahl.

»So heißt kein Kind in der ganzen Schule«, kon-
terte ich.

»Das ist ja gerade das Schöne daran. Du hast keinen Allerweltsnamen wie Gaby, Heike oder Petra.
Von denen gibt es so viele wie Sand am Meer.«

Irgendwie hatte sie recht. Soweit ich in der kurzen
Zeit mitbekommen hatte, gab es allein in meiner
Klasse von den genannten Namen jeweils mindestens zwei. Nun wollte ich wissen: »Wenn niemand
sonst Sigune heißt, wie bist du dann auf diesen Namen gekommen?«

»Einige Jahre vor deiner Geburt hatte ich in der
Zeitung eine Theaterkritik über die Oper ›Parsifal‹
von Richard Wagner gelesen. Parsifal hatte eine
Cousine, die hieß Sigune. Diesen Namen merkte ich
mir für den Fall, dass ich noch mal eine Tochter bekommen würde. Die wollte ich so nennen.«

Damit gab ich mich zufrieden. Auch in der Schule
gewöhnte man sich an diesen Namen, und er bot
bald keinen Grund mehr zur Aufregung. Mein erstes
Schuljahr verlief ohne nennenswerte Zwischenfälle.

In der zweiten Klasse traten allerdings neue Schwierigkeiten für mich auf.

Wenn ich Texte oder Zahlen von der Wandtafel abschreiben sollte, tat ich mich sehr schwer. Das war kein Wunder, ich saß ja in der vorletzten Bank. Auf die Idee, mich weiter nach vorn zu setzen, weil ich Probleme mit dem Sehen haben könnte, kam niemand. In den vorderen Reihen saßen nur die guten und fleißigen Schüler, zu denen man mich, weiß Gott, nicht rechnete.

Wenn ich von der Schule gar zu frustriert nach Hause kam, flüchtete ich mich erst mal in den Stall. Die Tiere waren immer gut zu mir, sie beleidigten und verspotteten mich nicht. Wenn ich meine Zicklein unterm Kinn gekrault und die Ferkel eine Weile herumgetragen hatte, fühlte ich mich wieder besser und war in der Lage, unbeschwert an den Mittagstisch zu gehen.

Meine Oma verstand das. Sie hatte meist längst gesehen, dass ich im Stall verschwunden war und ließ mir die Zeit, die ich zum Entspannen benötigte. Meine Mutter hätte kein Verständnis dafür gehabt. Auch wenn ich nach dem Unterricht öfter über Kopfweh klagte, tat sie das ab mit den Worten: »Das kommt vom vielen Fernsehen. Inzwischen weiß man, dass das bei Kindern, die dauernd in die Röhre starren, Kopfschmerzen verursacht.«

Dabei gab es zu der Zeit noch gar keinen Fernseher bei uns im Haus, und bei meiner Freundin Ute schauten wir nur ganz selten. Wir waren fast den ganzen Nachmittag draußen an der frischen Luft und übten uns – Gott sei Dank war die Straße, in der wir wohnten, eine Sackgasse – in Gummitwist, Klickerspielen und im Rollschuhfahren.

Manchmal nahmen meine Geschwister mich und Ute auch mit zu einem Steinbruch, wo man mithilfe eines Seiles die Steilwand hochklettern konnte. Das war aber nichts für mich und meine Freundin.

Edda dagegen liebte die Kletterei sehr, sie war wie ein Bub: kletterte auch auf die höchsten Bäume und verkroch sich beim Versteckspielen mit Vorliebe auf den Heuspeichern der Bauern, auf die sie behände hinauf- und wieder hinabkletterte.

Wir Jüngeren hingegen hielten uns lieber am nahe gelegenen Bach auf, der nicht besonders tief war. Natürlich wateten wir ohne Schuhe und Strümpfe darin herum und suchten nach kleinen Fröschen und anderem Getier.

Wenn das Wetter mal nicht dazu geeignet war, im Freien zu spielen, wussten wir uns wunderbar im Haus zu beschäftigen. Wenn meine Mutter auch sonst nicht viel Zeit für ihre Töchter erübrigen konnte, so stellte sie uns doch immer wieder mal ihren großen Fundus an Kostümen und Perücken zur Verfügung, sodass wir uns nach Herzenslust verkleiden konnten. Natürlich tat sie das immer mit der Auflage, sorgsam mit den Sachen umzugehen. Ja, mehr noch, Mama nähte uns sogar die tollsten »Brautkleider« aus Resten von duftigen Gardinenstoffen. Auch zu Fastnacht durften wir uns immer wieder aus ihrem Fundus bedienen: Was waren wir für tolle Prinzessinnen, Feen, Indianer ...!

Aber zurück zu meinen Augen. Als ich eines Tages den Verdacht äußerte, dass es wohl an meiner mangelnden Sehkraft liegen könnte, dass ich so viele Fehler beim Abschreiben machte, warf die Mutter mir vor, ich würde doch nur eine Brille haben wollen, weil meine Freundin auch eine hatte.

An einen Sehtest in der Schule war in den Sechzigerjahren nicht zu denken. So wurde ich still und stiller im Unterricht und saß meist nur teilnahmslos meine Zeit ab. Der neue Lehrer zeigte ebenfalls keinerlei Verständnis für meine Situation. Statt mir Mut zu machen, ließ er keine Gelegenheit aus, mich zu verspotten. »Dumm« nannte er mich und drohte mir immer wieder, ich müsse das zweite Schuljahr wiederholen. So sehr ich mich auch bemühte, ich schaffte die Versetzung in die dritte Klasse nicht.

Heute spricht man beschönigend von einer »Ehrenrunde«, damals aber wurde man mit dem Wort »Sitzenbleiber« belegt. Diesen Makel wurde man normalerweise während seiner ganzen Schulzeit nicht mehr los. Die dritte und die vierte Klasse schaffte ich nur mit Müh und Not. Das bewahrte mich aber nicht davor, dass ich auch das fünfte Schuljahr wiederholen musste. Diese Tatsache bedeutete für mich eine ungeheure Schmach, und ich sah das Unglück meines Lebens darin. Doch wenig später sollte sich das Wiederholen der fünften Klasse als Glücksfall für mich erweisen.

Uns begrüßte eine neue, sehr nette junge Lehrerin, die sich meiner in besonderer Weise annahm: Sie bestand darauf, dass meine Mutter mit mir zum Augenarzt ging. Der untersuchte meine Augen gründlich und stellte meiner Mutter eine Menge Fragen.

Dann meinte er, die Wärmelampe im Inkubator habe bei mir wohl eine Augenschädigung verursacht.

Mit zwölf bekam ich also meine erste Brille und sah von da an die Welt mit ganz anderen Augen, denn endlich konnte meine Sehschwäche weitgehend ausgeglichen werden.

Das Abschreiben von der Tafel bereitete mir keine Schwierigkeiten mehr, das Lernen machte mir Spaß, und meine Leistungen wurden zusehends besser. Es tat mir unendlich gut, dass meine Lehrerin vor der ganzen Klasse die Feststellung machte, dass ich nicht dumm sei, sondern durch meine Sehschwäche vieles an der Tafel bisher einfach nicht richtig erkannt hatte. Meine Kopfschmerzen waren ebenfalls wie weggeblasen. Ohne Probleme meisterte ich die drei letzten Klassen. Da ich zwei zusätzliche Runden gedreht hatte, wäre ich aus der siebten Klasse entlassen worden. Ehe es aber so weit war, bestellte der Rektor der Schule mich zu sich.

Klopfenden Herzens betrat ich das »Heiligtum«. Freundlich bat mich der Schulleiter, Platz zu nehmen. Dann eröffnete er das Gespräch: »Sigune, von deiner Klassenlehrerin habe ich erfahren, dass du in den letzten drei Jahren gute Fortschritte gemacht hast. Aufgrund dessen habe ich mir alle deine Zeugnisse angesehen. Wirklich erstaunlich, was so eine Brille für Wunder bewirken kann.«

Nach diesen Worten fiel mir ein Stein vom Herzen, trotzdem spürte ich, wie mir die Röte ins Gesicht stieg. Der Rektor schlug mir vor, noch ein halbes Jahr anzuhängen, damit ich meinen Hauptschulabschluss machen und so die Chancen auf eine Lehrstelle erhöhen könne.

»Das ist nicht nötig«, gab ich zur Antwort. »Ich werde nicht nach einer Lehrstelle suchen. Ich will Bäuerin werden.«

»Ach!«, erstaunt hob er die Augenbrauen. »Wo denn? Wie denn? Soviel ich weiß, haben deine Eltern doch gar keinen Bauernhof.«

»Aber meine Oma hat einen«, gab ich stolz zur Antwort, ohne zu erwähnen, wie sehr das Anwesen in den letzten Jahren zusammengeschrumpft war. Ich war nämlich wild dazu entschlossen, den Hof nicht nur zu seiner vorherigen Größe zurückzuführen, ich wollte ihn noch beträchtlich erweitern. Mit dem richtigen Mann dazu – etwa so einem, wie mein Opa Sepp einer gewesen war – würde mir das schon gelingen.

Doch der Schulleiter ließ sich nicht beirren. Ich sollte in einem halben Jahr noch vieles lernen, was mich im Leben weiterbringen sollte, selbst wenn ich Bäuerin werden würde. Erst sein Argument, auch später möglicherweise mal vor meinen Kindern mit einem Hauptschulabschluss viel besser dazustehen, überzeugte mich. Ich verblieb also auf der Schule.

Meine Eltern hatten nichts dagegen, weil es sich ja nur um ein halbes Jahr handelte und weil ich immer noch ziemlich klein und zierlich war. In ihren Augen taugte ich sowieso noch nicht zu einer »richtigen Arbeit«.

Ich legte einen guten Abschluss hin, und damit standen mir viele Wege offen.

Vom Schweinestall ins Rampenlicht

Ehe ich über meinen weiteren Werdegang berichte, muss ich noch einmal weiter ausholen. Lange Zeit hatte ich nicht gewusst, was ich mir unter den Auftritten meiner Eltern vorstellen sollte. Als ich zwölf war, sollte für mich dieses »Geheimnis« endlich gelüftet werden: Die beiden nahmen mich zum ersten Mal mit zu einer Kappensitzung der Roten Funken von Neunkirchen. Das empfand ich als große Ehre, gleichzeitig war es auch ein sehr aufregendes Erlebnis für mich.

Schon der äußere Rahmen der Feier beeindruckte mich mächtig: der übervolle Saal, die vielen verkleideten Menschen, die knallbunte Dekoration aus Luftballons, glitzernden Papiergirlanden und Luftschlangen. In der Mitte des Saales baumelte eine Kugel von der Decke, die aus unzähligen Silberplättchen zu bestehen schien, welche von den Scheinwerfern angestrahlt immer wieder aufblitzten. Das war faszinierend anzusehen, und mir blieb vor Staunen der Mund offen stehen.

Während ich den Blick noch schweifen ließ, öffnete sich unter einem Tusch der Bühnenvorhang. Als Erstes erschien meine Mutter, die den Auftritt meines Vaters ansagte. Eine lustige Darbietung folgte der anderen, und Sylvia moderierte sie alle an. Es gab viel Beifall, manchmal mitten in einem Satz, vor allem aber, wenn der Akteur seine Schlussverbeugung machte.

Davon abgesehen, dass mir meine Eltern in ihren Rollen imponierten, beeindruckte mich am meisten meine Schwester, die als Funkenmariechen über die Bühne wirbelte. Natürlich gefiel mir auch der von zwölf bildhübschen Mädchen in farbenfrohen Kostümen dargebotene Gardetanz. Nach diesem Abend hatte ich noch wochenlang die bunten Bilder und die lustigen Vorträge im Kopf.

Im November desselben Jahres eröffnete mir mein Vater, dass ich im nächsten Jahr, also 1972, an der Kappensitzung der Roten Funken mitwirken dürfe. Ich wusste nicht recht, ob ich mich darüber freuen oder erschrocken sein sollte, deshalb gab ich zunächst keinen Kommentar und versuchte, ein neutrales Gesicht zu machen.

»Na, Kleines, freust du dich nicht?«, hakte er schließlich nach.

»Ja. Nein. Ich weiß nicht, ob ich mich freuen soll.«

»Es ist eine große Ehre und ein großartiges Erlebnis, wenn man auf der Bühne stehen darf, noch dazu bei den Roten Funken.«

Für ihn mochte das ja zutreffen, aber doch nicht für mich, dachte ich. Das zu sagen, wagte ich aber nicht. Stattdessen fragte ich zaghaft: »Soll ich etwa bei der Tanzgarde mitmachen?«

»Nää, Kind, auf keinen Fall. Dafür bist du noch zu klein. Ich hab eine große Nummer mit dir vor.«

Während er diese erläuterte, rutschte mir das Herz immer tiefer in die Hose. Die Roten Funken hatten für das Olympia-Jahr 1972 das Motto »Eine echt Bayerische Gaudi« gewählt, nun wollte mein Vater in seinem Vortrag die in München stattfindende Olympiade aufs Korn nehmen. Bei der großen Prunksitzung des Vereins, die dann schon im Januar stattfinden würde, sollte ich ein Zwiegespräch mit ihm halten. Er wollte den Part eines dümmlichen Vaters übernehmen, und ich sollte seine vorlaute Teenager-Tochter Katsche sein, die ihm über den Mund fährt. »Nein Papa, sei mir nicht bös, aber ich kann das nicht. Noch dazu vor so vielen Leuten! Ich habe das ja nicht gelernt.«

»Ach Unsinn! Was ein richtiges Zirkuspferd ist, das muss man nicht anlernen. Das hat das im Blut. Guck, deine Mutter und ich stehen schon seit Jahren erfolgreich auf der Bühne, obwohl uns niemand gesagt hat, wie das geht. Es ist uns einfach in die Wiege gelegt worden und dir auch.«

»Nein, Papa, mir ganz bestimmt nicht. Ich bin ziemlich aus der Art geschlagen. Du weißt doch, dass ich den Mund nicht aufkriege. Lass das lieber die Edda machen.«

Doch davon wollte er nichts wissen. Meine Schwester war wesentlich größer und schwerer als ich und sah mit ihren noch nicht ganz siebzehn Jahren schon sehr damenhaft aus. Ich dagegen, die bis zum Auftritt dreizehn sein würde, wirkte noch recht kindlich, war ich doch klein und schmächtig und am Oberkörper flach wie ein Brett. Somit würde mein Vater an mir nicht allzu schwer zu heben haben.

Eine weitere Widerrede konnte ich mir sparen. Wenn Helmut sich etwas in den Kopf gesetzt hatte, galt das als beschlossene Sache. Zudem war ich von klein auf zu Gehorsam erzogen worden. Äußerlich fügte ich mich also in mein Schicksal und stand die Proben durch, innerlich litt ich jedoch wie ein Hund. Um mein seelisches Gleichgewicht wiederzufinden, flüchtete ich nach Schulschluss immer häufiger zu den Schweinen und Ziegen.

Wenn mein Vater mir wenigstens einen Text aufgeschrieben hätte, den ich hätte auswendig lernen können! Bestimmt wäre es mir dann leichter gefallen, in meine Rolle zu schlüpfen. Was aber tat er? Er gab mir nur das eine oder andere Stichwort, ich hatte darauf etwas zu erwidern, und er reagierte auf meine Antworten. Der Zuschauer sollte die Illusion haben, mitten im Geschehen zu sein, ein wirkliches Gespräch zwischen Vater und Tochter mitzuerleben.

Nun ja, ich konnte nur hoffen, dass er recht hatte und dass ich am Tag meines großen Auftritts nicht zu nervös sein würde. Am meisten Bammel hatte ich jedoch davor, dass mir auf sein Stichwort hin nichts Passendes einfallen würde.

Die Mutter hatte mir für diesen Tag eigens ein neues Dirndl genäht, ein superkurzes, worin ich noch jünger wirken sollte. Vater hatte für sich aus braunen Teppichboden-Resten eine überdimensionale Seppelhose angefertigt. Von Weitem sah sie aus, als bestünde sie aus echtem Leder. Dazu trug er ein blau-weiß gestreiftes Jersey-Hemd und blau-weiß geringelte Wadenstrümpfe. Zum Brüllen komisch sah er darin aus. Der obligatorische Tirolerhut durfte nicht fehlen.

Je näher der Tag rückte, desto nervöser wurde ich. Jeden Abend brauchte ich sehr lange zum Einschlafen. In der Schule hing ich müde herum, und meine Leistungen ließen stark nach. Ob mir etwas fehle, fragte der Lehrer, ob ich krank sei. »Nein, nein«, wehrte ich entschieden ab. Ich konnte doch nicht zugeben, dass ich bald auf der Fastnachtsbühne auftreten würde.

Dann war der entscheidende Tag da. Schon nach dem Aufwachen hatte ich Bauchweh. Anstatt zu frühstücken, besuchte ich meine Schweinchen und Zicklein. Ich brauchte dringend Trost, den konnte ich nur bei ihnen finden. Seelisch gestärkt begab ich mich an den Frühstückstisch und brachte mit Mühe ein paar Bissen hinunter.

Am Nachmittag machte ich erneut einen Besuch im Stall. Es war so beruhigend, den Schweinen zuzuschauen, wie sie einfach nur dalagen und schliefen. Keine Hektik, kein Auftritt, kein neugieriges Publikum störte ihren Frieden. Plötzlich erschien meine Mutter aufgeregt auf der Bildfläche. »Hier steckst du also! Du stinkst ja total nach Schwein. Jetzt duschst du sofort und ziehst dich um.«

Alles ließ ich über mich ergehen wie in Trance. Das war gar nicht ich, die da unter der Dusche stand, die anschließend ins Dirndl gezwängt wurde, die von ihr die blau-weiß geringelten Kniestrümpfe angezogen bekam. Mutter flocht mir die Haare zu zwei abstehenden Zöpfchen.

Erst als wir alle in Papas Auto saßen, kehrte meine große Nervosität zurück. Ich war sicher, dass ich das nie und nimmer schaffen und dem armen Papa alles verpatzen würde. Schon betraten wir Vaters Garderobe.

Auf sein Geheiß hin nahm ich brav vor seinem Schminktisch Platz. Da standen eine Menge Tiegel und Töpfe mit Farben, auch ein großer Kasten mit vielen quadratischen bunten Kästchen und Pinseln, der mich an meinen Malkasten in der Schule erinnerte. Vater begann, mein Gesicht zu bearbeiten. Als gelernter Dekorateur wusste er ja mit Farben umzugehen. Weil er zwischen mir und dem Spiegel stand, konnte ich nicht sehen, wie sich mein Gesicht unter seinen Händen mit jedem Pinselstrich und mit jedem Fingertupfer veränderte. Erst als er mit seinem Werk zufrieden war, gab er die Sicht auf den Spiegel frei.

Was ich da sah, war eine rotzfreche Göre! Die würde ihrem alten Herrn schon richtig Kontra geben. In der Garderobe befand sich ein mannshoher Spiegel, vor diesem drehte und wendete ich mich und war zufrieden mit meiner Erscheinung.

Damit der Vater mich nicht den weiten Weg von der Garderobe bis in die Bühnenmitte schleppen musste, hatte er sich etwas einfallen lassen. Koffer mit Rollen gab es damals noch nicht, zumindest besaßen wir keinen solchen. Aber es gab schon solche Einkaufswägelchen, an deren Gestänge eine textile Einkaufstasche hing. Dieses Gestänge montierte Helmut ab, der Koffer fand auf den beiden unteren Querstreben Platz. Allerdings war das eine ziemlich wacklige Angelegenheit.

Unter Marschmusik zogen wir ein, noch ehe Papa den Mund aufmachte, brandete Applaus auf. Man kannte ihn schließlich, den Helmut Lang; und jeder wusste, dass man von ihm etwas Ausgefallenes erwarten konnte. Während mich mein Vater auf die Bühne rollte, hatte ich das Gefühl, seekrank zu werden, weil das Wägelchen ganz schön über die ausgetretenen Bretter holperte. Die Atemluft wurde immer knapper, und an dem Gestänge stieß ich mich allenthalben. Deshalb beseelte mich nur ein Gedanke: Ich muss so schnell wie möglich hier raus! Erleichtert spürte ich, wie mein Vater den Koffer vom Gestell hob und auf dem Boden abstellte. Statt mich aber zu befreien, sprach er ins Mikrofon. Er erzählte, dass er mit seiner Tochter auf die Olympiade wolle, dass ihm aber der Eintrittspreis ins Stadion für zwei Personen zu teuer sei. Deshalb sei er auf eine geniale Idee gekommen.

»Papa, red net so lang, ich will hier raus!«, rief ich in meiner Not, ganz unprogrammgemäß. Da ich ohne Mikrofon sprach, verstanden meinen Hilferuf vermutlich nur die Leute in den ersten Reihen. Sie lachten und applaudierten aber so spontan, dass es den Rest der Leute im Saal ansteckte, die in das Lachen und Klatschen mit einstimmten, obwohl sie nichts gehört hatten.

Endlich öffnete Papa die Schnallen, bevor er – ganz langsam – den Reißverschluss aufzog. Die Luft, die ich kräftig einsog, war auch nicht viel besser als die in meinem Koffer-Käfig, denn damals wurde bei Veranstaltungen noch eifrig geraucht. Ganz langsam wuchs dann mein Tirolerhut, den ich wegen der Enge in der Hand gehalten hatte, in die Höhe. *Zack!*, ließ ich ihn neben den Koffer fallen. *Applaus!*, dann schob ich mich in Zeitlupe auf die Bretter. Zuerst rekelte und streckte ich mich – was wir vorher gar nicht eingeübt hatten –, einfach, weil mir danach zumute war. Der Saal tobte.

»Oje, Papa«, sprach ich in das zweite Mikrofon. »Ich glaab, mir hädde heud Middag doch kä

Bohnesupp' essen sollen. Die Luft war ja *so* schlecht innem Koffer.«

Ein Riesenapplaus!

Was Helmut darauf antwortete, weiß ich nicht mehr. Jedenfalls ging das Geplänkel munter weiter, es drehte sich alles um die Olympiade. Ich war kein bisschen mehr nervös. Das Publikum sah ich überhaupt nicht, weil mich die Scheinwerfer blendeten. Fast schien es, als würde ich mit ihm allein im Rampenlicht stehen und Zwiesprache halten. Als »Katsche« warf ich ihm die größten Frechheiten an den Kopf, und mein Vater versuchte, sich zu verteidigen, so gut es ging. Immer wieder gab es Lacher, das stachelte mich noch mehr an.

Plötzlich sagte ich: »Du, Vadder, ich glaab, du biss'en bissje dordelich«, was so viel hieß wie, er wäre ein wenig trottelig.

»Wie kommst du jetzt da drauf?«, verdutzt sah er mich an.

»Ei, du hast die Hos verkehrt rum aan!«

»Wie – verkehrt? – Das Innere nach außen?«

»Nää, das Hinnere nach vorn. Du hast 'es Hosentürl hinne!«

Suchend schaute er an sich herab. »Hast recht.« Ohne ein weiteres Wort zu verlieren, griff er unter die Hosenträger und streifte sie sich von den Schultern. Die Hose, nun ihres Haltes beraubt, sauste ihm bis auf die Schuhe hinab. Das Publikum brüllte vor Lachen.

Vater stand aber keineswegs entblößt da, sein blau-weiß gestreiftes Hemd reichte ihm bis zu den Knien hinab. Nun drehte er aber nicht die Hose um,

sondern sich selbst. Umständlich und im Zeitlupen-
tempo stieg er wieder in sein Beinkleid, bevor er sich
erneut dem Publikum zuwandte. Jetzt konnte man
nicht nur das mit Blumen und Herzchen verzierte
Hosentürchen sehen, sondern auch den »Querbal-
ken« der Hosenträger, auf dem die Olympischen
Ringe prangten. Die Zuschauer tobten.

Der Auftritt war eine großartige Erfahrung für
mich. Hinter all der Schminke konnte ich mal unge-
straft Frechheiten und kesse Sprüche loslassen. Im
Alltag hätte ich mich nie getraut, vor einem Saal voller Leute auch nur einen Satz von mir zu geben.

Noch schöner als der am Schluss unseres Zwiege-
sprächs aufbrausende Applaus war für mich hinter
der Bühne das spontane Lob meines Vaters. »Du
hast doch Zirkusblut in den Adern«, meinte er aner-
kennend. »Du hast es nur nicht gewusst.« Ich hatte
die Feuerprobe bestanden.

Das mit dem Zirkusblut musste stimmen, tatsächlich hatte ich mich auf der Bühne pudelwohl gefühlt.
Ja, durch diesen erzwungenen Auftritt hatte ich Blut
geleckt. Deshalb war ich gar nicht abgeneigt, als
mein Vater verkündete, bei der nächsten Veranstaltung würden wir wieder gemeinsam auftreten. Im
Gegenteil, ich war stolz darüber und freute mich auf
unsere Darbietung.

In dieser Session kamen noch einige Auftritte auf
mich zu, der Büttenabend bei den Roten Funken
war erst der Auftakt gewesen.

Karneval das ganze Jahr

Nachdem ich einmal Bühnenluft geschnuppert hatte, ließ sie mich nicht mehr los. Ich trat nicht nur immer wieder mit meinem Vater in einer Doppelbüttenrede auf, ich hatte auch den Ehrgeiz, in Eddas Tanzgarde aufgenommen zu werden. Da ich aber wesentlich kleiner war als die anderen Mädchen, musste ich noch zwei Jahre warten.

In dieser Zeit entdeckte eine namhafte Künstleragentur unser kleines Familienunternehmen »in Sachen Frohsinn« und nahm uns unter Vertrag: meine Mutter als Conférencière, meine Schwester als Tänzerin und Papa und mich als Doppelbüttenredner. Meinem Bruder lag nichts daran, auf der Bühne zu stehen. Aber auch er war immer dabei – ob als Fahrer oder Gepäckträger, als Helfer beim Bühnenaufbau oder als »Mädchen für alles«, kurzum: Er war für uns unentbehrlich.

Die Agentur vermittelte uns zu allen möglichen Feierlichkeiten. Das bedeutete, dass wir nicht nur in der Karnevalszeit, sondern praktisch das ganze Jahr über an den Wochenenden »on tour« waren. Vater arbeitete ein Konzept aus. Für jedes Jahr gab es ein anderes Motto, so zum Beispiel: *Eine Nacht in Venedig, Lustig ist das Zigeunerleben, Karneval in Rio, Die Indianer sind los* oder *Im Land der Kosaken.*

Da Mama als Ansagerin engagiert war, trat sie bei unseren »Bunten Abenden« immer als Erste auf. Ihre Begrüßung lautete stets: »Willkommen auf Sylvies bunter Bühne. – Ich komme direkt aus Hollywood!« Dann klärte sie das erstaunte Publikum darüber auf,

dass sie damit unseren Wohnort Heiligenwald meinte. Als erster Programmpunkt folgte eine Solonum-
mer meines Vaters, weil er es verstand, die Leute im
Saal in die richtige Stimmung zu versetzen. Deshalb
trug er schon bald den Beinamen »der Eisbrecher«.

Die zweite Attraktion bot meist unsere Edda, indem sie als Tanzmariechen oder als Primaballerina
in Spitzenschuhen und mit Tutu über die Bühne
wirbelte. Manchmal war aber ihre ganze Mädchen-
garde mit engagiert, zu welcher ich mittlerweile
auch gehörte.

Eine ganz große Zugnummer war jedes Mal das
Zwiegespräch zwischen dem Vater und seiner vor-
lauten Teenager-Tochter. Inzwischen machten mir
die Auftritte einen Riesenspaß, aber nur, weil ich
mich hinter der Maske des geschminkten Gesichts
verstecken konnte. Vater malte mir das Gesicht immer ganz weiß an, verpasste mir einen großen
kirschroten Mund und schminkte meine Augen so,
dass sie groß und erstaunt in die Welt blickten. Für
sich selbst hatte er verschiedene Maskeraden, die er
sich schminkte, je nachdem, in welche Rolle er gerade schlüpfte. Mal sah er hilflos, mal wie ein trauriger
Harlekin aus, oft trug er auch eine rote Pappnase.
Manchmal schminkte er sich aber auch wie das von
ihm verehrte Idol, der spanische Musik-Clown
Charlie Rivel, bekannt unter anderem aus dem Film
»Akrobat Schö-ö-ö-n«.

Den Höhepunkt jedes »Bunten Abends« bildete
die Modenschau, denn die fünf Models waren allesamt männlichen Geschlechts. Ehe die Vorstellung
begann, war meine Mutter längst durch die Reihen

der Zuschauer geschlendert, um sich fünf Herren der Schöpfung herauszupicken. Dabei wählte sie mit Vorliebe solche, an denen auch etwas dran war, also besonders große, besonders beleibte oder die, die beide Eigenschaften vereinten. Oft war sogar der Bürgermeister oder der Pfarrer des Ortes bereit, ihr hinter die Bühne zu folgen.

Aus Sylvias Fundus, der nur aus Frauenkleidern und Accessoires für Damen bestand, durften sich diese Männer etwas aussuchen: tolle Kleider, Perücken, Handtaschen in verschiedenen Farben und Größen sowie elegante Stöckelschuhe. Waren alle richtig ausstaffiert, gab Sylvia ihnen einen Schnellkurs, wie sie sich als Mannequins auf der Bühne zu bewegen hatten. Anschließend wurden sie vom Vater so perfekt geschminkt, dass sie sich selbst nicht mehr erkannten.

Einmal hatten wir einen recht prominenten Sportler unter den Kandidaten. Zunächst war es schon ein Problem, für seine breite Boxerstatur das passende Outfit zu finden. Doch Mama löste das Problem, indem sie bei dem Kleid eine Rückennaht auftrennte. Auch der Schnauzbart unseres »Models« wirkte nicht »ladylike«. Weil er aber unbedingt mitmachen wollte, wäre er sogar bereit gewesen, diesen abzunehmen, doch mein Papa hatte eine andere Lösung parat. Er verpasste dem Mann ein schickes schwarzes Hütchen mit Gesichtsschleier. So konnte der schöne Schnauzer gerettet werden. Ein bisschen Ausstopfen, und schon hatte der Mann eine Oberweite wie Sophia Loren. Mit Stöckelschuhen in Größe 46 stolzierte der Sportler souverän wie ein Topmodel auf der Bühne umher. Das Publikum – das ihn trotz Verkleidung und Schleier an seiner stattlichen Figur erkannte – raste vor Begeisterung. Mit lang anhaltendem Applaus und zahlreichen Beifallsrufen wurde er für den eleganten Auftritt gebührend belohnt.

Da wir bei so vielen unterschiedlichen Veranstaltungen auftraten, begegneten mir viele Künstler; vom Seiltänzer, über die Clowns bis hin zu Zauberern; und hinter der Bühne lernte ich alle ihre Tricks kennen. Auch Varieté-Künstler und Sänger waren dabei, so auch das bereits erwähnte Sängerduo »Cindy und Bert« und »Nicole« aus Saarbrücken, die als Schülerin schon große Auftritte vorzuweisen hatte. Im Jahre 1882 war sie es, die im Alter von siebzehn mit dem Lied »Ein bisschen Frieden« den Sieg beim Eurovision Song Contest zum ersten Mal nach Deutschland holte.

Ein ganz lieber Kollege war Paul Schall, mit dem wir oft zusammen auftraten. Auch nach den Vorstellungen verbrachten wir viele heitere Stunden mit ihm, aber auch besinnliche. Mit der Zeit wurde er Vaters bester Freund.

Ein Hund in Nöten

Auf der Suche nach immer neuen Attraktionen für seine Bühnenauftritte kam mein Vater buchstäblich auf den Hund. Eines Tages, als er unseren Pudel im Wohnzimmer herumtollen sah, kam ihm eine Idee: »Wir alle müssen schaffen, da kann der Charly auch etwas tun.«

Wir guckten Helmut fragend an, und auch uns gegenseitig. Was meinte der Vater bloß? Schon erklärte er es uns. In seiner Modenschau, meinte er, könne der Hund doch auch auftreten. Dazu übte er einige Male mit ihm, und der Vierbeiner stellte sich gar nicht so dumm an. Da er ihn nach jeder Probe mit einer Scheibe Fleischwurst belohnte, machte es unserem Pudel bald richtig Spaß, mitzuwirken.

Als die Nummer dann saß, brauchte der Hund nur noch das entsprechende Outfit, wie man heute sagt. Vater selbst trat als »Charleston-Lady« auf, in einem Minikleidchen mit Fransen. Bei seiner üppigen Figur war allein das schon ein Bild zum Brüllen. Dazu trug er eine blonde Lockenperücke.

Nun staffierte er den Hund in ähnlicher Weise aus. Auch der Pudel wurde in ein passendes rosa Minikleidchen mit Fransen gesteckt, er bekam auch rosa Schleifchen ins Haar gebunden. Süß sah er aus. Als ob er wisse, dass sein Auftritt äußerst wichtig für uns sei, behielt er die Sachen ohne Protest an, sonst hätten wir ihn wohl auch nicht dazu gezwungen, schließlich liebten wir unseren Charly. Er machte nicht den geringsten Versuch, alles abzuschütteln.

Die erste Modenschau, an der er teilnehmen sollte, lief zunächst ab wie immer. Viele begeisterte Rufe waren zu hören und mehr oder weniger stürmischer Applaus, je nachdem, wie viele Verwandte oder auch Freunde des jeweiligen »Mannequins« im Saal saßen. Dann kündigte meine Mutter das letzte Mannequin an: »Nun sehen Sie die Charleston-Lady mit Pudeldame Sissy!« Schon erschien mein Vater mit tänzelnden Schritten, sich wohlgefällig nach allen

Seiten drehend, auf dem Laufsteg. An der Leine führte er unseren Charly, der sich seiner Bedeutung voll bewusst schien und sich von dem aufbrandenden Beifall nicht im Geringsten beirren ließ.

Mit dieser Nummer hatte Papa wieder mal einen Hit gelandet. Deshalb sollten noch viele Auftritte mit Pudeldame Sissy folgen. Wenn Charly Bühnenluft schnupperte, gab er stets sein Bestes. Zum Glück begriff er sehr schnell, dass er mehr Zeit hinter der Bühne als auf der Bühne zu verbringen hatte. Meist verkroch er sich nach seinem Auftritt in aller Seelenruhe in eine Ecke und wartete geduldig, bis es wieder heimwärts ging. Weil ein Hund zwischendurch aber auch mal muss, hatten bei einer Vorstellung, die sich über Stunden hinzog, meine Schwester und ich den Auftrag, ihn in der Halbzeit Gassi zu führen. Das taten wir auch gewissenhaft, immer abwechselnd.

Eines Abends, als der Schlussbeifall verebbt war und hinter der Bühne jeder Mitwirkende sein Kostüm ablegte, um es ordentlich für die nächste Vorstellung im Koffer zu verstauen, ertönte plötzlich ein Schrei: »Welches Schwein hat mir nur in meinen Koffer geschissen? Wenn ich den erwisch' – dann setzt's was!«

Alle hielten wie erstarrt inne und starrten in den geschändeten Koffer. Meine Schwester und ich erkannten sogleich die »Visitenkarte« von Charly und sahen uns betreten an. Uns wurde klar, dass weder die eine noch die andere von uns beiden ihrer Hundepflicht nachgekommen war.

»Ich dachte, du wärst heute mit Charly dran«, murmelte Edda kleinlaut.

»Und ich dachte, du wärst dran«, gab ich ebenso kleinlaut zurück.

Der arme Pudel in seiner Not hatte keinen besseren Platz gefunden als den Koffer von Paul Schall. Als wir das realisiert hatten, prusteten wir beide los und alle Umstehenden, die unser Murmeln verfolgt hatten, lachten schallend mit. Sogar Paul stimmte in das Gelächter ein.

Charly aber schien zu wissen, dass Pauls Aufschrei und unser Lachen ihm galten und machte sich schleunigst aus dem Staub.

Mein Papa aber meinte trocken: »Das also war des Pudels Kern.«

Aus der Traum

Nachdem ich auf Anraten des Schulleiters den Hauptschulabschluss nachgeholt hatte, dachte ich, nun könne ich als Vollzeit-Bäuerin einsteigen. Natürlich wollte ich zuerst noch ein Jahr bei einem Bauern arbeiten, um all die praktischen Tätigkeiten zu erlernen, die ich noch nicht beherrschte. Das nötige theoretische Wissen würde mir gewiss noch die landwirtschaftliche Berufsschule vermitteln können. In meinen Träumen hatte ich mir schon ausgemalt, welche Tiere ich mir danach anschaffen würde.

Am Tage meiner endgültigen Schulentlassung sprach ich also mit meinem Vater über meine Zukunftspläne.

»Schlag dir das aus dem Kopf!«, machte der meinen Traum jedoch mit einem Satz zunichte. »Mit einem so kleinen Betrieb kannst du nicht überleben.

Guck dich nur um, selbst größere Höfe als der unsere müssen aufgeben.«

»Aber es muss doch Bauern geben, wer sonst sollte all die Nahrungsmittel produzieren?«, versuchte ich, noch etwas zu retten.

»Diese Aufgabe werden bald nur noch wenige Großbauern übernehmen – solche, die genug eigene Ländereien besitzen. Sie werden die kleinen Betriebe schlucken, also den Kleinbauern die Felder abkaufen oder sie zumindest pachten. Heutzutage kann die Landwirtschaft nur existieren, wenn man Maschinen einsetzt. Die können sich aber nur die Großbetriebe leisten. Der Einsatz von Maschinen lohnt sich erst bei riesigen Feldern. Handarbeit wird bald aus allen bäuerlichen Anwesen verschwunden sein.«

Welch vorausschauende Erkenntnis! Wenige Jahre nach diesem Gespräch hatten alle Kleinbetriebe in weitem Umkreis aufgegeben, inklusive des Unsrigen. Mein Vater hat all unser Viehzeug nach und nach verkauft. Ein paar Hühner hielten wir uns noch, damit wir Eier für den Eigenbedarf hatten. Die Felder, die Opa seinerzeit von der Bergwerksgesellschaft gepachtet hatte, wurden von uns zurückgegeben und von einem Großbauern übernommen, der selbst den größten Teil unserer Acker- und Wiesenfläche dazupachtete.

»Gut, dass der Opa das nicht mehr erlebt hat«, sagte ich zu Oma Lina.

»Recht hast du, Kind«, antwortete sie, während sie sich eine Träne von der Wange wischte. »Es hätte ihm wahrlich das Herz gebrochen.«

Wir behielten nur noch das an Bodenfläche, was unmittelbar ans Haus grenzte und mit Obstbäumen bestanden war, und natürlich den Nutzgarten. So stand uns wenigstens noch unser gesundes ungespritztes Obst zur Verfügung, und wir hatten Beeren und Gemüse aus eigener Ernte.

Da mein Traum, Bäuerin zu werden, so schnell und endgültig geplatzt war, äußerte ich den Wunsch, Kindergärtnerin zu werden. Immer mit kleinen, wissbegierigen Menschen zu tun zu haben, stellte ich mir schön vor.

»Das ist auch nichts für dich«, fegte mein Vater auch diesen Wunsch vom Tisch. »Denn ständig verwöhnte, rotznäsige Kinder um dich zu haben, kostet zu viel Nerven und zu viel Kraft. Dafür bist du zu zart gebaut, viel zu sensibel. Außerdem wärst du während deiner Ausbildungszeit über Jahre nicht für unsere Auftritte verfügbar. Und danach erst recht nicht.«

Das muss wohl das Hauptargument für seinen Einspruch gewesen sein. Er hatte aber noch einen weiteren gewichtigen Grund, doch dazu gleich. Vorerst gestand der Vater mir aber den Besuch einer hauswirtschaftlichen Schule zu. Das sei fürs Erste das Vernünftigste für mich, sagte er. Ein Jahr lang sollte ich diese Schule in Neunkirchen besuchen.

Leider musste ich die Ausbildung nach einem halben Jahr abbrechen, meine Bronchien bereiteten mir Probleme. Zunächst versuchte Oma, mich mit »Rotbäckchen« aufzupäppeln, einem Direktsaft aus der Apotheke zur Stärkung des Immunsystems. Doch der erhoffte Erfolg blieb aus. Der Arzt, der mich alle paar Tage untersuchte, bestand darauf, dass ich mich richtig auskuriere, und schickte mich kurzerhand in den Schwarzwald.

Die ganze Familie begleitete mich zum Bahnhof, inklusive Oma. Schon als sich der Zug in Bewegung setzte und meine winkenden Angehörigen immer kleiner wurden, je schneller der Zug rollte, liefen bei mir die Tränen.

Bei meiner Ankunft in Schluchsee erlebte ich dann eine mittlere Katastrophe. Am Gepäckschalter zeigte ich meinen Gepäckschein vor, aber man fand meinen Koffer nicht.

»Den hat mein Vater doch extra gestern aufgegeben«, erklärte ich.

Der Beamte sah sich den Schein genauer an. »Er hat ihn erst am Abend aufgegeben. Das war offensichtlich zu spät für deinen Zug.« Da kullerten meine Tränen abermals. »Aber Mädle, deshalb brauscht net gleich weine«, versuchte der nette Mann, mich zu trösten. »Kommscht halt morge wieder vorbei, dann ischt dein Köfferle gewiss da.«

»Aber ich hab doch nichts für heute Abend, keine Zahnbürste, keine Zahnpasta, noch nicht mal ein Nachthemd«, schluchzte ich.

»Für eine Nacht wirscht auch mal ohne auskommen«, meinte er gutmütig. Dann musste er sich dem nächsten Kunden zuwenden, der schon ungeduldig sein Gepäck verlangte.

Außer mir wollten noch drei weitere Mädels, die etwa in meinem Alter waren, in mein Erholungsheim. Das merkte ich, als wir uns vor dem Bahnhof versammelten. Die eine kam aus der Eifel, die beiden anderen waren aus dem Nordschwarzwald und hatten keine weite Anreise gehabt. Wir Neuankömmlinge wurden von einem Kleinbus abgeholt, der zu dem bewussten Heim gehörte.

Während meine drei Zimmergenossinnen sich beim Einräumen lebhaft unterhielten, saß ich still auf meinem Bett. Abgesehen davon, dass es mich bedrückte, dass mein Koffer nicht angekommen war, starb ich schon vor dem Abendessen vor Heimweh. Bei meiner ersten Mahlzeit im großen Speisesaal, in dem ein lebhaftes Geschnatter herrschte, stocherte ich lustlos im Essen herum. Erstens sah mir das Essen zu fremd aus, und zweitens war meine Kehle vom Heimweh wie zugeschnürt.

Am folgenden Tag kam endlich mein Gepäck an. Der freundliche Busfahrer hatte sich erboten, es mir mitzubringen, ich brauchte mich also kein zweites Mal zum Bahnhof zu bemühen. Dennoch blieb ich in gedrückter Stimmung. Meine Zimmergenossinnen und ich speisten am selben Tisch; mir wurde besonders reichlich vorgelegt, weil ich zunehmen sollte. Eines der Schwarzwaldmädchen bekam ausgesprochen winzige Portionen, weil sie übergewichtig war und hier abnehmen sollte. Missgünstig schielte sie immer wieder zu meinem Teller hinüber. Auch am Tisch überließ ich den dreien die Unterhaltung.

Am dritten Abend suchte ich vor den anderen mein Lager auf. Als diese später das Zimmer betraten, tat ich so, als ob ich schon schliefe. Da hörte ich, wie eine zu den anderen sagte: »Mit der kann man nichts anfangen. Die gibt ja keinen Ton von sich.«

Sie hatte recht, aber es kränkte mich trotzdem. Still vor mich hin weinend, schlief ich endlich ein. Am nächsten Tag fühlte ich mich auch nicht besser, aber ich hielt mich tapfer bis zum vierten. Weil ich es dann nicht mehr aushielt vor Heimweh, fragte ich die Betreuerin, wann ich denn nach Hause dürfe.

»Was für eine Frage!«, stellte sie entrüstet fest. »Du bist noch nicht einmal richtig angekommen und redest schon vom Heimfahren. Dein Arzt hat dir eine Kur von vier Wochen verordnet, und die Kasse hat sie bewilligt. Deshalb wird gefälligst diese Zeit auch hier verbracht. Und solltest du bis zum Ende dieser Zeit dein Soll-Gewicht nicht erreicht haben, bekommst du eine Verlängerung.«

»Oh nein, bitte nicht! Ich sterbe ja jetzt schon vor Heimweh«, seufzte ich entsetzt.

»Dann sieh zu, dass du bis dahin dein Normalgewicht erreichst. Beim heutigen Wiegen zeigte die Waage nur achtundvierzig Kilo an. Bei deiner Größe und in deinem Alter solltest du mindestens fünfzig Kilo wiegen. Bevor du die nicht auf die Waage bringst, ist an eine Entlassung nicht zu denken.«

Das waren harte Worte für mich. Wie sollte ich jemals zwei Kilo zunehmen, wenn es mir hier überhaupt nicht schmeckte? Dennoch bemühte ich mich, das erwünschte Gewicht möglichst schnell zu erreichen, indem ich noch am selben Abend alles hinunterwürgte, was man mir aufgetischt hatte.

Auch bei den folgenden Mahlzeiten gab ich mir die größte Mühe. Doch beim nächsten Wiegen hatte sich der Zeiger kein bisschen nach oben bewegt. Dabei musste ich schon recht froh sein, dass ich nicht abgenommen hatte, wo ich doch so voller Kummer steckte. Jeden Abend weinte ich mutlos leise in meine Kissen.

Nach zwei Wochen war es mit meiner Beherrschung vorbei, ich rief zu Hause an. Mein Vater war am Telefon. Weinend klagte ich ihm mein Heimweh und beschwerte mich über das Essen, bei dem ich wirklich unmöglich gesund werden könne, es schmecke ja nicht annähernd so wie bei Oma.

»Wir werden dich besuchen«, versprach der Papa. »Dann geht es dir gleich wieder besser, und du hältst die letzten vierzehn Tage auch noch durch.«

Allein die Aussicht, dass meine Familie mich besuchen würde, hob meine Stimmung merklich. Am Wochenende tauchten sie tatsächlich alle auf, inklusive Oma Lina, die ein ansehnliches Fresspaket für mich mitgebracht hatte. War ich glücklich! Ich umarmte jeden Einzelnen stürmisch. Wir gingen zusammen im Park spazieren, und ich war begierig, zu erfahren, was es daheim Neues gäbe. Vor allem aber konnte ich endlich mein belastetes Herz ausschütten.

Als sich meine Lieben am Spätnachmittag aber anschickten, heimzufahren, brach ich in Tränen aus. Das Ergebnis war, dass sie mich mit nach Hause nahmen. Schon während der Fahrt fühlte ich mich besser, und als ich in heimische Gefilde kam, ging mir das Herz auf.

Anschließend aber gab es Ärger mit der Krankenkasse, man schickte meinem Vater einen erbosten Brief, weil ich die Kur einfach abgebrochen und er das noch begünstigt hatte. Doch das kümmerte mich nicht, ich war selig, nun wieder im Schoße der

Familie zu sein, in Omas Haus und in der gewohnten Umgebung. Mit der Schönheit des Schwarzwaldes konnte sie zwar nicht konkurrieren, aber es war meine Heimat!

Es blieb an meinem Vater hängen, sich mit der Krankenkasse auseinanderzusetzen. Aber er schaffte das, dank seines Durchsetzungsvermögens und seines Humors.

In den folgenden Wochen verwöhnte Oma mich nach Strich und Faden. Das Beste aus Stall und Garten war für mich gerade gut genug. Damit meine angeschlagenen Bronchien genug Sauerstoff bekamen, unternahm ich ausgedehnte Spaziergänge durch Wald und Flur. In Gedanken liebkoste ich jeden Baum und Strauch.

Als ein halbes Jahr herum war, war ich wieder topfit, selbst der Arzt schien mit dem Ergebnis zufrieden. Meine Bäckchen sahen wieder rund und rosig aus, und ich wog über einen Zentner. Nun konnte ich einen neuen Anlauf wagen: Ich kehrte zurück auf meine Hauswirtschaftsschule. Diesmal hielt ich gesundheitlich durch und schaffte einen guten Abschluss.

Unmittelbar daran schloss sich ein Jahr Praktikum bei einer Familie mit drei kleinen Kindern an, diesen Platz hatte man mir von der Schule aus besorgt. Zum Glück wohnte diese Familie in Neunkirchen, so konnte ich abends immer nach Hause. Nur wenn das Ehepaar am Samstagabend etwas vorhatte, musste ich die Nacht bei den Kindern verbringen, was aber nicht oft vorkam.

Einmal allerdings nahmen sie mich für drei Tage mit nach Wien. Das war herrlich! Wir wohnten in einem ganz tollen Hotel, tagsüber durfte ich mir die Stadt anschauen, nur am Abend musste ich bei den Kindern sein, weil die Eltern eine Einladung in die Hofburg wahrnahmen. Heimweh bekam ich diesmal nicht, dazu war ich zu beschäftigt.

Dieses Praktikum war für mich eine sehr lehrreiche Zeit. Nicht nur, dass ich mein Wissen und Können, das ich in der Schule theoretisch erworben hatte, nun praktisch anwenden konnte. Meine Hausfrau war eine äußerst tüchtige und gebildete Person. Bei ihr lernte ich, viele neue Gerichte zu kochen, wie man die Wäsche ordentlich pflegt und das Haus gründlich sauber hält. Meine Oma hatte versäumt, mir all diese Dinge beizubringen, weil sie immer meinte, sie müsse mich schonen.

Zudem übte ich in diesem Haushalt den Umgang mit kleinen Kindern, wozu ich bisher nie Gelegenheit gehabt hatte, da ich ja das Nesthäkchen meiner Familie war. Nun kam ich mit meinen siebzehn Jahren zu der Erkenntnis, dass mein Berufswunsch Kindergärtnerin doch nicht das Ideale für mich sei. Daher stand nach einem Jahr wieder die Frage im Raum, was aus mir werden sollte.

Mein Vater brauchte darüber nicht lange nachzudenken. Er schlug vor, ich solle ebenso wie meine Geschwister in seinen Dekorateur-Betrieb einsteigen. Er selbst war zu dieser Zeit schon nicht mehr so gesund, ihm machten die Bronchien oft zu schaffen, eine Folge der alten Kriegsverletzung. War er vor seinem Lungendurchschuss ein Gelegenheitsraucher gewesen, so hatte er danach nie wieder eine Zigarette angerührt. Dennoch litt er immer wieder unter

Atemnot. Zu seinem größten Bedauern konnte er nach seiner Verwundung auch nicht mehr Klarinette spielen, was er vorher mit Leidenschaft getan hatte. Nun reichte ihm einfach die Luft nicht mehr dazu.

Mittlerweile konnte mein Bruder den Vater schon stark entlasten. Er fuhr ihn zu dessen Einsätzen, stieg für ihn auf die Leiter, um Gardinen abzunehmen und aufzuhängen und half beim Verlegen von Teppichböden. Papa hatte gewissermaßen rechtzeitig eine Marktlücke entdeckt: Mit der Verbreitung des Staubsaugers entschlossen sich immer mehr Menschen dazu, ihre Wohnung mit Teppichböden auslegen zu lassen.

Vaters zweites Standbein bot das Geschäft um die Gardinen. Er nutzte den Umstand, dass immer mehr ältere Leute sich nicht mehr auf die Leiter trauten, um ihre Vorhänge auf- oder abzuhängen, und die unhandlichen Dinger auch nicht mehr selber waschen konnten. Das Waschen der Stores war Aufgabe meiner Schwester, sobald sie der Schule entwachsen war, die Übergardinen dagegen brachte sie in die Reinigung.

Von nun an sollte ich die Mutter an der Nähmaschine unterstützen, denn sie fertigte auch jede Menge neue Gardinen. Da es nach dem Krieg wirtschaftlich im Land aufwärts ging, hatten bei vielen Leuten die alten Fenstervorhänge ausgedient. Man leistete sich moderne Gardinen aus Kunstfasern, die wesentlich duftiger und pflegeleichter als die alten Baumwollgardinen waren. Auch für die Wohnungen der vielen Neubauten, die wie Pilze aus der Erde sprossen, wünschte man eine zeitgemäße Fensterdekoration.

Vater brachte mir alles bei, was mit Gardinennähen zusammenhing. Anfangs ging mir das Nähen nur langsam von der Hand, doch bald schaffte ich am Tag so viele Meter wie die Mutter! Ich war stolz darauf, dass ich auf diese Weise zum Familieneinkommen beitragen konnte. Allerdings wusste ich damals nicht, dass mein Vater es versäumt hatte, mich bei der Rentenversicherung anzumelden und entsprechende Zahlungen zu leisten. Das sollte sich später bitter rächen.

Deutsch-deutsche Freundschaft

Mit vierzehn oder fünfzehn Jahren hörte ich im Radio eine Sendung, die Brieffreundschaften in ganz Deutschland vermittelte, und zwar sogar bis in den Osten, die damalige DDR. Das wäre gar nicht so uninteressant, mit jemandem von dort Kontakt zu halten, dachte ich. Dann könnte ich mal erfahren, wie die so lebten. Meine Mutter schien meine Gedanken lesen zu können und schlug vor, doch mal an den Sender zu schreiben und um einen Kontakt »nach drüben« zu bitten.

Also setzte ich mich hin und formulierte eine entsprechende Bitte an den Südwestfunk. Ich berichtete ein bisschen von mir und schrieb, dass es mir egal sei, ob sich ein Junge oder ein Mädchen melden würde.

Nach einigen Wochen erhielt ich tatsächlich einen Antwortbrief. Ich freute mich riesig, beim Öffnen war ich ganz aufgeregt, denn ich hatte noch nie Post bekommen. Zwei Brüder hatten auf meine Anfrage reagiert: Timo und Dietmar.

Ersterer war ein Jahr älter als ich, der andere ein Jahr jünger. Sie lebten im Erzgebirge und schwärmten mir unter anderem von ihrer schönen Landschaft vor. Meine Mutter schien über diesen Brief noch begeisterter als ich. Sie las ihn sehr aufmerksam und hielt mich an, gleich zu antworten.

Da ich aber nicht recht wusste, was ich schreiben sollte, machte sie mir einige Vorschläge: »Schreib etwas über unsere Auftritte, über den Familienbetrieb, die Gegend.« Gesagt, getan.

Nachdem der nächste Brief der beiden angekommen war – sie hatten immer abwechselnd geschrieben, wie man an den unterschiedlichen Schriften erkennen konnte –, musste ich meine Mutter erneut um Rat fragen.

Als ich nach dem dritten Brief aus dem Erzgebirge abermals auf meinem Kugelschreiber herumkaute und von Sylvia wissen wollte, was ich schreiben solle, nahm sie mir Stift und Schreibblock aus der Hand, setzte sich neben mich an den Tisch und legte los. So schnell konnte ich gar nicht gucken, da hatte sie zwei Seiten vollgeschrieben. Mir blieb gerade noch so viel Platz, dass ich ein paar Grüße anbringen konnte.

Der nächste Antwortbrief kam direkt von der Mutter der beiden Jungen. So war die von uns Jugendlichen begonnene Brieffreundschaft in die Hände unserer Mütter geglitten. Die beiden Frauen schienen sich wirklich viel zu erzählen zu haben, denn es gingen relativ häufig Briefe hin und her, immer mehrere Seiten lang.

Nach einem der Briefe aus dem Erzgebirge – mittlerweile war ich siebzehn Jahre alt – verkündete meine

Mutter beim Abendessen: »Im Frühjahr geht's gen Osten.«

»Wie? Was? Warum? Wohin genau?«, prasselten unsere Fragen auf sie nieder.

Mit leuchtenden Augen erklärte sie uns, die nette Familie habe uns eingeladen, um uns kennenzulernen. Die Frau hatte geschrieben, sie würden ja auch uns gerne mal besuchen, aber sie dürften das Land nicht verlassen. Der Mann hatte noch hinzugefügt, dass sie gerne etwas von unserer Kunst und unseren Aktionen sehen würden, er werde alle Hebel in Bewegung setzen, dass wir in einem annehmbar großen Saal auftreten könnten. Das war natürlich etwas!

Der Papa strahlte. »Neue Jagdgründe erschließen« nannte er das. In den folgenden Wochen war er vollauf mit Reisevorbereitungen beschäftigt. Es galt ja nicht nur, die notwendigen Papiere zu besorgen, er musste auch sein Programm reiflich planen und überlegen, was wir alles dafür mitnehmen mussten.

Anfang Mai 1976 lautete bei uns die Devise: »Go Ost!« Für uns war diese Reise nicht nur ein Familienurlaub, sondern gleichzeitig eine Art Betriebsausflug. Unser Auto war vollgepackt bis obenhin. Oma Lina blieb schweren Herzens zu Hause, sie hätte zu gern erlebt, wie es im anderen Teil Deutschlands aussah und wie die Menschen dort wirklich lebten. Aber abgesehen davon, dass es in unserem Wagen keinen Platz für sie gab – er war zudem nur für fünf Personen zugelassen –, musste sie sich ja um den Vierbeiner Charly kümmern, außerdem auch um alle anderen Tiere. Und sie sollte das Haus hüten.

Wir waren alle recht aufgekratzt, als es endlich losging. Der Vater wählte die Route über Hof. Doch als die DDR-Grenzbeamten die vielen Koffer sahen und deren Inhalt kontrollierten – die verrücktesten Kostüme, Perücken in allen Farben, Stöckelschuhe von Größe 40 bis 46 kamen hier zum Vorschein –, war ihnen all das äußerst suspekt. Vaters Erklärung, wir seien eine Künstlertruppe auf der Durchreise, würden bei einer Familie im Erzgebirge eine Woche logieren und in deren Ort am Samstag in einem Saal einen großen Auftritt haben, half auch nicht viel.

Die Zöllner räumten das ganze Auto aus, und erst nachdem sie jedes Stück in der Hand gehabt hatten, erlaubten sie uns großmütig die Weiterfahrt. Allerdings hatten wir nun die Mühe, alles wieder im Wagen zu verstauen. Ausgestanden war die Sache damit jedoch noch nicht. Die Grenzer hatten uns die Einreise nur mit der Auflage erlaubt, uns am nächsten Tag in dem Wohnort unserer Gastgeber auf dem Amt zu melden. Andernfalls bekämen unsere Gastgeber die größten Schwierigkeiten, und wir selbstverständlich auch.

Am nächsten Tag erschienen wir vollzählig und pünktlich bei der bewussten Behörde. Mein Vater erklärte ein weiteres Mal in aller Ausführlichkeit unseren Plan und gab sogar zum Beweis einen lustigen Vortrag zum Besten. Die Beamten lachten und applaudierten begeistert, Helmut lud sie sodann herzlich zu der Veranstaltung im Gemeindesaal ein.

Ob sie sich wirklich unters Publikum mischten, weiß ich nicht. Der Saal war jedenfalls bis auf den letzten Platz besetzt. Das ostdeutsche Publikum war von unserer Kunst ebenso begeistert wie das westdeutsche bisher. Auch beteiligten sie sich ebenso begeistert an unserer Männermodenschau, wie wir das von daheim gewöhnt waren. Selbst der Bürgermeister des Ortes schlüpfte in eine große Damenrobe. Es war für uns und ich glaube auch für alle Zuschauer ein unvergesslicher Abend. Jedenfalls versicherten uns das viele Leute, die uns nach der Darbietung die Hände schüttelten.

Gegen Ende der Urlaubswoche machten wir noch einen Abstecher nach Dresden und Leipzig. Meinem Vater war es wichtig, dass wir zusätzlich etwas »kulturell Sehenswertes« wie den Zwinger und die Oper zu sehen bekamen, wenn wir schon mal in Ost-Deutschland waren. Nachdem wir uns den ganzen Tag die Füße platt gelatscht hatten, machten wir an einem Brunnen Rast und kühlten unsere malträtierten Füße. Anschließend genossen wir ein zünftiges Picknick am Elbufer.

Mit unseren neuen Freunden erklommen wir auch den Fichtelberg und guckten uns die Sprungschanze an. Wie immer hatten wir viel Spaß und Unsinn im Sinn. Unsere Gastgeberin, die liebe Birgit, schwärmte so von Papas echter Jeans, die im Vergleich zu ihren lappigen Hosen für sie eine »echte Schau« war, wie sie sich ausdrückte. Sie wollte zu gern herausfinden, wie man sich in einem solchen Kleidungsstück fühlte, und fragte, ob man denn die Beinkleider nicht mal tauschen könne. Da die beiden in etwa die gleiche Größe und Figur hatten, stand dem Tausch nichts im Wege. Papa, der für jeden Ulk zu haben ist, ließ gleich vor unser aller Augen die Hosen herunter, und die gute Birgit ebenfalls. Dann schlüpfte jeder in die fremde Hose.

Um das Ost-Modell einem Belastungstest zu unterziehen, rutschte mein Vater gleich mal auf dem Hosenboden einen mit Gras bewachsenen Abhang hinunter. Das Material hielt das zwar aus, doch glänzte die Sitzfläche der Hose anschließend grasgrün.

Da meinte Birgit: »Das grüne Ding kannst du gern behalten, ich nehme vorlieb mit deiner alten.« So schnell hatte sie also das Reimen von meinen Eltern gelernt. Großzügig überließ Papa ihr also die »Levi's«. Unsere Freundin fiel ihm vor Begeisterung um den Hals.

Nach einer Woche hieß es Abschied nehmen von unseren neuen Freunden, was nicht ganz ohne Tränen ablief.

Bei der Ausreise wurde es für uns noch einmal abenteuerlich. Die Zöllner, diesmal andere Beamte als bei der Einreise, hatten – so schien es jedenfalls – schon auf das »rote West-Auto« gewartet. Ihre Kollegen mussten sie schon darüber informiert haben, wann wir auszureisen gedachten. Natürlich mussten wir sofort alle aussteigen und durften zuschauen, wie sie unser Auto »auseinandernahmen«. Jeden kleinsten Winkel inspizierten sie. Sogar die Rückbank bauten sie aus und zeigten sich sichtlich enttäuscht, dass sie nicht das fanden, wonach sie gesucht hatten. Sie hatten sich tatsächlich eingebildet, wir würden einem ihrer Bürger Fluchthilfe leisten. Als sie sich dann daran machten, unsere Koffer Stück für Stück auszupacken, waren sie eher amüsiert über die großen Damenschuhe, die Federboas, die Perücken und die Schminktöpfe. Ja, bevor sie uns weiterfahren ließen, baten sie sogar um Autogramme: Sie schienen nun überzeugt, wir seien bekannte Künstler aus dem Westen.

Für mich war es alles in allem ein tolles Urlaubserlebnis, und ich war meinem Vater dankbar, dass er uns diesen Teil der Republik gezeigt hatte und wir so nette, aufgeschlossene Menschen kennenlernen durften. Und das zu einer Zeit, als noch kaum ein Westdeutscher die Gelegenheit dazu hatte, seine Nase in den anderen Teil von Deutschland zu stecken.

Die rege Brieffreundschaft mit den Erzgebirglern pflegte meine Mutter bis zu ihrem Lebensende. Nachdem die Grenze offen war, telefonierte sie auch hin und wieder mit Birgit, selbst noch wenige Wochen vor ihrem Tod.

Die Allgäuer Verlobung

In dem Sommer, in dem ich zehn war, konnten wir es uns zum ersten Mal leisten, richtig in den Urlaub zu fahren. Sicher, wir hatten vor Jahren schon mal Urlaub gemacht, in Holland. Das war aber eine Spar-Version gewesen, mit Übernachtung in Zelt und Auto.

Natürlich war der Vater auch zwischendurch immer wieder mal mit uns auf Achse gewesen, wenn er ein auftrittsfreies Wochenende hatte. Dann klapperten wir Burgen und Schlösser am Rhein, an der Mosel und in der Pfalz ab, weil er immer das Bestreben hatte, etwas für unsere Allgemeinbildung zu tun. Die eine oder andere Flussschifffahrt genossen wir auch. Samstags, bei schönem Wetter, packte Papa den alten Kombi, und dann ging's mit Kind und Kegel ab in die Natur. Für die Verpflegung sorgte Oma Lina immer bestens. Außer belegten Broten und hart gekochten Eiern gab sie uns immer einen riesigen Topf heißer Hühnersuppe mit, der mit einem Drehdeckel verschlossen war, sodass während der Fahrt nichts herausschwappen konnte. Damit die Suppe bis Mittag warm blieb, wurde der Topf auf eine mehrfach gefaltete Decke gestellt und obendrauf ein dickes Kopfkissen gepackt.

Nun endlich aber hatte Vater einmal einige Zimmer gebucht: auf einem Bauernhof in Mittelberg im Allgäu, der etwas außerhalb lag. Wie staunte ich, als ich zum ersten Mal richtige Berge sah! Bisher hatte ich unsere Schutthalden schon für solche gehalten. Jeden Morgen wunderte ich mich aufs Neue, dass einige der Bergriesen noch mit Schnee bedeckt waren – und das mitten im Sommer!

Weil es uns in Mittelberg so gut gefiel, machten wir künftig jedes Jahr dort Urlaub. Nicht nur in der Umgebung, sondern auch mit der Familie, bei der wir zu Gast waren, fühlten wir uns richtig wohl. Schon nach kurzer Zeit waren wir richtige Freunde geworden. Drei Jahre nach dem ersten Urlaub dort waren auch drei Tanten von uns mit von der Partie: Marie, Anita und Paula – drei Cousinen meiner Mutter.

Auch hier verließ meinen Vater der Frohsinn nicht, ganz im Gegenteil, zwischen den vier Damen fühlte er sich ausgesprochen wohl. Als Hahn im Korb drehte er so richtig auf. Am Abend saß man in der Stube der Bauersleute in fröhlicher Runde, und der Hausherr schenkte eifrig von seinem selbst gebrannten Enzian ein.

Nachdem der Papa einige Gläser gezwitschert hatte, war er nicht mehr zu bremsen. »Die Edda ist jetzt siebzehn«, verkündete er lauthals. »Da wird es allmählich Zeit, dass sie unter die Haube kommt.«

Als Bräutigam hatte er sich den siebzehnjährigen Karl auserkoren, der sich »Charly« nannte und der Hoferbe unseres Bauern war, welcher auch gleich in das Spielchen mit einstieg. Also handelten die beiden betüdelten Väter zunächst wortreich die Mitgift aus.

Danach kündigte mein Vater an: »Also morgen Abend auf eurer Alp – ihr nennt das ja wirklich Alp und nicht Alm – wird die Verlobung gefeiert.«

Einverständlich nickten alle, in der Annahme, bis zum nächsten Morgen, wenn alle wieder nüchtern wären, hätten sie die Geschichte längst vergessen. Aber diejenigen, die das glaubten, kannten unsern Papa schlecht.

Am folgenden Morgen, einem Samstag, zog er schon beizeiten ins Dorf. Er habe etwas Wichtiges zu erledigen. Was das war, verriet er niemandem, noch nicht mal seiner Frau. Dabei tat er sehr geheimnisvoll. Nach einigen Stunden kam er zurück mit einem Gesicht, als sei er mit sich und der Welt äußerst zufrieden.

Am Spätnachmittag scheuchte er uns dann alle auf die Alp, wohin wir uns gerne scheuchen ließen. Mit dem Bauern muss er vorher die Getränkefrage geklärt haben und mit der Bäuerin die Essensfrage, denn sie gaben jedem von uns etwas zu tragen mit. Sie selbst folgten als Letzte ziemlich bepackt.

Als schließlich alle in der Berghütte versammelt waren, glaubten wir nach einer Weile, unseren Ohren nicht zu trauen. Es war uns, als höre man Blasmusik. Tatsächlich, die Klänge rückten näher und näher. Also stürzten wir alle an die kleinen Fenster und erblickten zu unserer Überraschung die Blaskapelle vom örtlichen Trachtenverein.

Da hielt es uns nicht länger in der Hütte. Alle stürmten hinaus und postierten sich vor den in malerische Tracht gekleideten Musikanten, die mit vollen Backen in ihre Instrumente bliesen und das Schlagzeug fachmännisch bearbeiteten. Das war also das Geheimnisvolle gewesen, was meinen Vater am frühen Morgen ins Dorf getrieben hatte!

Nachdem die Trachtler einige Stücke zu Gehör gebracht hatten, schenkte der Bauer jedem erst mal ein Stamperl Enzian ein. Mein Vater trat vor und erhob die Stimme: »Liebe Freunde und Verwandte, hiermit möchte ich euch in dieser fröhlichen Runde die Verlobung meiner Tochter, der tugendsamen Jungfrau Edda, mit dem ehrenwerten Jüngling Charly, dem Hoferben unseres verehrten Freundes Sepp bekannt geben.«

Hochrufe erklangen, die Kapelle spielte einen Tusch, Gläser stießen aneinander, jeder drängte sich zu dem »Brautpaar« und den »glücklichen Brauteltern«, um ihnen die Hände zu schütteln.

In dem ganzen Trubel stand ich dabei und wusste nicht, ob das nun Ernst oder Spaß sein sollte. Mein

Bruder schien es jedenfalls für puren Ernst zu halten, er stieß einen Freudenschrei aus und rief: »Juchhu! Jetzt werden wir das Maad endlich los, und wir können im Allgäu kostenlos Urlaub machen!«

Wenig später bat die Bäuerin in die Stube, wo sie inzwischen Käse, Weißwürste und Brezeln und natürlich für jeden eine Maß Bier auf die Tische gestellt hatte. Wir langten eifrig zu.

Als alle am Mampfen waren, flüsterte Charly, ein Knabe mit ziemlich viel Humor, seiner Zukünftigen ins Ohr – aber laut genug, dass es die Umsitzenden verstehen konnten: »Edda, gamma Beta?« Er kannte sich wohl gut aus mit griechischen Buchstaben!

Sie anscheinend aber auch, denn sie antwortete schlagfertig: »Nää, nää, mit Gamma-Beta is nix. Sonst sitz ich nachher da mit einer kleinen Delta oder einem kleinen Omega!«

Alles brüllte vor Lachen.

Nun versuchte es der Hoferbe auf andere Weise. Er drückte seiner »Verlobten« einen Reisigbesen in die Hand mit den Worten: »Ab in den Kuhstall. Erst kehrst ihn blitzsauber und dann melkst die Kühe! Will mal sehen, ob du dich auch beim Schaffen geschickt anstellst als künftige Alp-Bäuerin.«

Doch meine Schwester, nicht auf den Mund gefallen, entgegnete in breitem Saarländisch: »Nää, loss mol gut senn, für bei die Viecher bin ich viel zu scheen. On das Melke krien ich aach im Lewe net hien!« Für die, die des Dialektes nicht mächtig sind: Nein, er solle es mal gut sein lassen, um bei den Tieren zu sein, fand sie sich viel zu schön. Und das Melken würde sie auch im Leben nicht hinkriegen.

Die Gäste bogen sich vor Lachen.

Der »Bräutigam« nahm auch das mit Humor und raunte Edda zu: »Wie wär's denn dann mit dem Heustadl? Dafür bist doch net zu schad', oder? Du weißt doch, auf der Alm, da gibt's koa Sünd', und wenns'd Pech hast, kriegste'n Kind.«

Wieder lachten alle schallend.

So wurde noch eine Weile weitergeblödelt, und zwischendurch spielte die Blaskapelle das eine oder andere Stück. Weit nach Mitternacht wankten alle mit ziemlicher Schlagseite bei Vollmond zu Tal.

Ich war natürlich stocknüchtern, für mich hatte es nur Limo gegeben, aber ich war hundemüde.

Der nächste Morgen läutete unseren Abschiedstag ein. Als sich die »Brautleute« zufällig im Hausgang begegneten, machte Edda den Vorschlag, doch die Verlobung einfach wieder zu lösen.

»Ja, in aller Freundschaft«, stimmte er zu. »Aber einen Abschiedskuss möchte ich schon.« Den gab's dann auch.

Im Jahr darauf war meine Schwester dann wirklich verlobt, aber mit einem anderen, und das ist eine ganz neue Geschichte.

Verlobung an der Biertheke

Nicht nur für Edda ist eine Verlobung arrangiert worden, auch mir sollte eine übergestülpt werden. Diesmal nahm aber nicht der Vater die Organisation in die Hand, sondern meine Schwester.

Mit siebzehn durfte ich noch nicht allein ausgehen, sondern nur unter ihrer Aufsicht, schließlich war sie vier Jahre älter als ich. Statt aber darüber zu wachen, dass die Männer mir nicht zu nahe kamen, versuchte sie, mich zu verkuppeln. In meiner Unerfahrenheit konnte ich nicht beurteilen, wie ernst ihr Plan, mich unter die Haube zu bringen, gemeint war. Offensichtlich machte es ihr Spaß, mir die unmöglichsten und hässlichsten Vögel andrehen zu wollen, die am Tresen herumhingen.

Es war mir furchtbar peinlich, wenn sie einen Burschen fragte, ob er nicht eine gute Partie machen wolle. Zeigte sich einer interessiert, gab sie bereitwillig Auskunft über die Vermögensverhältnisse der Familie und darüber, welche Mitgift ich zu erwarten habe. Sie hatte einen Heidenspaß, wenn ein Typ wirklich anbiss.

Es dauerte eine Weile, bis ich dahinterkam, dass sie nur einen Ulk machen wollte. Es war mir unangenehm, aber ich wollte ihr den Spaß nicht verderben. Der interessanteste Fall, den sie für mich am Haken hatte, war Alfred, nach seiner Aussage ein Nebenerwerbsbauer, hauptberuflich sei er Bergmann. Ich dachte an meinen Opa Sepp, der genau dieselbe Kombination gehabt hatte.

Dennoch mochte ich diesen Alfred nicht geschenkt haben. Er gab an, bei ihm würde ich es gut haben, die Hochzeit könne schon recht bald stattfinden. Dann würde gleich eine Sau geschlachtet, und zwei Dutzend Hühner habe er im Stall, sodass im Haus kein Mangel an Eiern herrschen würde. Er könne auch gut schaffen, auf der ganzen Grube sei er der allerbeste Hauer. Außerdem mache er überwiegend Nachtschicht, das brächte ja das meiste Geld ein.

Oha, dachte ich, so wie du aussiehst, ist es wohl auch das Beste, dass du unter Tage arbeitest. Im ganzen Leben hätte ich den nicht für einen Bauern oder Bergmann gehalten, eher für einen Schiffschaukelbremser oder für den Hauptdarsteller von der Geisterbahn. Nie im Leben wollte ich mir das antun, so einen zu heiraten. Da blieb ich doch lieber bis ans Ende meiner Tage ledig.

Abgesehen von seinem Aussehen, flatterte dem Alfred eine meterlange Alkoholfahne voraus. Nein, nein, mir womöglich einen Alkoholiker aufhalsen, das würde ich gewiss nicht.

Als Edda die Scherz-Verlobung nahezu in Sack und Tüten hatte, gab Alfred aus lauter Freude darüber für alle, die an der Biertheke herumhingen, einen aus. In einem unbeobachteten Moment stahl ich mich davon und begab mich schleunigst nach Hause. Der Kerl tat mir zwar leid, denn für sein Aussehen konnte er nichts, ich aber auch nicht.

Oma Lina als Tugendwächterin

Als meine Schwester sechzehn war, begann sie mit der »Freierei«. So nennt man das bei uns, wenn ein Mädchen unter den Jünglingen des Landes Ausschau hält, um den Mann fürs Leben zu finden.

Nachdem sie das erste Mal eine Tanzveranstaltung besucht hatte, fand sich auch gleich ein glühender Verehrer, der darauf bestand, sie nach Hause zu begleiten. Wahrscheinlich erhoffte er sich, zumindest an der Haustür einen Abschiedskuss zu bekommen, wenn nicht gar mehr für ihn herausspringen würde.

Er hatte aber die Rechnung ohne die Oma gemacht. Obwohl Mitternacht bereits vorüber war, hielt sie im Erdgeschoss hinter einem Fenster Wache, das sich direkt neben der Haustür befand. Um alles mitzukriegen, was draußen gesprochen würde, hatte sie es vorsorglich einen Spalt breit geöffnet. Als sie nun im Mondschein erkennen konnte, dass sich das Pärchen auf das Haus zubewegte, spannte sie alle Sinne an.

In dem Moment, als der Jüngling den Arm um ihre Enkelin legte, um sie an sich heranzuziehen, vernahm er die mit Grabesstimme gesprochenen Worte: »Mein lieber Bursch, Finger weg von den Bildern, die Rahmen sind frisch gestrichen.«

Man kann sich vorstellen, dass dem armen Kerl der Schreck in die Glieder fuhr. Er machte sich davon, als sei der Leibhaftige hinter ihm her. Seitdem ward er nie wieder bei uns gesehen.

Bei mir betätigte sich Oma ebenfalls als Tugendwächterin. Die Angewohnheit, bei leicht geöffnetem Fenster und halb herabgelassenem Rollladen auf die Heimkehr der Enkelin zu lauern, behielt sie auch bei, als ich mit dem Freien anfing. Doch sie hielt sich mit direkten Kommentaren zurück.

Eines Morgens empfing sie mich mit der Frage: »Wie lang hat denn der Gewwelbronzer, der Eckenpisser, gestern Abend noch mit dir auf unserer Treppe gehockt? Es hätte nicht viel gefehlt, dann wäre ich rausgekommen und hätte ihn geschasst.«

Um meinen Verehrer zu warnen, erzählte ich ihm beim nächsten Treffen von Omas Ausspruch. Wolfgang ließ sich jedoch nicht beirren. Als er mich das nächste Mal gegen Mitternacht heimbegleitete, sagte er betont laut und deutlich in Richtung Fenster: »Einen guten Abend, Frau Jakob. Wie geht's uns denn so?«

Sogleich hörte man, wie das Fenster zugeschlagen wurde und der Rollladen leise nach unten rauschte.

Am anderen Tag nahm mich die Oma ins Kreuzverhör, unter anderem wollte sie wissen: »Ei, was schafft der denn? Der ist doch hoffentlich kein Faulenzer?«

»Nein, da kann ich dich beruhigen, das ist er bestimmt nicht. Er hat einen sehr ehrenvollen Beruf und –«

»Red net lang drum herum«, schnitt sie mir das Wort ab, »sag mir rundheraus, was er macht.«

»Er ist Bäcker«, gab ich nicht ohne Stolz von mir.

»Was? En Bäcker?!« Dieses Wort stieß sie so verächtlich aus, als habe ich ihr offenbart, er sei Bankräuber.

»Mei lieb Mädsche«, fügte sie dann hinzu, »bei einem Bäcker musst du gut aufpassen. Der will dir doch nur was verbrezeln, und dann hockst du da mit 'nem Brot im Ofen, und er macht die Flatter.«

Omas Prophezeiung in diese Richtung traf zum Glück nicht ein. Mein Verehrer meinte es wirklich ernst und bat schon bald darum, meinen Eltern vorgestellt zu werden. Das tat ich gleich am nächsten Wochenende.

Sofort nahm mein Vater ihn in Beschlag und fragte ihn in alle Richtungen aus. Dabei kamen sie schließlich auf Wolfgangs Großvater zu sprechen. »Ei, den kenn ich doch!«, rief Helmut begeistert aus.

»Von den Roten Funken, der war doch auch ein großer Fastnachter!«

Von dem Moment an hatte Wolfgang gewonnen. Der Vater hatte nichts dagegen, dass ich mit ihm »ging«, ja, er forcierte das sogar. Lieber heute als morgen hätte er den Wolfgang zum Schwiegersohn gehabt, der mit seinen sechsundzwanzig ja auch im richtigen Heiratsalter war.

Dass wir uns mit dem Heiraten aber nicht beeilten, lag daran, dass ich noch keine achtzehn war und mich noch zu jung für eine feste Bindung hielt. Nachdem wir anderthalb Jahre miteinander gegangen waren, sorgte letztlich Oma Lina dafür, dass mein Wolfgang und ich schon bald zum Traualtar schritten.

Glück und Leid

Im April 1969 wurde Edda aus der Schule entlassen. Den Eltern wäre es recht gewesen, wenn sie eine Lehre begonnen hätte. Sie aber wollte nicht irgendeine Ausbildung machen, ihr schwebte etwas ganz anderes vor. Um das zu verwirklichen, war sie aber noch zu jung. Also suchte sie nach einer Stelle, wo sie sich in der Zwischenzeit ein bisschen Geld verdienen konnte. Diese fand sie in einem neu eröffneten Supermarkt.

Zunächst setzte man sie für Lagerarbeiten ein, später als Verkäuferin in der integrierten Bäckerei. Dort muss man ihre Qualitäten erkannt haben, denn schon bald durfte sie an die Kasse. Nach einem Jahr aber reichte ihr das, nun stand sie vor der Frage nach ihrer Zukunft. Für das, was sie sich vorgenommen hatte, war sie immer noch zu jung. Deshalb nahm sie das väterliche Angebot, in seinem Betrieb als Gardinenwäscherin zu arbeiten, gern an. Darüber vergaß sie aber ihr Ziel nicht.

Um diesem näher zu kommen, studierte sie nebenher an der Sportakademie in Saarbrücken. Sie war gerade mal achtzehn, da begann sie, ihren Traum zu realisieren, indem sie 1973 ihre eigene Mädchentanzgarde gründete. Gewiss, das war nur ein Hobby, aber immerhin ein Anfang. Darauf wollte sie aufbauen und in absehbarer Zeit eine Tanzschule eröffnen.

Mit ihren zwölf Mädels studierte sie selbst erdachte Choreografien ein und blieb weiterhin das Funkenmariechen.

In der Session 1975 war unser Thema »Karneval in Rio«. An einem Samstagabend im Februar, wir hatten bei den Roten Funken in Neunkirchen gerade eine glanzvolle Aufführung hinter uns gebracht, versammelten sich zum Finale alle Mitwirkenden auf der Bühne. Unter lang anhaltendem Applaus mussten wir uns wieder und wieder verbeugen, dann zog die gesamte Truppe bei Marschmusik von der Bühne durch den Mittelgang hinaus. Da Edda vor mir marschierte, konnte ich gerade noch sehen, wie ihr jemand aus dem Publikum eine rote Rose zusteckte.

»Was hat denn das zu bedeuten?«, fragte ich sie, sobald wir das Foyer erreicht hatten.

»Das weiß ich selbst nicht«, antwortete sie verdattert und untersuchte die Blume. Sie entdeckte einen winzigen um den Stängel gewickelten Zettel.

Mittlerweile waren auch unsere Eltern und Heinz auf die kleine Szene aufmerksam geworden und umringten Edda.

Sie las den Zettel laut vor: »*Schönes Funkenmariechen, ich erwarte dich nach der Vorstellung im Vereinslokal, Gruß Rüdiger.*«

»Ach, wie interessant«, ließ ich verlauten, »ein Verehrer!«

»Oh, wie romantisch«, rief die Mutter spontan. »Ein echter Rosenkavalier! In meinem ganzen Leben habe ich noch keine Rose gekriegt. Du kannst dich wirklich glücklich schätzen.«

»Was soll ich jetzt machen?«, fragte meine Schwester irritiert.

»Du bist alt genug, um das selbst zu entscheiden«, stellte der Vater fest.

Zu dem Zeitpunkt war Edda gerade zwanzig, aber zum ersten Januar 1975 war das Volljährigkeitsalter von einundzwanzig auf achtzehn Jahre herabgesetzt worden.

»Ich würd ihn ja gern treffen, schon aus purer Neugier, aber wie soll ich nachher nach Hause kommen? So spät fährt doch keine Straßenbahn mehr, und ihr seid dann weg.«

»Weißt du was? Du guckst dir den Rosenkavalier mal an«, schlug der Vater vor. »Dann fragst du ihn, ob er ein Auto hat. Wenn ja, kommst du sofort hinter die Bühne und sagst mir das. Es dauert schließlich noch eine Weile, bis wir uns umgezogen und alles verstaut haben.«

So schnell wie an diesem Abend hatte sie sich noch nie umgekleidet. Plötzlich kamen ihr Bedenken:

»Den werde ich ja gar nicht wiedererkennen. Ich hab ihn ja nur für eine Sekunde gesehen.«

»Es genügt ja, wenn er dich wiedererkennt«, zeigte sich die Mama optimistisch.

»Wenn ich jetzt abgeschminkt und ohne Kostüm erscheine, erkennt er mich bestimmt nicht«, befürchtete Edda.

»Dann halte als Erkennungszeichen die Rose in der Hand«, empfahl die praktisch denkende Sylvia.

Wie besprochen lief alles ab, er besaß glücklicherweise ein Auto. Die Familie konnte also unbesorgt heimfahren.

Mitternacht war längst vorüber, als Edda endlich zu Hause eintrudelte. Das kriegte aber nur die Oma mit, alle anderen schliefen schon tief und fest. Zum Frühstück erschien meine Schwester verständlicherweise nicht, beim Mittagessen aber musste sie uns Rede und Antwort stehen. Errötend berichtete sie, dass Rüdiger im Vereinslokal gleich auf sie zugesteuert sei. Er hatte ihr gestanden, dass er sie schon in zwei Vorstellungen gesehen habe und nicht gewusst hätte, wie er an sie herankommen sollte. Endlich sei ihm die Idee mit der Rose gekommen.

Nun, was soll ich sagen? Seit Edda ihren neuen Verehrer kannte, schwebte sie auf Wolke Sieben. Es dauerte auch gar nicht lange, da stellte sie ihn der Familie vor. Wir alle waren von ihm angetan, sogar Oma Lina. Zu unserer Verwunderung unterließ sie sogar ihre üblichen »Schmähkommentare«.

Fortan verbrachte meine Schwester jede freie Minute mit Rüdiger. Darüber vernachlässigte sie ihre

Pflichten als Gardinenwäscherin jedoch nicht, und ihre Tanztruppe trainierte sie auch weiterhin gewissenhaft.

Wir waren einhellig der Meinung, dass die beiden gut zusammenpassen, ja, in unseren Augen waren sie ein Traumpaar. So ging der Sommer 1975 ins Land, und der Sommer 1976 kam. Da Rüdiger im Herbst sein Jurastudium beenden würde, entschloss man sich, im Januar 1977 zu heiraten. Dann wäre abzusehen, wo er eine Stelle antreten und wo man seine Zelte aufschlagen konnte. Bis das junge Paar eine geeignete Wohnung fand, sollte es erst mal bei uns im Anbau wohnen.

Ende November begannen bereits die Hochzeitsvorbereitungen. Anfang Dezember erhielt Rüdiger die Einladung zur Hochzeit eines Freundes, der in einem Nachbarort wohnte. Zwei Tage vor der Trauung fand die Junggesellen-Abschiedsparty statt. Zu dieser nahm Rüdiger zwei Freunde in seinem Wagen mit, die ebenfalls eingeladen waren.

Edda verbrachte den Abend unterdessen bei der Braut, die in unserem Ort wohnte und mit Freundinnen auf ihre Weise Abschied von der Junggesellenzeit nahm. Als die Mädels glaubten, genug gefeiert zu haben, begaben sie sich nach Hause.

Noch vor Mitternacht traf meine Schwester weinselig bei uns ein, aber von ihrem Bräutigam war weit und breit noch nichts zu sehen. Zu dieser Zeit schlief ich längst, aber die Eltern und Oma waren noch wach. Gerade als sie zu Bett gehen wollten, läutete es an der Tür. Was hatte das zu bedeuten? Rüdiger hatte doch einen Schlüssel.

Mein Vater öffnete. Zwei Polizeibeamte standen vor ihm und wollten Edda Lang sprechen. Er führte die beiden Polizisten ins Wohnzimmer.

Die drei Frauen müssen die Beamten sehr erschreckt angeschaut haben. Ein Polizeibesuch um Mitternacht hatte nichts Gutes zu bedeuten. Jeder dachte sofort, Rüdiger habe in trunkenem Zustand einen Unfall verursacht und sei nun schwer verletzt. Aber die Botschaft war eine noch viel schrecklichere. Eddas Verlobter Rüdiger war tödlich verunglückt.

Es dauerte geraume Zeit, bis sich meine Schwester so weit beruhigt hatte, dass sie dem Bericht der beiden Uniformierten folgen konnte. Die Freunde hatten auf der Party dem Alkohol ganz schön zugesprochen, deshalb traute sich Rüdiger nicht mehr, sich ans Steuer seines Wagens zu setzen. Vernünftigerweise ließen sie den Wagen stehen und nahmen ein Taxi. Damals gab es noch keine Sicherheitsgurte in den Autos, zumindest waren sie noch nicht Pflicht. Ein solcher hätte ihm vielleicht das Leben gerettet.

Das Taxi war nur noch etwa drei Kilometer von unserem Haus entfernt, da krachte es. Ein betrunkener Fahrer, der ihnen mit zu hoher Geschwindigkeit entgegenkam, wurde aus der Kurve getragen und erwischte von vorn die Fahrerseite. Der Aufprall war so heftig, dass Rüdiger, der auf der Beifahrerseite saß, durch die Windschutzscheibe geschleudert wurde. Er muss auf der Stelle tot gewesen sein.

Den beiden Freunden, die im Fond des Wagens saßen, war nicht viel passiert. Jeder von ihnen hatte sich einen Arm gebrochen. Auch der Taxifahrer trug nur leichte Blessuren davon. Den Betrunkenen hatte es zwar schwer erwischt, doch er überlebte.

Für meine Schwester brach eine Welt zusammen. Wie gut, dass wir in den nächsten Tagen für sie da sein konnten. Die Familie gab ihr Halt und Trost, sonst wäre sie womöglich durchgedreht.

Ihre Gedanken kreisten beständig um die Fragen: Warum musste das passieren? Warum musste ein so junger Mensch sein Leben lassen? Die Zukunft war doch so schön geplant gewesen, weshalb nur war alles von einer Sekunde auf die andere vorbei? Jetzt hatte Rüdiger schon extra ein Taxi genommen, um auf der sicheren Seite zu sein, und dann musste jemand daherkommen, der weniger verantwortungsvoll gehandelt hatte!

Es wurde eines der traurigsten Weihnachtsfeste, die wir je erlebt haben. Und die Session 1977 stand vor der Tür. Sie musste ohne Edda stattfinden. Zum einen wäre sie nervlich gar nicht dazu in der Lage gewesen, zum anderen hätte es einen schlechten Eindruck gemacht, wenn sie so kurz nach dem Tod ihres Verlobten auf der Fastnachtsbühne erschienen wäre. Andererseits meinten einige, es wäre ganz gut, wenn sie dennoch auftreten würde, das lenke sie von ihrem Kummer ab. Aber davon wollte sie nichts wissen.

Doch irgendwie musste es ja weitergehen. Wozu hat man eine kleine Schwester? Schließlich war ich mittlerweile seit drei Jahren bei der Truppe, hatte alle Proben mitgemacht, alles war einstudiert und die Uniformen waren fertig. Ich musste also nur in

Eddas Kostüm schlüpfen, mittlerweile hatten wir in etwa die gleiche Figur.

Beim Einmarsch auf die Bühne führte ich an Eddas Stelle die Garde an. Das klappte ganz gut, den Soloauftritt ließ ich allerdings weg, das traute ich mir doch nicht zu.

So stand ich die ganze Session durch, mit einem Auftritt an jedem Samstagabend, manchmal auch noch am Freitagabend. Am »Fetten Donnerstag« hatte ich eine besonders wichtige Aufgabe: Beim Erstürmen des Rathauses – eine alte Tradition bei uns – musste ich die Mädels anführen. Das klappte ebenfalls prima.

Einige Wochen nach Fastnacht nahm meine Schwester die Proben mit den Gardemädels wieder auf, war das doch die beste Therapie für sie. Wenigstens stundenweise war sie so von ihrem Leid abgelenkt, und ihr blieb nicht mehr so viel Zeit zum Grübeln. Sie brauchte ihre Kraft, um eine neue Choreografie auszuarbeiten, Uniformen zu entwerfen und zu nähen und die Tänze zu perfektionieren.

Da ich selbst Mitglied der Garde war und an allen Proben teilnahm, waren meine Eltern sehr beruhigt. Sie wussten, dass ich immer ein Auge auf Edda haben konnte. Die Proben fanden jeden Freitagabend im Bürgerhaus statt, anschließend trafen wir uns alle noch im Vereinslokal, das im selben Gebäude untergebracht war. Dort wurde nicht nur durchgesprochen, was am Programm oder an den Tänzen zu verbessern sei, es wurden auch persönliche Dinge durchgehechelt. In diesem Lokal herrschte natürlich auch ein ganz normaler Gästeverkehr, überwiegend junge Männer. Sie gönnten sich zum Abschluss des Tages noch ein Bier mit Freunden.

Mit der Zeit fiel mir einer auf, der immer wieder mal zu mir herüberschielte. Eines Tages nun fasste er sich ein Herz.

Er nutzte den günstigen Moment, als meine Schwester mal »für kleine Mädchen« war, setzte sich zu mir und gestand: »Ich beobachte dich schon seit einigen Wochen. Du bist mir voriges Jahr schon auf der Bühne aufgefallen. Du gefällst mir.«

»Das wundert mich aber«, entgegnete ich selbstlos. »Wieso gefällt dir meine Schwester nicht? Sie ist doch viel hübscher und beredter als ich.«

»Die ist mir zu lebhaft«, gestand er. »Du gefällst mir besser, weil du so still bist.« Dann saßen wir eine Weile schweigend nebeneinander, denn er schien auch nicht besonders redselig zu sein.

Als meine Schwester wiederkam und zum Aufbruch mahnte, bot er sich an, mich mit seinem Wagen nach Hause zu fahren.

»Kommt gar nicht infrage«, legte Edda ihr Veto ein. Der Vater hatte sie nicht umsonst beauftragt, auf mich aufzupassen.

Ein halbes Jahr lang kam sie diesem Auftrag auch gewissenhaft nach, dann meinte sie, da ich nun bald achtzehn würde, könne ich auf mich selbst aufpassen. Nun ja, die Geschichte, wie meine Oma darauf reagierte, als mich Wolfgang das erste Mal bis zur Haustür begleitete, kennen Sie ja schon, liebe Leser.

Ehe es aber so weit war, zog der Sommer ins Land. Doch schon lange vorher versuchte die ganze Familie, Edda zu überreden, sie solle doch mal in Urlaub fahren, damit sie auf andere Gedanken komme – am besten an einen Ort, wo sie nichts an ihren Verlobten erinnerte. Im Betrieb konnte der Vater sie leicht entbehren, denn im Sommer war nicht viel zu tun mit Gardinenwäsche.

Lange Zeit sträubte sie sich gegen den Vorschlag, dann endlich gab sie unserem Drängen nach und buchte eine Reise nach Spanien. An der Costa Brava hoffte sie, bei Wind, Sonne und Meer ihr seelisches Gleichgewicht wiederzufinden.

Von dieser Urlaubsreise kam eine ganz andere Edda zurück. Es war eine, der das Glück aus den Augen strahlte. Was hatte diese Veränderung hervorgerufen? Die Erklärung war ganz einfach: Er hieß Benni und stammte aus Holland.

In den nächsten Wochen lief wieder alles seinen gewohnten Gang. Vater und ich probten ein neues Zwiegespräch, Edda trainierte ihre Mädchen bis zur Perfektion, und wir lieferten in der Session '78 wieder eine wunderbare Schau ab, die unter dem Motto »Tausendundeine Nacht« stand. Wie immer waren unsere Zuschauer restlos begeistert. Kaum war Aschermittwoch vorbei, da begann Edda mit den Proben für die neue Session. Nach Ostern tingelten wir an den Wochenenden wieder mit der ganzen Familie durch die Lande zu den Auftritten, die uns die Agentur vermittelt hatte.

Im September hieß es auf einmal ohne Vorwarnung: »Edda heiratet.«

Das war verständlich, denn Nachwuchs kündigte sich an. Die Hochzeit sollte in Holland stattfinden. Auch nicht verkehrt, dachten wir, dann würden wir wieder ein bisschen mehr von unserem Nachbarland kennenlernen. Denn wie gesagt, mein Vater hatte ohnehin eine unerklärliche Schwäche für dieses Land.

Für sich, die Oma und mich nähte die Mutter in aller Eile bildschöne Kleider. Für Vater und Bruder wurden eigens elegante Anzüge gekauft. In seinen Hochzeitsanzug passte mein Papa schon lange nicht mehr, und Heinz hatte noch nie einen festlichen Anzug besessen. Für den Moment war das viel Geld, das meine Eltern ausgeben mussten.

»Aber was soll's«, meinte Sylvia. »Diese Anzüge können sie auch noch auf der nächsten Hochzeit tragen.« Dabei sah sie mich vielsagend an. »Allerdings muss der Papa bis dahin auf seine Taille achten.«

Zu fünft, inklusive Oma, düsten wir Mitte Oktober gen Norden, Edda war ja bereits in Holland bei ihrem Liebsten.

Die neue Verwandtschaft war sehr nett und empfing uns freundlich. Es wurde ein gelungenes Fest. Natürlich trugen wir – wie könnte es anders sein – etwas zur Unterhaltung bei: Oma und meine Eltern präsentierten jeweils eines ihrer Lieder oder Gedichte. Ob die Holländer davon viel verstanden haben, bezweifle ich.

Als wir uns am übernächsten Tag von Edda verabschiedeten, gestand sie mir, dass sie glücklich sei und sich in Holland sehr wohlfühle. Das freute mich für sie, mein Ding wäre das nicht, dachte ich. Sollte ich jemals heiraten, so nahm ich mir jedenfalls vor, dann nur einen Mann, der ganz in der Nähe von Heiligenwald wohnte. Oder besser noch, er müsste bei uns einheiraten, damit ich niemals wegzuziehen brauchte.

Einige Tage, nachdem wir wieder daheim waren und mein Freund Wolfgang zu Besuch war, sagte die Oma aufseufzend und völlig unverblümt: »Jetzt bin ich schon achtundsiebzig. Ich möchte ja gern auch noch eure Hochzeit miterleben.«

Diese Äußerung war mir furchtbar peinlich, und ich glaube, ich lief krebsrot an. Wolfgang sah fragend zu mir herüber: »An mir soll's nicht liegen. Tun wir deiner Oma doch den Gefallen.«

So kam es, dass wir ohne Heiratsantrag und ohne Verlobungsfeier unseren Hochzeitstermin auf den 25. Mai 1979 legten. Bevor es aber so weit sein sollte, gab es noch einige wichtige Ereignisse. Die nächste Karnevalssession musste über die Bühne gebracht werden, wieder ohne Edda. Aber es klappte ganz gut.

Im März kam dann in Holland ein kleiner Bub an, der Thomas. Nun war Eddas Glück vollkommen. Ach, nein, noch nicht so ganz. Sie liebte ihren Mann, sie liebte ihren Sohn und ihre neue Heimat. Dennoch fehlte ihr etwas: das Tanzen. In Sachen Karneval und Fastnacht war in ihrem neuen Heimatland nicht sonderlich viel los. Das war es auch nicht, was sie suchte. Dieses Kapitel hatte ihr viel Freude gemacht, aber es war endgültig abgehakt. Nein, was ihr vorschwebte, war ein Bewegungszentrum, eine Einrichtung, in die Menschen aller Altersstufen kommen konnten, um etwas für ihre Gesundheit zu tun, in der sie aber auch ihren Spaß hatten. Dieser Traum sollte schon wenige Monate nach der Geburt des Sohnes in Erfüllung gehen.

In ihrem Studio »Sport & Go« bringt sie nun seit über fünfunddreißig Jahren Menschen in Schwung, gibt Kurse für Gymnastik, Jazz-Dance, Street-Dance, Ballett und Aerobic.

In einem Heim für psychisch Kranke ist sie auch regelmäßig anzutreffen. Sie bietet dort Bewegungstherapie zu Musik an. Bei ihr bewegen sich alle, von der Kindergruppe über Teenager, junge und mittlere Erwachsene bis hin zu Seniorengruppen.

Aber ich bin schon zu weit vorausgeeilt, muss ja erst noch von meiner Hochzeit berichten. Edda hätte mir gern ihr Brautkleid geliehen, es war mir aber zu weit. Wir wissen ja, bei ihrer Hochzeit war sie schon in anderen Umständen. Meine Mutter hätte das Kleid mühelos enger machen können, aber dann hätte es wahrscheinlich an Schick verloren. Also zog ich mit meiner Mama los, um für mich ein elegantes Brautkleid zu kaufen. Dazu erstanden wir noch einen Schleier und weiße Lackschuhe.

Einige Wochen vor der Hochzeit jagte uns Oma Lina einen gewaltigen Schrecken ein. Beim Abendessen kippte sie auf einmal vom Stuhl. Hätte meine Mutter sie nicht aufgefangen, wäre die Arme voll auf den Boden gesackt. Zu viert schafften wir Lina sofort in Papas Auto, der brachte sie dann mit Karacho ins Krankenhaus. Sie hatte einen Schlaganfall erlitten. Nur weil wir so schnell gehandelt haben, konnten Folgeschäden verhindert werden.

Nach wenigen Tagen war Lina tatsächlich wieder auf den Beinen und zu meiner Hochzeit schon wieder so fit, dass sie sogar eine Rede halten konnte. Wir feierten bei uns in einem Gasthaus, das einen großen Saal mit daran anschließendem Nebensaal bot. Achtzig Gäste waren gekommen, darunter natürlich Edda mit Ehemann, Söhnchen und Schwiegereltern. Von meiner Seite waren viele Verwandte aus der näheren Umgebung da und glücklich darüber, mitfeiern zu können, denn bei Eddas Hochzeit vor einem halben Jahr war ihnen die Entfernung doch zu groß gewesen.

Es wurde ein schöner Tag für uns alle, und ein lustiger Abend. Außer meinen Eltern und Oma Lina leistete auch Oma Frieda ihren humoristischen Beitrag. Eine Drei-Mann-Kapelle spielte zum Tanz auf. Mein kleiner holländischer Neffe verschlief in seinem Kinderwagen den meisten Trubel. Es wurde schon hell, als wir uns endlich auf den Heimweg begaben. Von der Hochzeitsnacht blieb daher nicht mehr viel übrig.

Ein halbes Jahr später erlitt Lina den zweiten Schlaganfall. Obwohl sie wieder ziemlich schnell in die Klinik eingeliefert wurde, war nicht mehr viel zu machen. Sie starb nach wenigen Tagen, ohne das Bewusstsein wiedererlangt zu haben. Nun war ich froh, dass sie doch noch die Freude gehabt hatte, meine Hochzeit mit Wolfgang zu erleben.

Mit der Überschrift »Glück und Leid« habe ich dieses Kapitel überschrieben. Und genauso ging es auch bei meiner Schwester weiter. Mit ihrem Bewegungs-Studio lief es so gut, dass sie davon hätte leben können. Da aber auch ihr Mann verdiente, konnten sie es sich bald leisten, ein eigenes Haus zu bauen. Vorsorglich planten sie gleich zwei Kinderzimmer ein.

Solange der Bub noch klein war, wurde er von der holländischen Oma betreut. Sobald Thomas aber alt genug war, um in der Kleinkindergruppe mitzumachen, nahm Edda ihn mit in ihre Schule. 1985 merkte sie, dass sie wieder schwanger war. Was für eine Freude, vielleicht endlich das ersehnte Schwesterchen für Thomas!

Der Tag der Entbindung nahte. Bis dahin war alles normal verlaufen, und es deutete nichts auf Komplikationen hin. Benni brachte die werdende Mutter rechtzeitig ins Krankenhaus und fuhr nach Hause, um seinen sechsjährigen Sohn zu versorgen. Unterdessen lag seine Frau in Wehen, aber es ging und ging nichts weiter. Endlich entschloss sich der Gynäkologe zu einem Kaiserschnitt.

Als man dem jungen Vater mitteilte, das Kind sei da, stürmte er mit einem Strauß roter Rosen an das Bett seiner Frau. Sie lächelte matt, denn sie war noch nicht vollständig aus der Narkose aufgewacht. Edda wusste noch nicht mal, ob sie einen Sohn oder eine Tochter zur Welt gebracht hatte. Um das in Erfahrung zu bringen, begab sich Benni zum Säuglingszimmer. Aber er wollte auch sein neues Kind begrüßen.

Dort erwartete ihn die größte Enttäuschung seines Lebens. Nicht, weil es keine Tochter war, ein zweiter Sohn war ihm auch willkommen. Aber dieser war mehrfach behindert, das ließ sich jetzt schon feststellen. Das ganze Ausmaß würde sich aber erst mit zunehmendem Alter zeigen. Obwohl es ein voll ausgetragenes Kind war, sei es untergewichtig und kleinwüchsig, die Lunge nicht vollständig ausgebildet, und die Proportionen stimmten nicht, sagte der Arzt. Es sei fraglich, ob dieses Kind jemals sprechen, sitzen oder gar laufen lernen würde.

Diesen Schicksalsschlag musste Benni erst mal selbst verkraften, bevor er es behutsam seiner Frau beibrachte. Sie jedoch zeigte eine bewundernswerte Stärke. Edda und die ganze Familie meisterten diese Situation vorbildlich, sie gaben diesem Kind alles an Liebe, was man sich nur wünschen kann. Sehr aufmerksam registrierten sie jeden Fortschnitt, den Tim machte. Sein erstes Lächeln war wie ein Wunder für sie, denn in der Klinik hatte man gemeint, auch das würde er nicht schaffen.

Er lernte sitzen, er lernte laufen, wenn auch etwas unbeholfen. Und er konnte sogar bald auf einem besonders großen Dreirad fahren. Es war sein größter Spaß, wenn er damit seinem Vater hinterherradeln konnte, der vorneweg mit dem Fahrrad fuhr. Leider lernte Tim das Sprechen nicht; durch Gesten und Laute konnte er aber ganz gut seine Wünsche kundtun. Sie umsorgten ihn in der Familie, bis er sechzehn war. Dann fanden sie ein Heim für ihn, in dem er optimal versorgt wird und in dem man ihn besser fördern kann, als das zu Hause möglich wäre. Wenn die Eltern ihn besuchen, zeigt er jedes Mal große Freude.

Tim wurde 1986 geboren, in demselben Jahr, in dem sich die Katastrophe von Tschernobyl ereignete. Manchmal stellt sich meine Schwester die Frage, ob da möglicherweise ein Zusammenhang besteht. Aber was passiert ist, ist passiert.

Inzwischen ist das Glück auch wieder in der Familie meiner Schwester eingekehrt. Thomas hat in

Hester eine sehr nette Frau gefunden. Edda und Benni verkauften ihr Einfamilienhaus und erstanden ein Doppelhaus, nun leben sie Tür an Tür mit der Familie ihres Sohnes. Das Schöne daran ist, dass sich Alt und Jung prächtig verstehen.

Ja, und dann kam 2010 Lynn, ein kleines Meisje zur Welt und machte meine Schwester zur glücklichsten Oma der Welt. Seit 2014 hat Lynn einen Bruder, den Boaz – ein Prachtbursche und der ganze Stolz von Opa Benni.

Mein armer Bruder

Warum ich erst jetzt ausführlich auf meinen Bruder zu sprechen komme, liegt daran, dass er ein wirklich trauriges Leben hatte, welches schließlich die ganze Familie überschattete. Dabei hatte es doch so erfreulich begonnen. Er war ein ausgesprochenes Wunschkind gewesen. Als er zur Welt kam, nachdem meine Eltern vier Jahre lang vergeblich auf Nachwuchs gewartet hatten, war ihre Freude unbeschreiblich. Das hat man mir nicht nur immer wieder erzählt, das belegen auch die nachfolgenden Tagebuchaufzeichnungen meiner Mutter.

Aus Sylvias Tagebuch

Heiligenwald, den 10.8.1952
Seit dem 30.7. liegt endlich ein Kind bei uns in der Wiege! Und dazu noch ein Sohn!!! Was will man mehr? Heute konnte ich mein Goldkind zum ersten

Mal ausfahren. Ich schob ihn zum Tafelbrunnen im Wald. Ein herrlicher Platz zum Ausruhen. Ach, es ist wunderbar, Mutter zu sein, auch wenn man nachts immer wieder mal raus muss, auch wenn mir bis jetzt keine Zeit geblieben ist, ins Tagebuch zu schreiben. Ja, und meine Eltern – Heinz hat sie zu Großeltern gemacht – sind auch glücklich mit ihm. In dem Kleinen sehen sie einen Ersatz für ihren im Krieg vermissten Sohn Theo. Bis heute sind sie noch nicht über diesen Verlust hinweg, aber mit ihrem Enkelsohn ist ein neues Licht in ihr Leben gekommen. Vielleicht hilft er ihnen, den Verlust endlich zu verschmerzen.

Heiligenwald, den 2.8.1954
Heinz ist ein Kerlchen wie aus dem Bilderbuch! Jeden Tag macht er uns neue Freude. Er ist so drollig, so klug, und schlagfertig dazu, obwohl er gerade erst zwei geworden ist. Er ist Omas Liebling und Opas Schatz. Durch ihn sind sie endgültig über den Verlust ihres Sohnes hinweggekommen.

In ihrem Tagebuch hat Sylvia sogar die ersten Wörter ihres Sohnes festgehalten und Bilder aus seinen beiden ersten Lebensjahren eingeklebt: Heinz in der Badewanne, Heinz auf dem Balkon, Heinz und sein erster Roller, Heinz auf seinem ersten Waldspaziergang und bei Oma Frieda in Altstadt, sein erstes und zweites Weihnachtsfest.

Als mein Bruder in die Schule kam, machte er seinen Eltern und Großeltern viel Freude. In Mamas

Tagebuch ist nachzulesen, dass er sehr aufgeweckt war und fleißig lernte, sodass sie für ihn eine große Zukunft sahen. Mit mir, das hielt sie auch fest, ging er sehr liebevoll um. Das Verhältnis zu seiner größeren Schwester dagegen muss dem von Kampfhähnen geglichen haben. Von Zeit zu Zeit müssen sie sich gekloppt haben wie die Kesselflicker. Dann kehrten aber immer wieder friedliche Zeiten ein.

Da sich Heinz schon sehr früh fürs Fotografieren und Filmen interessierte, schenkten die Eltern ihm zum zehnten Geburtstag einen Fotoapparat und zum zwölften eine Filmkamera. Das war zu einer Zeit, als die meisten Menschen an so etwas noch nicht einmal dachten. Diese Acht-Millimeter-Kamera wusste er so geschickt zu handhaben und Szenen so eindrucksvoll festzuhalten, dass selbst die Eltern mit dem Gedanken spielten, er könne eine entsprechende berufliche Laufbahn einschlagen.

Dass mein Bruder so gut und so gerne filmte und fotografierte, kam der ganzen Familie zupass. Oma und Opa waren vor allem daran interessiert, dass er alle Familienfeiern auf Zelluloid bannte, meinen Eltern und Edda schien insbesondere daran gelegen, dass er ihre Bühnenauftritte filmisch festhielt, sodass sie sich die Szenen immer wieder anschauen konnten, um die eigene Leistung zu verbessern. Ich als Nesthäkchen hatte zu dieser Zeit noch keine Meinung oder Ambitionen in dieser Hinsicht.

Heinz fiel aber nicht nur als begabter Filmer und Fotograf auf – mittlerweile entwickelte er seine Filme sogar selbst –, er zeigte auch noch andere Talente. Wie die meisten Mitglieder unserer Familie war er sehr musikalisch. Um diese Liebe zur Musik auszuleben, hatte er sich ein Schlagzeug gewünscht. Papa wäre auch bereit gewesen, es ihm zu kaufen, aber Oma erhob Einspruch. Sie fürchtete, wenn der Bub ständig übe, würde man im ganzen Haus keine Ruhe mehr haben. Also bekam der Junge eine bescheidene Trommel. Auf dieser übte er tatsächlich wie besessen, sodass er bald beim Fanfarenzug mitspielen konnte.

Auch bei der Jugendfeuerwehr zeigte er sich sehr engagiert, und er trug sich schon mit dem Gedanken, später zur Berufsfeuerwehr zu gehen.

Gegen Ende der Schulzeit wurde er jedoch immer stiller und in sich gekehrter und zeigte zu nichts mehr Lust. Anfangs dachte sich keiner etwas dabei, schließlich aber schob man es auf die Pubertät. Dann kam eine Phase, in der er sehr lebhaft war, aus sich herausging, die tollsten Ideen entwickelte und eine Menge Zukunftspläne hatte. Auch dieses Verhalten schob man auf die Pubertät.

Nach einiger Zeit wurde er wieder stiller, lustloser und interessierte sich für nichts mehr. Dann nahte seine Schulentlassung, und es stand eine Entscheidung an. Schließlich muss ein Mann einen ordentlichen Beruf erlernen, damit er mal eine Familie ernähren kann. Großvater Sepp sah die Zukunft seines Enkels im Kohlebergbau. Weil er den Burschen für sehr intelligent hielt, meinte er: »Lerne erst mal den Beruf des Bergmanns von der Pieke auf. Dann kannst du später eine Zusatzausbildung machen und Bergbau-Ingenieur oder Steiger werden. Das sind Positionen, in die ich leider selbst nie kommen konnte.«

Nein, das war absolut nicht Heinz' Welt. Opa war schon sehr enttäuscht darüber, dass sein »Ziehsohn« nicht in seine Fußstapfen treten wollte.

Da meinem Bruder in der Schule das Zeichnen besonders gelegen hatte, machte Papa den Vorschlag, er solle doch Technischer Zeichner werden. Diesen Gedanken griff Heinz auf, wenn auch nicht gerade mit großer Begeisterung. Helmut fand schnell eine Lehrstelle für ihn, und der Sohn begann seine Lehre.

Mal kam er ganz euphorisch nach Hause, mal sehr niedergeschlagen. Wenn man ihn fragte, was los sei, waren seine Kollegen an seinen wechselnden Stimmungen schuld. In der Lehrwerkstatt machten ihm nicht nur die Mitarbeiter das Leben schwer, sondern auch sein Vorgesetzter bzw. Lehrmeister. Der schikaniere ihn und habe die Äußerung gemacht: »Ihr Weißkittel vom Zeichenbüro wollt euch beim Schweißen nicht die Hände schmutzig machen.« Sogar die anderen Lehrlinge hatten ihn angeblich auf dem Kieker. Sie nannten ihn »Schlagerkönig Roy«. In der Tat hatte er eine gewisse Ähnlichkeit mit dem Schlagersänger Roy Black, der in den Sechzigerjahren seine größten Erfolge hatte.

Ein solcher Vergleich ist nun eigentlich nichts Schlimmes, für meine Begriffe sah Roy Black nämlich blendend aus – manch einer wäre sogar stolz auf einen solchen Vergleich gewesen –, aber Heinz reagierte sehr sensibel darauf. Ob es in der Werkstatt wirklich so schlimm zuging, wie er uns das geschildert hat, kann ich nicht beurteilen. Nun gut, alles in allem würde man das, was ihm in seinem Lehrbetrieb widerfuhr, heute wohl als »Mobbing«

bezeichnen; dieses Wort war aber damals noch nicht »erfunden«.

Vielleicht lag es ja nur daran, dass mein Bruder überempfindlich auf alles reagierte. Seine Situation empfand er letztlich als so schlimm, dass er alles hinschmiss und die Lehre kurz vor der Abschlussprüfung abbrach. Jetzt endlich begriffen meine Eltern, dass etwas mit ihrem Sohn nicht stimmte. Der Hausarzt überwies ihn in ein Krankenhaus, wo man ihn ausführlich untersuchte. Auch lud man alle Familienmitglieder ein und befragte sie ausführlich über den Patienten. Nach kurzer Zeit kam dann die niederschmetternde Diagnose: Er sei manisch-depressiv. Das war ein schwerer Schlag für ihn, aber auch für die ganze Familie.

Mit der Jugendfeuerwehr war es nun auch vorbei. Als diese Gemeinschaft von seiner Krankheit erfuhr, wurde er nicht mehr als vollwertiges Mitglied akzeptiert, keiner wollte mehr etwas mit ihm zu tun haben. Also konnte sich Heinz den Wunsch, Berufsfeuerwehrmann zu werden, gleich komplett abschminken.

Das Gleiche geschah ihm beim Fanfarenzug. Man gab ihm unverblümt zu verstehen, dass man in ihren Reihen keinen Geisteskranken gebrauchen könne. Noch blieb ihm die Illusion, er könne sein Hobby Filmen und Fotografieren zum ernstlichen Beruf machen und als Kameramann beim Fernsehen landen – das war jedoch weit von der Realität entfernt. Er bewarb sich bei einigen Sendern, bekam aber keine Antwort, noch nicht einmal eine Absage. Das kränkte ihn sehr.

In dieser Zeit traf ihn auch noch ein anderer Schicksalsschlag – man kann sagen, ein selbst verschuldeter. Beim Eislaufen auf dem nahe gelegenen Weiher war er wohl zu waghalsig gewesen. Bei einem Sprung stürzte er und landete voller Schwung auf dem Mund, alle Schneide- und Eckzähne im Oberkiefer brachen ab. Also verpasste ihm der Zahndoktor für den Oberkiefer eine Vollprothese, eine arg schlimme Erfahrung für einen Siebzehnjährigen.

Da sich sämtliche beruflichen Ambitionen meines Bruders so schnell in Luft aufgelöst hatten, nahm der Vater ihn in seinen Dekorations- und Raumgestalter-Betrieb auf, dort konnte man eine Hilfskraft gut brauchen. Das Geschäft boomte.

Da Helmut inzwischen korpulenter geworden war und sich manchmal mit dem Herzen nicht so wohlfühlte, war er froh, dass der Sohn ihm half. Weitere Gründe, warum er den Sohn in seine »Firma« nahm, waren, dass er es weder einem Betrieb zumuten wollte, einen kranken Menschen anzustellen, noch seinen Sohn dazu zwingen wollte, mit fremden Menschen zusammenzuarbeiten.

Da Heinz regelmäßig seine Medikamente einnahm, ging es ihm recht gut, und er zeigte sich leistungsfähig. Zwischendurch kamen trotzdem immer wieder depressive Schübe, dann musste er stationär behandelt und wieder neu eingestellt werden. Natürlich lief nebenher auch Psychotherapie.

Als mein Bruder zwanzig war, kam seine Einberufung zum Militär. Zu der Zeit hatte er gesundheitlich gerade eine stabile Phase, also wurde er für tauglich erklärt und trat seine Grundausbildung an. Doch nach wenigen Wochen scheiterte er auch dort, man schickte ihn als dienstuntauglich nach Hause. Einerseits war er froh, wieder nach Hause zu dürfen, andererseits kränkte es ihn, dass man ihn auch dort nicht brauchen konnte. Für Vater aber war es gut, dass er seinen Gehilfen zurückbekam, und er betonte das auch Heinz gegenüber, um ihm den Rücken zu stärken.

Mein Bruder begleitete uns auch weiterhin bei unseren Bühnenauftritten. Für ihn war es wichtig, mit der Familie zusammen sein zu können und eine klare Aufgabe zu haben. Er packte an, wo es nur ging. So gingen die Jahre dahin, Krankenhausaufenthalte wechselten sich mit guten Phasen ab. Für meine Eltern stand stets das Bangen und Zittern im Raum, wie lange Heinz diesmal durchhalten würde.

Dann brach ein Schicksalsschlag über die ganze Familie herein. Dieser traf meinen Bruder aber am härtesten. Seit meine Schwester und ich verheiratet waren, lebten meine Eltern mit ihrem Sohn nur noch zu dritt in der Parterre-Wohnung. Vater pflegte immer vor meiner Mutter aufzustehen. Wenn sie gegen acht Uhr in die Küche kam, stand das Frühstück bereits auf dem Tisch. Am 7. Mai 1981 aber war es anders.

Als Sylvia die Küche betrat, wunderte sie sich, dass der Tisch noch nicht gedeckt war. Also ging sie zum Bad, um zu sehen, wo ihr Mann so lange bleibe. Beim Betreten des Badezimmers bekam sie einen riesigen Schreck. Helmut lag leblos auf dem Boden. Völlig hilflos kam die Mutter zu mir in die obere Wohnung gestürzt, ich rief sofort den Hausarzt an.

Nach seinem baldigen Eintreffen konnte dieser aber nur noch eine Diagnose stellen: Plötzlicher Herztod. Das war fünf Tage vor Vaters einundsechzigstem Geburtstag. Am Abend vorher hatte man ihm noch nichts angemerkt, da war er fidel und munter gewesen wie eh und je.

Nun stand die Mutter mit ihrem kranken Sohn allein da! Der Ehemann und Vater hinterließ nicht nur eine menschliche Lücke, seine Restfamilie war auch existenziell bedroht.

Wir beiden Töchter waren nicht nur finanziell versorgt, wir hatten auch unsere Ehemänner, bei denen wir Halt und Trost fanden in diesen schwierigen Tagen. Mutter und Bruder aber standen von einem Tag auf den anderen ohne berufliche Aufgaben da, ja, selbst ohne Auto. Den Wagen hatte Mutter gleich verkaufen müssen, weil sie sich dessen Unterhalt nicht mehr leisten konnte. Ihre Witwenrente fiel nämlich mehr als bescheiden aus. Während der Phasen seiner Selbstständigkeit hatte der Vater ja nicht in die Rentenkasse eingezahlt. Mutters ganze Freizeitaktivitäten fielen ebenfalls mit einem Schlag weg. Die Auftritte für das nächste halbe Jahr waren längst geplant, aber ohne ihren Mann konnte sie nicht auftreten. Sie musste alles hastig absagen. Nun hatte sie nur noch ihren Sohn, an den sie sich klammern konnte, und umgekehrt klammerte sich dieser an sie.

Aber nicht nur für die beiden folgte eine schlimme Zeit, nein, auch für mich. Ich lebte mit meinem Mann zwar in einer eigenen Wohnung, aber mit Mutter und Heinz im selben Haus. Daher bekam ich die ganze Misere der folgenden Jahre mit. Anfangs ging es ja noch; durch die psychiatrische Klinik wurde mein Bruder auch zu Hause zufriedenstellend betreut. Doch immer wieder musste er stationär aufgenommen werden, in immer kürzeren Abständen. Natürlich besuchten wir ihn regelmäßig, aber diese Besuche waren für Mutter und mich sehr belastend. Wir mussten mit ansehen, dass er von Drogensüchtigen und Alkoholabhängigen im Entzug umgeben war. Zeitweilig muss die Klinik sogar überbelegt gewesen sein, dann hatten sie noch nicht einmal ein Zimmer für ihn. Tagsüber stand sein Bett auf dem Flur und am Abend wurde es in den Baderaum geschoben. Wie kann man dabei psychisch gesunden?

Auch gab es Pfleger, die mit Heinz menschenunwürdig umgingen. Sie behandelten ihn wie einen Unzurechnungsfähigen. Das merkten nicht nur wir, er selbst spürte ihre herablassende Haltung und sogar Feindseligkeit. Er war ein sehr sensibler Mensch, er bekam alles mit. Aber nicht nur das, er war ein wirklich liebenswerter Mensch. Trotzdem ließ man ihn oft stundenlang in dem engen Raucherzimmer sitzen, so machte er offenbar die wenigste Arbeit.

Bald konnte ich diese Besuche meiner Mutter nicht mehr zumuten. Sie schien mit der Situation völlig überfordert. Deshalb erbot ich mich, zu den Besuchszeiten allein zu Heinz zu gehen. Ich brachte ihm frische Wäsche und nahm die Schmutzwäsche mit. Auf seinen Wunsch kaufte ich ihm auch immer wieder große Mengen an Zigaretten, bis ich dahinterkam, dass er in seiner Gutmütigkeit die meisten davon verschenkte.

Als er mal wieder zu Hause war, konnte meine Mutter mit der schwierigen Situation nicht umgehen. Mit ihrer Stärke war es vorbei. So begann sie, heimlich von den Tabletten ihres Sohnes welche abzuzweigen und zu sammeln. Als sie glaubte, genügend davon beisammen zu haben, unternahm sie damit einen Suizidversuch. Das war 1995. Mein Bruder fand sie am Morgen fast leblos in ihrem Bett und einen Abschiedsbrief auf dem Nachttisch. Zum Glück war er zu dieser Zeit in der Lage, richtig zu reagieren. Er bestellte sofort einen Krankenwagen.

Im Krankenhaus wurde ihr sogleich der Magen ausgepumpt, und man behielt sie noch einen Tag zur Beobachtung. Währenddessen befand ich mich für drei Tage bei meiner Schwester in Holland. Bei meiner Rückkehr holte mein Mann mich vom Bus ab. Er sprach über dieses und jenes, aber es wirkte sonderbar auf mich. Erst als ich ihn fragte, was los sei, erzählte er mir, was vorgefallen war, und mir wurde klar, dass die Mutter das genau geplant hatte: Für ihre Flucht aus dem Leben hatte sie exakt die Zeit gewählt, zu der ich nicht zu Hause sein würde. Dass ihr Versuch gescheitert war, lag nicht nur daran, dass zehn Tabletten für ihr Vorhaben zu wenig gewesen sind, sondern vor allem daran, dass es keine Schlaftabletten gewesen waren. Es handelte sich vielmehr um ein stimmungsstabilisierendes Medikament, das sie eingenommen hatte. Aber das verrieten wir ihr gar nicht erst.

Am nächsten Tag holte ich sie nach Hause. Da sich aber an ihrer häuslichen Situation nichts gebessert hatte, befürchtete ich, dass sie einen erneuten

Selbsttötungsversuch unternehmen würde. Tagsüber bewachte ich sie, so gut es ging, und mein Bruder, der sich durch ihr selbstzerstörendes Verhalten noch mehr in seiner Existenz bedroht sah, guckte auch des Nachts hin und wieder leise in ihr Schlafzimmer.

Als sie ihm eines Tages empfahl, er solle doch eine Überdosis von seinen Tabletten schlucken, bewachte er sie noch aufmerksamer. Trotzdem kam, was kommen musste. Nach etwas mehr als einem Jahr entdeckte er, dass in seiner Medikamentenschachtel plötzlich viele Pillen fehlten. Das war ein Alarmzeichen für ihn. Er stürzte ins Schlafzimmer der Mutter und fand sie erneut in der gleichen Situation vor. Sie atmete nur noch schwach, und auf dem Nachttisch lag wieder ein Abschiedsbrief.

Er nahm sich nicht die Zeit, diesen zu lesen, sondern bestellte sofort wieder den Krankenwagen, der Sylvia mit Blaulicht in die nächste Klinik brachte. Dann benachrichtigte er mich erst und später las er den Brief.

Ich brachte nicht die Kraft auf, Mutters Abschiedsbriefe zu lesen, so weiß ich weder, was im ersten, noch, was im zweiten stand. Diesmal hatte die Mutter also nicht mühselig Tabletten gesammelt, sondern in einer Spontanaktion gleich zwanzig Stück aus der Schachtel genommen und geschluckt. Aber wie gesagt, es waren keine Schlaftabletten, sonst wäre die Hilfe vielleicht zu spät gekommen. Auch dass mein Bruder das Fehlen der Tabletten rechtzeitig bemerkt hatte und nicht erst nach Stunden, war vermutlich lebensrettend für sie gewesen. Diesmal begnügte man sich im Krankenhaus nicht nur mit Magenauspumpen. Da es eine Wiederholungstat war, behielt man sie über Wochen dort und behandelte sie psychotherapeutisch.

Während die Mutter in der Klinik lag, musste ihr Sohn ja versorgt werden. Ich besaß aber nicht die Kraft, mich rund um die Uhr um ihn zu kümmern, schließlich hatte ich zu der Zeit genügend eigene Probleme, doch davon später.

Es gelang mir, Heinz in einer Tagesklinik unterzubringen, die Nächte aber verbrachte er in der eigenen Wohnung. Das Alleinsein hatte er jedoch noch nie zuvor durchgemacht. Hinzu kam, dass sich das Krankheitsbild verschlimmert hatte. Nun, da die Kontrolle durch die Mutter fehlte, kam er mit seinen Medikamenten nicht zurecht. Zwar guckte ich morgens und abends nach ihm, ich hielt seine Wohnung in Ordnung und machte seine Wäsche, doch ich fühlte mich zusehends mit der Verantwortung für ihn überfordert.

Schließlich wusste ich mir keinen Rat mehr und wandte mich an seinen Betreuer. Dieser riet mir dringend, den Bruder in eine Behinderten-Einrichtung zu geben. Das würde auch für unsere Mutter das Beste sein, wenn sie aus der Klinik heimkäme. Müsste sie sich nämlich gleich wieder um den kranken Sohn kümmern, wäre der nächste Suizidversuch bereits absehbar.

Bei ihrer Heimkehr empfand sie es wirklich als Erleichterung, dass man ihr die Verantwortung für den Sohn abgenommen hatte. Dennoch war sie nicht mehr die Alte. Obwohl man sie über lange Zeit psychotherapeutisch behandelte, hatte sie ihren Lebensmut verloren. Sie wirkte niedergedrückt und schien selbst depressiv oder kurz davor zu sein. Jeden Tag musste ich Angst haben, dass sie sich wieder etwas antat. In meiner Not sprach ich mit ihrem Psychiater, der mir empfahl, sie in einem Pflegeheim unterzubringen. Dort würde sie entsprechend überwacht werden, und ich sei der Verantwortung enthoben. Denn, so meinte er, wenn ich weiterhin dieser großen psychischen Belastung ausgesetzt sei, ginge ich vor die Hunde. Damit wäre meiner Mutter auch nicht gedient.

Als ich ihr den Vorschlag unterbreitete, wehrte sie sich zunächst heftig gegen dieses Ansinnen. Nach einigen Monaten aber hatte ich sie wenigstens so weit, dass sie bereit war, sich mit mir einige Heime in der näheren Umgebung von innen anzuschauen. Sie entschloss sich dann für jenes in Schiffweiler, weil sie in diesem Ort zur Welt gekommen war. Also meldete ich sie an und musste nur noch darauf warten, dass ein Platz frei wurde. In dieser Zeit bereitete ich schon mal alles für ihren Umzug vor.

Anfang 2000 war es so weit. Sie durfte sogar eigene Möbel mitbringen, sodass ihr alles vertraut sein würde, hoffte ich. Aber das nahm sie gar nicht wahr. Sie ließ alles willenlos geschehen und fügte sich teilnahmslos in ihr Schicksal. Fortan war es meine Aufgabe, zwischen dem Altenheim und dem Behindertenheim hin- und herzupendeln, was mir wirklich nicht leichtfiel.

Für mein eigenes Leben blieb so gut wie keine Zeit mehr. Doch nach einigen Wochen machte ich eine

erfreuliche Beobachtung: Mutter schien wie ausge-
wechselt. Sie war, was keiner für möglich gehalten hatte, wieder auf die Beine gekommen, wie man so sagt.
Lag es daran, dass ihr erst jetzt richtig bewusst geworden war, dass ihr die Riesenlast, sich um den kranken
Sohn zu kümmern, von den Schultern genommen
war? Nein, das konnte es nicht sein. Mir fiel auf, dass
sie sich rege um ihre Mitbewohner kümmerte. Sie sang
ihnen lustige Lieder vor und erfreute sie mit alten
selbst erdachten Gedichten. Es war wie in früheren
Zeiten. Sie setzte sich hin und nahm das Schreiben
wieder auf. Alles, was sie im Heim erlebte und beobachtete, goss sie in Verse und trug sie zu verschiedenen
Anlässen vor. Das war es, was sie seelisch gesunden
ließ. Sie hatte nicht nur eine Aufgabe, sondern kehrte
zu ihrer Berufung zurück. Das Zirkuspferd war wieder durchgebrochen. Sie hatte wieder ihre Bühne und
ihr geliebtes Auditorium. Ich hätte nie gedacht, dass
sie nochmals so glücklich werden könnte.

In der Zwischenzeit war in Heiligenwald ein neues Seniorenheim errichtet worden. Sobald sie davon
erfuhr, siedelte sie über. Dort fühlte sie sich noch
wohler, denn von ihrem Zimmer aus konnte sie unser Haus sehen, in dem sie immerhin über siebzig
Jahre lang gelebt hatte.

Auch in ihrer neuen Umgebung »mischte« sie die
Bewohner gründlich auf. Einige traf sie wieder, die
sie von früher her kannte. Es dauerte aber auch nicht
lange, da hatte sie mit allen anderen auch Bekannt-
schaft geschlossen.

An ihrem achtzigsten Geburtstag, am 29. August
2005, wurde sie der gefeierte Star. Sie war aber nicht

nur die Jubilarin, sondern auch ihr eigener »Festredner«. Sehr zur Erheiterung ihrer Mitbewohner trug sie vieles aus ihren Leben, also aus ihren »gesammelten Werken«, vor.

Meine Aufgabe bestand weiterhin darin, meinen Bruder in dem Behindertenheim zu besuchen. Er war nicht mehr in der Lage, seine Mutter aufzusuchen. Auch sie brachte nicht die Kraft auf, zu ihm ins Heim zu gehen, legte aber größten Wert darauf, dass ich ihr immer ausführlich berichtete, wie es ihm ging.

So musste ich ihr zu Anfang 2004 mitteilen, dass Heinz häufig über Schwindel klagte. Wenig später machte ich die Beobachtung, dass er beim Gehen so unsicher wirkte. Zunächst schob ich das auf die Medikamente, die er in recht großen Mengen einnehmen musste, doch seine Unsicherheit beim Gehen nahm von Mal zu Mal zu. Deshalb drängte ich darauf, dass man die längst fällige gründliche Untersuchung vornahm. Die Diagnose: Parkinson. Insbesondere für Mutter war das eine niederschmetternde Nachricht. Nach einigen Tagen hatte sie sich aber wieder etwas gefangen. Sie hatte die Gabe, sich durch ihre Dichtkunst abzulenken.

Diese Krankheit sollte Heinz schon bald an den Rollstuhl fesseln. Am 10. November 2006 musste ich meiner Mutter die Nachricht überbringen, dass ihr einziger Sohn diese Erde für immer verlassen hatte. Nach kurzem Krankenhausaufenthalt war er im Alter von vierundfünfzig Jahren an Organversagen gestorben.

Von Sylvia hatte ich nun einen Verzweiflungsausbruch erwartet. Doch zu meiner Überraschung nahm sie diese Mitteilung sehr gefasst auf. Irgendwie muss sie schon auf seinen Tod vorbereitet gewesen sein. Sie wusste ja, wie krank Heinz wirklich gewesen war. Ihr einziger Kommentar lautete: »Er hat kein gutes Leben gehabt. Jetzt ist er erlöst.«

An seiner Beerdigung wollte sie nicht teilnehmen. »Das regt mich zu sehr auf. Ich kann zu Hause um ihn trauern«, erklärte sie mir.

Im Heim gestaltete man eine würdige Trauerfeier. Im Altarraum der Kapelle hatte man die Urne aufgestellt und ein Foto von ihm, das noch aus besseren Tagen stammte, stand daneben. An der Feier nahmen nur wenige Heimbewohner teil, was verständlich ist, denn jeder litt ja an einer mehr oder weniger starken Behinderung. Anschließend wurde die Urne anonym beigesetzt. Ich hätte es gut gefunden, wenn man ihn im Grab des Vaters bestattet hätte, aber das war längst eingeebnet worden. Wir brauchen auch kein Grab, an dem wir um Heinz trauern können, er lebt in unseren Herzen weiter.

Die Mutter lebte noch drei weitere erfüllte Jahre. Ein langes Krankenlager blieb ihr erspart. Am 20. Januar 2009, zwei Tage, bevor ich meinen Fünfzigsten gefeiert hätte, starb sie ganz überraschend an einer Thrombose.

Die Trauerfeier für meine Mama fand im Seniorenheim statt. Zu dieser war natürlich auch meine Schwester gekommen. Vorher hatte sie einen Antrag gestellt, dass sie die Urne ihrer Mutter mit nach Holland nehmen dürfe. Ein halbes Jahr lang hob sie diese in ihrem Wohnzimmer auf. Als alles grünte und blühte, fuhr ich nach Holland, um gemeinsam mit meiner Schwester die sterblichen Überreste unserer Mutter beizusetzen. Dafür hatte Edda einen besonders schönen Platz in ihrem Garten gewählt. Die Mutter fand ihre letzte Ruhestätte unter einer alten Kastanie, die in dem Moment in voller Blüte stand.

Natürlich hatte uns schon bald und immer wieder die Frage beschäftigt, was zur Erkrankung unseres Bruders geführt haben mochte. Auch mit seinem Arzt habe ich mich darüber unterhalten. Für meine Schwester und mich war es in Bezug auf eigene Nachkommen wichtig, zu erfahren, ob diese Krankheit erblich ist. Der Arzt konnte uns einigermaßen beruhigen. Die Ursachen einer manisch-depressiven Erkrankung seien noch nicht restlos erforscht. Er meinte, dass ein Zusammentreffen verschiedener Faktoren dafür verantwortlich sei. Gewiss, eine Veranlagung dazu müsse vorhanden sein, wir forschten also in der Verwandtschaft und gingen in unserer Ahnenreihe so weit wie möglich zurück. Aber in der gesamten Familie entdeckten wir keinen Fall von solch einer Erkrankung. Das beruhigte uns natürlich sehr.

Eine der Ursachen bei Heinz war vielleicht die hormonelle Umstellung in der Pubertät, eine weitere, dass all seine Pläne zum Scheitern verurteilt waren, und auch die hochgesteckten Ziele im Elternhaus trugen dazu bei. Gewiss, er hatte Begabungen. Wenn einem aber immer das Äußerste abverlangt wird, kann das dazu führen, dass man sich überfordert fühlt.

Oh, mein Papa!

Als ich den Chanson »Oh, mein Papa!« zum ersten
Mal im Radio hörte, dachte ich, er sei meinem Vater
auf den Leib geschrieben worden. Doch bald kam
ich dahinter, dass er aus der musikalischen Komödie
»Das Feuerwerk« von Paul Burkhard stammte, die
auch verfilmt worden ist und auf die Mundart-Fas-
sung von »Der schwarze Hecht« von 1939 zurück-
geht.

Bei der nächsten sich bietenden Gelegenheit
schaute ich im Kino den gleichnamigen Film an, in
dem die junge Lilli Palmer und die noch sehr junge
Romy Schneider mitwirkten. Dieser Film hat mich
stark beeindruckt, weil ich viele Züge meines Papas
wiedererkannte.

Bis zu meinem dreizehnten Lebensjahr hatte ich
meinen Vater eigentlich gar nicht gekannt. Für mich
war er der Mann gewesen, der am Freitagabend spät
nach Hause kam, am Samstag mit der Familie früh-
stückte und nach dem Mittagessen mit Mutter, Bruder und Schwester per Auto davonbrauste. Wenn
meine Familie sonntagnachts nach Hause kam, lag
ich junges Ding schon längst in den Federn.

Nachdem mich Papa aber auf die Show-Bühne geholt hatte, lernte ich ihn erst wirklich kennen. Allein die Art, wie er mit mir probte, zeigte ihn mir
von einer völlig neuen Seite. Er zeigte sich geduldig
und einfühlsam, war lustig und humorvoll, konnte
aber auch sehr ernst und tiefgründig sein. Nach jedem unserer gemeinsamen Auftritte war er mir als
Papa näher als zuvor. Hinter der Bühne, in den

Pausen oder nach der Vorstellung erzählte er den erstaunt lauschenden Mitstreitern aus seinem bewegten Leben. Meist saß ich dann unbeachtet in einer dunklen Ecke und sperrte Mund und Ohren auf, damit ich nur ja keines von seinen Worten verpasste. Auf diese Weise erfuhr ich von seinen Kinder- und Jugendstreichen, von denen ich weiter vorn einige beschrieben habe, auch von seinen künstlerischen Aktivitäten im Kriegsgebiet und im Gefangenenlager und davon, dass ihn die Leidenschaft für die Bühne sein ganzes Leben lang nicht losließ. Immer neue Ideen hatte er entwickelt, in immer neue Rollen war er geschlüpft, stets trieb ihn das besondere Anliegen, sein Publikum trefflich zu erheitern.

»Der arme Unsereiner«

Die erste Rolle, in die mein Vater für seine Bühnenauftritte geschlüpft war, nannte er »Der arme Unsereiner«. Damit stellte er sich von vornherein auf eine Stufe mit den Menschen im Publikum. Mit dieser Rolle konnten sich viele von ihnen identifizieren, das machte diese Figur so erfolgreich. Heute würden die kleinen Szenen vielleicht niemanden mehr hinter dem Ofen hervorlocken. Damals aber, in der von Entbehrungen geprägten Nachkriegszeit, erkannte sich der kleine Mann (und die kleine Frau) mit seinen Sorgen und Nöten darin wieder. Da mein Vater die traurigen Erlebnisse, auf die jeder zurückblickte, heiter verpackte, zog er ihnen den Stachel. Indem die Menschen über ihn lachten, lachten sie über sich selbst. Sie erkannten, dass man sich und seine Alltagssorgen nicht so ernst nehmen darf, und fühlten sich auf wundersame Weise erleichtert.

»Die doof' Nuss«

Vaters zweite Bühnenfigur, »Die doof' Nuss«, hatte er von einem Kölner Karnevalsverein entlehnt. Die hatten nichts dagegen, denn zu diesem Verein hatte er einen guten Draht. Eine Abordnung der Karnevalsgesellschaft »Fidele Kölner« wurde im Februar 1973 bei uns in Neunkirchen in einer Kappensitzung mit stürmischen Alaaf-Rufen empfangen. Und umgekehrt, als im Jahr darauf mein Vater mit einer Abordnung der Roten Funken auf einer Kappensitzung in Köln erschien, schrien alle vollauf begeistert: »Helau!«

Mit der »doof' Nuss« setzte mein Vater noch eins drauf. Während er sich als »armer Unsereiner« auf eine Stufe mit seinem Publikum gestellt hatte, platzierte er sich nun sogar eine Stufe darunter. Indem er einen Menschen verkörperte, dem alles misslang, der so dumm war, dass er selbst die einfachsten Dinge des Alltags nicht meisterte, gab er den Zuschauern das gute Gefühl, schlauer zu sein.

»Der Hund Casanova«

Eine andere Lieblingsfigur von Helmut war »Der Hund Casanova«. Allein sein Outfit war schon zum Schreien: Den Vierbeiner-Schwanz bildete der Schweif von Omas Fuchspelz, auf dem Kopf trug er ihre braune Fellmütze mit angestrickten Schlappohren, an Armen und Beinen ihre braunen Stützstrümpfe. Das Halsband, das »Casanova« bei seinem Auftritt zunächst im »Maul« trug, hätte jeden echten Hund zu Begeisterungsstürmen hingerissen. Es bestand nämlich aus einem echten Ringel Fleischwurst (Lyoner!).

Wenn er so die Bretter betrat, tobten die Leute schon. Und wenn er dann loslegte und über die Macken von seinem Herrchen und Frauchen herzog, gab es immer wieder Zwischenapplaus. Hauptsächlich aber prahlte Casanova mit seinen Erfolgen bei den Hundedamen. Aber auch seine Misserfolge verschwieg er nicht, sie kamen alle dran. Er schwärmte von einer riesigen Bernhardinerhündin mit blendendem Aussehen. Er aber sei zu klein gewesen, um an sie heranzukommen. Andererseits gab es eine Chow-Chow-Hündin im Westentaschenformat, die ihm schöne Augen machte, die für ihn aber viel zu klein war. Es gab eine eingebildete Pudeldame, die ihm stets die kalte Schulter zeigte; eine aufdringliche Dackelin, die ihm immer nachstelle, ihm jedoch zu temperamentvoll war; eine fette Basset-Dame, die ihm zu träge war; oder das windschnittige, langhaarige Afghanen-Weibchen, das ihn immer wieder abblitzen ließ.

Er lästerte über eine standesbewusste Schäferhündin, die ihm mit dem Hinweis auf ihre reinrassige Abstammung einen Korb gegeben hatte. »Casanova« war natürlich eine Promenadenmischung, die sich etwas darauf einbildete, gleich mit mehreren Stammbäumen aufwarten zu können.

Aber nicht nur über Stammbäume berichtete er, sondern auch über seine Lieblingsbäume am Straßenrand und über seine Lieblingshausecken, die er zu »begießen« pflegte; und darüber, wie die Hausbesitzer ihm deswegen übel mitgespielt hatten. Sie alle wurden durch den Kakao gezogen, natürlich auch die Herrchen und Frauchen seiner Angebeteten, die meist zu eingebildet waren und ihn, den tollen Casanova, nicht an ihre Lieblinge heranlassen wollten.

Aus der Bahn geworfen

Wie wir sehen, hat der Tod meines Vaters einige von uns regelrecht aus der Bahn geworfen, und auch ich wurde nicht verschont. Nachdem ich geheiratet hatte, arbeitete ich weiter im Familienbetrieb mit, wie bereits erwähnt als Gardinen-Näherin. Doch nun war damit Schluss. Das bereitete mir aber keine Sorgen, mein Mann verdiente ja als Bäcker genug, um mich ernähren zu können. In jener Zeit machte mir eher Sorgen, dass ich noch immer kein Kind hatte. Zu einer Ehe gehören für mich Kinder dazu. Ich stellte es mir so schön vor, so ein kleines Wesen aufzuziehen und immer für es da zu sein.

Wie war ich glücklich, als ich endlich nach vier Jahren erste Anzeichen einer Schwangerschaft bemerkte! Es lief alles glatt und problemlos. Am 19. März 1984 setzten morgens um halb acht bei mir die Wehen ein. Mein Mann brachte mich umgehend ins Krankenhaus, und um halb drei war unser Sohn schon da. Wir nannten ihn Markus.

Nicht, dass ich darüber enttäuscht gewesen wäre, dass es ein Bub war, aber während der ganzen Schwangerschaft hatte ich damit gerechnet, dass es eine Tochter werden würde. Für diese hatte ich schon einige Puppen gesammelt, denn das Mädchen sollte es mal besser haben als ich. Fast bis zu meinem sechsten Lebensjahr hatte ich keine eigene Puppe besessen. Ich durfte immer nur mit denen meiner Schwester spielen, wenn sie es huldvoll erlaubte. Zu Weihnachten 1964 bekam ich endlich eine eigene! Wie war ich selig! Zum Glück bekam Edda gleichzeitig eine neue, sodass ich nicht zu befürchten brauchte, wir müssten uns meine Puppe teilen.

Ich war eine sehr glückliche Mutter. All die Liebe, die ich einer Tochter zugedacht hatte, schenkte ich meinem Sohn. Er wuchs problemlos auf, und ich freute mich über jeden Fortschritt. Das hinderte mich aber nicht daran, weiterhin Puppen zu sammeln. Da inzwischen in der Verwandtschaft und im Bekanntenkreis jeder von meinem Hobby wusste, »liefen« sie mir von allen Seiten zu. Bei mir landeten alle möglichen Exemplare aus den letzten hundertzwanzig Jahren. Interessant, zu sehen, wie sich die Puppen von Jahrzehnt zu Jahrzehnt verändert haben. Allein das Material der Köpfe ist immer wieder ein anderes: Sie sind aus Porzellan, aus Ton, aus Holz, aus Leder oder aus Stoff, während die Körper lange Zeit nur aus Stoff gefertigt und meist mit Lumpen gefüllt wurden. Einige der Stoff- und Lederköpfe sind mit Holzwolle, mit Sägemehl, mit Lumpen oder gar mit Stroh ausgestopft. Erst nach dem

Aufkommen von Zelluloid bestanden die Puppen ganz aus diesem Material.

Jeden »Neuankömmling« wickelte ich sorgfältig in Zeitungspapier und verstaute ihn in dem großen Reisekorb meines Vaters, der leider ausgedient hatte. Sobald mein Töchterchen da sein würde, wollte ich nach und nach die Puppen auspacken, mit einem neuen Kleidchen versehen und ihm zum Spielen geben. So verging Jahr um Jahr, aber weiterer Kindersegen stellte sich nicht ein. Vielleicht ist das ganz gut so, dachte ich zu Beginn der Neunzigerjahre, als es mit meinem Bruder immer schlimmer wurde und gar als die Zeit kam, da meine Mutter die Versuche unternahm, aus dem Leben zu scheiden.

Vermutlich waren es gerade die massiven familiären Sorgen, warum mein Körper sich weigerte, neues Leben aufzunehmen. Von dieser Erkenntnis ließ ich mich aber nicht niederdrücken. Ich freute mich weiterhin an meinem Sohn, der sehr pflegeleicht war, und dem ich meine Liebe weiterhin ungeteilt geben konnte. Zu meiner Freude zeigte er sportliche Ambitionen, machte ausgedehnte Radtouren und schwamm sehr gerne. Das veranlasste seinen Vater, im Garten einen Swimmingpool aufzustellen, den er günstig gebraucht erwerben konnte. So hatte unser Sohn eine wirklich schöne Kindheit und machte uns wenig Sorgen.

Die Schulzeit durchlief er ohne jegliche Probleme. In der neunten Klasse musste er, wie jeder Schüler, ein Betriebspraktikum machen. Dieses leistete er in einer Elektro-Firma ab. Die Arbeit dort machte ihm Spaß, und im Betrieb zeigte man sich so zufrieden mit ihm, dass man ihm eine Lehrstelle anbot.

Sogar eine erste Freundin hatte er schon – durch einen Streich hatte er sie gefunden. Damals gab es unter den Schülern ein beliebtes »Spiel«: Aus dem Telefonbuch pickte man sich eine Vorwahl heraus. Diese wählte man an und hängte noch ein paar beliebige Zahlen dran. Gespannt lauschte man dann an der Muschel, ob und wer sich wohl melden würde. Bei Markus war es zufällig ein Mädchen in seinem Alter. Tamara lebte mit Mutter und Großmutter in Ost-Berlin. Bei diesem Zufallsgespräch fanden sich die beiden so sympathisch, dass sie in Zukunft ziemlich oft miteinander telefonierten. Da es damals noch keine Flatrate gab, stieg unsere Telefonrechnung sprungartig in die Höhe, aber das bekümmerte mich nicht. Mir war es wichtig, dass Markus sich gut mit dem Mädel verstand und glücklich war.

Nach einiger Zeit machte ich ihm den Vorschlag, sie doch mal zu uns einzuladen.

Nachdem er sein Praktikum beendet und die Hauptschule abgeschlossen hatte, kam Tamara tatsächlich mit ihrer Mutter für ein paar Tage nach Heiligenwald.

Seine Lehre begann Markus im frühen Herbst 1999. Es lief alles ganz prima, doch nach einigen Wochen fiel mir auf, dass er so müde wirkte. Zunächst dachte ich, er bekäme zu wenig Schlaf, und schickte ihn abends früher zu Bett, was er widerstandslos hinnahm. Als er in den nächsten Tagen noch abgeschlagener wirkte, apathisch am Esstisch herumhing und erklärte, er fühle sich so schlapp und habe zu nichts Lust, bekam ich einen gewaltigen

Schreck. Er würde doch nicht etwa die gleiche Krankheit haben wie mein Bruder?

In den folgenden Tagen beobachtete ich Markus noch aufmerksamer als bisher, um zu sehen, ob seine Stimmung plötzlich in eine fröhliche, unternehmungslustige umschlug, was aber nicht der Fall war. Dennoch hielt ich es für angebracht, einen Arzt aufzusuchen. So ohne Weiteres konnte der nichts feststellen.

Doch trotz der Einnahme von Eisentabletten trat keine Besserung ein. Im Gegenteil, der Junge wurde immer apathischer, zeigte zunehmend Appetitlosigkeit, klagte über Leib- und Gliederschmerzen und hatte leicht erhöhte Temperatur. Als Hausmittel nicht halfen, das Fieber allmählich anstieg und Markus' Beschwerden zunahmen, ließ ich den Hausarzt kommen, der ihn zur Abklärung in die Klinik einwies.

Es dauerte einige Tage, bis man endlich die richtige Diagnose stellen konnte. Der Chefarzt bestellte uns zu sich, aber mein Mann fühlte sich nicht in der Lage, mitzugehen. So saß ich denn allein vor dem Mann im weißen Kittel, als der mir eröffnete: »Ihr Sohn leidet am Pfeifferschen Drüsenfieber.«

Mit diesem Wort wusste ich nichts anzufangen. Der Doktor, der meine Hilflosigkeit sah, meinte, die Krankheit würde durch das sogenannte Epstein-Barr-Virus hervorgerufen und verliefe normalerweise harmlos. Diese Erklärung ließ mich ebenso ratlos zurück, daher klammerte ich mich an die Wendung »normalerweise harmlos«. Ich war mir ganz sicher, Markus würde in diese Kategorie gehören.

Tatsächlich, nach knapp zwei Wochen Krankenhausaufenthalt wurde er als gesund entlassen. War ich erleichtert! Sicher, er war noch schlapp, hatte keinen rechten Appetit und zeigte wenig Unternehmungsgeist. Das war verständlich, denn das lange Liegen, das hohe Fieber und die Medikamente hatten ihn ganz schön geschlaucht. Zu meiner Freude ging es ihm von Woche zu Woche besser. Nach etwa zwei Monaten konnte er seine Lehre fortsetzen, er nahm seine Radtouren wieder auf und telefonierte ausgiebig mit Tamara. Sobald das Wetter danach war, nutzte er jede freie Minute, um in unserem Gartenpool zu schwimmen.

Doch um die Weihnachtszeit war er wieder auffallend müde und lustlos. Was hatte das zu bedeuten? Als dann noch Fieber auftrat, brachte ich ihn umgehend ins Krankenhaus. Diesmal konnte man die Diagnose wesentlich schneller stellen: Das Pfeiffersche Drüsenfieber war zurückgekehrt!

Der Chefarzt erklärte mir, das Virus sei nie ganz weg gewesen, es habe sich in der Leber festgesetzt und sei jetzt erneut ausgebrochen. Er verschwieg mir auch nicht, dass ein Neuausbruch schlimmer verlaufe, weil das Virus mutiert sei.

Er überwies Markus in eine Spezialklinik nach Homburg, ich quartierte mich bei einer Tante in der Stadt ein, damit ich nicht täglich die dreißig Kilometer hin- und herfahren musste. Mein Mann ließ sich kein einziges Mal am Krankenbett seines Sohnes blicken. Es war nicht so, dass er ihn nicht geliebt hätte. Im Gegenteil, *weil* er ihn liebte, konnte er es nicht ertragen, ihn leiden zu sehen.

Tamara aber, die Freundin aus Berlin, setzte sich sofort in den Zug und kam zu uns nach Homburg. Da sie gerade Weihnachtsferien hatte, konnte sie einige Tage mit mir bei der Tante bleiben und Markus jeden Tag besuchen. Wir wussten, er freute sich darüber sehr, aber er war zu schwach, um es zu zeigen. Er spürte selbst, dass er sehr krank war, dennoch versuchte er immer, ein wenig zu lächeln, um uns Mut zu machen. Seine Freunde und Klassenkameraden hätten ihn auch gern besucht, aber so viel Besuch erlaubte man auf der Intensivstation nicht.

Die Nachrichten, die mir der Chefarzt in der Folgezeit übermittelte, waren wirklich keine erbaulichen. Jeden Tag erhielt ich eine neue Hiobsbotschaft. Um ihm das Atmen zu erleichtern, schlossen sie Markus an ein Sauerstoffgerät an. Seine Leber war so stark geschädigt, dass er eigentlich eine Spenderleber brauchte. Aber abgesehen davon, dass sich in so kurzer Zeit kein geeignetes Organ finden ließe, würde eine Spende nicht viel nützen, weil alle anderen Organe ebenfalls geschädigt waren, erfuhr ich.

Wollte der Doktor mich auf diese Weise schonend darauf vorbereiten, dass ich mit dem Schlimmsten rechnen musste?

Als ich Markus am zehnten Tag nach seiner Einlieferung in Homburg nicht auf seinem Zimmer vorfand, erklärte mir die Schwester, er sei im Operationssaal. Hatte man vielleicht doch so schnell eine Spenderleber gefunden? Bestand also doch noch Hoffnung? Ich traute mich nicht, die Klinik zu verlassen, solange mein Sohn noch auf dem Operationstisch lag.

Wie lange ich im Foyer gewartet und gebangt habe, bis der Chef mich endlich in sein Zimmer rufen ließ, weiß ich nicht mehr. »Wir haben getan, was wir konnten«, hieß es. »Die Milz drohte zu platzen. Deshalb sahen wir uns zu einer Notoperation gezwungen, um sie zu entfernen. Es hat aber nichts genützt. Ihr Sohn ist aus der Narkose nicht mehr aufgewacht.«

Wie andere Mütter auf eine solche Nachricht reagiert hätten, weiß ich nicht. Ich schrie nicht, ich weinte nicht, ich brachte kein Wort heraus. Nur muss ich leichenblass geworden sein, sodass der Arzt befürchtete, ich könne umfallen. Deshalb läutete er nach einer Schwester. Ich nahm gerade noch wahr, wie sie eiligen Schrittes den Raum betrat, dann war ich weg. Jedenfalls fand ich mich auf der Liege im Chefarztzimmer wieder.

»Das war wohl ein bisschen viel für Sie«, meinte der Doktor und lächelte gar, als ich die Augen wieder aufschlug. »Ich habe Ihnen eine Spritze gegeben, um Ihren Kreislauf zu stabilisieren.«

Das war am 8. Januar 2001. Wie ich zum Haus der Tante gekommen bin, weiß ich nicht. Nachdem mein Kreislauf stabil schien, erlaubte man mir zwar, mich ans Steuer meines Wagens zu setzen, doch den Weg bis nach Hause zurückzulegen, traute ich mich noch nicht. Als die Tante mich in den Arm nahm, lösten sich endlich meine Tränen. Ich weinte wie ein kleines Kind, und mit jeder Träne wurde mir etwas leichter ums Herz. Erst gegen Abend wagte ich die Heimfahrt. Dort erwartete mich die nächste Enttäuschung.

Nachdem ich meinem Mann erzählt hatte, dass unser Sohn am Vormittag gestorben sei, verließ er wortlos das Zimmer. Er ist im Moment überfordert, suchte ich nach einer Entschuldigung für ihn. Es blieb also an mir hängen, mich um die Beisetzung zu kümmern. Erfreulicherweise boten mir einige Verwandte ihre Hilfe an, die ich dankbar annahm. Die Bestattung zu organisieren, hielt mich die nächsten Tage mehr oder weniger aufrecht.

Ein relativ langer Trauerzug folgte dem Sarg. Alle seine Freunde und Schulkameraden, die von der Hauptschule und die von der Berufsschule waren gekommen. Viele von ihnen drückten mir ihr Bedauern aus, dass sie sich in der Klinik nicht von ihm hatten verabschieden dürfen. Beim anschließenden Leichenschmaus in einer Gaststätte waren wir etwa sechzig Personen, hauptsächlich Verwandte. Edda war mit ihrer Familie und einigen Freunden eigens aus den Niederlanden angereist, sie blieb zum Glück noch einige Tage, was mir sehr gut tat.

Die Beerdigung stand Wolfgang noch einigermaßen gut durch, doch in den folgenden Tagen ging er mir offensichtlich aus dem Weg. Das ist wohl seine Art der Trauerbewältigung, erklärte ich mir. Ich hingegen sehnte mich danach, mich auszusprechen, über alles zu reden, was mich bewegte, und irgendwo Trost zu finden. Doch ich hatte niemanden. Mein Mann, der mir in dieser Situation der Nächste hätte sein sollen, war für mich weiter entfernt als jeder andere.

Nachdem Edda abgereist war, fühlte ich mich ziemlich verlassen. Auslandstelefonate waren damals

noch recht teuer, und außerdem hätte ich mich sowieso nicht allzu oft bei ihr ausklagen mögen. Sie
hatte ja selbst Kummer genug mit ihrem behinderten Sohn, für den sie viel Zeit aufbringen musste.

Meine Mutter war damals zu erschüttert, um an
der Beerdigung teilnehmen zu können. Der Tod ihres Enkels hatte sie wesentlich stärker berührt als
Jahre später der ihres eigenen Sohnes. »Markus war
ja noch so jung!«, gab sie ihrer Trauer Ausdruck.
»Mit sechzehn hatte er das ganze Leben doch noch
vor sich, und nun ...«

Damit war das Thema für sie erledigt. Sie vermochte es auch nicht, mir zuzuhören, wenn ich über
meine Trauer sprechen wollte. Das verstand ich nur
zu gut, befand sie sich doch gerade selbst in der Phase tiefer Depression. Es war die Zeit, in der ich befürchten musste, sie könne einen dritten Selbsttötungsversuch starten.

In diesen Tagen merkte ich, dass es meine Kräfte
überstieg, die derart niedergeschlagene Mutter und
den manisch-depressiven Bruder ständig um mich
zu haben. Da fügte es sich, dass ich für meinen Bruder einen Platz in einer Behinderteneinrichtung und
für meine Mutter einen im Pflegeheim fand.

Ich hoffte, dass es mir besser gehen würde, wenn
ich der schwer auf mir lastenden Verantwortung für
die beiden enthoben wäre. Dann würde mein Mann
bestimmt auch wieder zu mir zurückfinden, denn
durch die häusliche Anspannung, unter der ich wegen Mutter und Bruder seit Jahren gestanden hatte,
war auch Wolfgang stark in Mitleidenschaft gezogen
worden.

Aber nein, er fand nicht zurück. Im Gegenteil, die Lage wurde für mich noch unerträglicher. Jetzt, da die untere Wohnung frei war, packte er ohne jegliche Erklärung seine Siebensachen und zog nach unten. Oben bei mir ließ er sich nicht mehr blicken.

In diesem Moment ist mein Leben endgültig aus den Fugen geraten. Nach über zwanzig Jahren Ehe, nachdem ich das Schwerste durchgemacht hatte, was einer Mutter passieren kann, ließ mich mein Mann, der Vater meines Sohnes, einfach im Stich. Ich verübelte ihm das aber nicht wirklich, irgendwie konnte ich ihn sogar verstehen. Das musste wohl seine Art sein, mit der Trauer umzugehen. Für ihn war es anscheinend wichtig, allein zu sein, um diesen Schicksalsschlag zu verkraften. Ich dagegen war überzeugt, dass wir uns gegenseitig Halt und Trost geben könnten, wenn wir das Ganze gemeinsam aufarbeiteten. Doch unser Umgang beschränkte sich ab sofort nur auf das Nötigste, meist auf kurze Anrufe.

Die nächsten Tage, Wochen, Monate hegte ich immer noch die stille Hoffnung, Wolfgang werde zu mir zurückkehren. Nach einem Jahr hielt ich die Situation nicht mehr aus. Wenn du jetzt nichts unternimmst, sagte ich zu mir, dann gehst du seelisch kaputt. Also entschloss ich mich zu einer Psychotherapie.

Zunächst empfahl mir die Therapeutin eine Paarberatung, davon wollte mein Ehemann jedoch absolut nichts wissen. Also marschierte ich regelmäßig allein zu den Sitzungen. Diese halfen mir wirklich über die schwere Zeit hinweg und gaben mir Möglichkeiten an die Hand, meine Trauer aufzuarbeiten.

Ich fand neue Kraft, weiterhin die Besuche bei Sylvia und Heinz durchzustehen und später deren Tod zu verarbeiten.

Unter anderem riet mir die Psychologin, Tagebuch zu führen, was ich gewissenhaft befolgte. Auf diese Weise konnte ich mir alles von der Seele schreiben, was ich dann gemeinsam mit der Therapeutin aufgearbeitet habe. Nachdem die Therapie erfolgreich abgeschlossen war, habe ich die Tagebücher verbrannt, das markierte für mich selbst eine Art inneren Neuanfang.

Um meinem Mann nicht auf der Tasche zu liegen, hätte ich gern einen Job angenommen, zumal Arbeit bekanntlich die beste Medizin ist. Aber wo und was hätte ich arbeiten sollen? Außer Gardinennähen hatte ich ja nichts gelernt. Mit Gelegenheitsjobs hielt ich mich eine Zeit lang über Wasser. Aber mich ständig auf etwas Neues einzustellen, stand ich nervlich nicht lange durch. Also blieb ich wieder zu Hause und ließ mich von meinem Mann ernähren, ohne ein schlechtes Gewissen zu haben. Wir waren ja noch verheiratet, und er war gesetzlich dazu verpflichtet, für meinen Unterhalt zu sorgen. Außerdem wohnte er kostenlos in meinem Haus.

Aber irgendetwas musste ich doch tun! Wenn ich nur die Wände angestarrt hätte, wäre ich verrückt geworden. Also nahm ich mein schon früher gehegtes Hobby wieder auf: die Ahnenforschung. Darüber hinaus begann ich, die Jugendstreiche meines Vaters aufzuschreiben, und auch die Geschichten aus Oma Linas Kindheit. Die lustigen Begebenheiten, die sich während meiner aktiven Zeit auf und hinter der Bühne ereignet hatten, hielt ich ebenfalls fest, teils in Prosa, teils in Reimen. Das Schreiben war es, was mich in dieser Zeit aufrecht hielt.

Nachdem meine Mutter gestorben war, empfand ich zunächst eine große Erleichterung. Da mit ihrem Tod aber auch meine letzte wirkliche Verpflichtung weggebrochen war, sah ich mich erneut aus der Bahn geworfen. Wieder befand ich mich in einem seelischen Tief. Nach anderthalb Jahren merkte ich, dass ich aus diesem aus eigener Kraft nicht mehr herausfinden konnte, und begab mich abermals in die Hände einer Therapeutin. Das tat mir ausgesprochen gut und brachte mich seelisch wieder auf die Beine.

Mein Puppenhaus

Nachdem mein Sohn begraben war und Wolfgang sich von mir abgewandt hatte, war ich in ein tiefes seelisches Loch gefallen. »Damit du nicht vollends untergehst, musst du etwas tun«, sprach ich mir Mut zu. Da kam mir der Gedanke, doch ein Puppenhaus zu bauen. Das war der Traum meiner Kindheit gewesen, ich hatte immer schon eins für mein Töchterchen – das mir leider versagt blieb – bauen wollen. Nun entschloss ich mich, diesen Traum trotzdem zu realisieren.

Noch bevor ich auf die Idee gekommen war, mich ein zweites Mal in Psychotherapie zu begeben, begann ich mit dem Bau. In Vaters Werkstatt, die er sich im Stall eingerichtet hatte, fand ich noch genügend Material. Wahrscheinlich habe ich auch das handwerkliche Geschick von ihm geerbt, denn es fiel mir leicht, mein Vorhaben in die Tat umzusetzen. Zunächst zeichnete ich einen Entwurf auf Papier, dann legte ich los.

Tagelang sägte und hämmerte, klebte und malte, nähte, strickte und häkelte ich. Nachdem das Haus fertig war, stattete ich alle Räume mit zierlichen Möbeln und noch zierlicheren Haushaltsgegenständen aus, wie man sie um 1900 in bürgerlichen Wohnungen vorzufinden pflegte.

Außer der Küche befanden sich im Parterre die Speisekammer nebst Wohnzimmer. In der ersten Etage war das Elternschlafzimmer untergebracht, sowie ein Kinderzimmer. Unter dem Dach hatte ich ein naturgetreues Nähzimmer eingerichtet und eine Bibliothek mit winzigen Regalen, noch winzigeren Büchern und einem entzückenden antiken Schreibtisch.

Sogar einen kleinen Stall hatte ich angebaut, der bald von mehreren Schweinchen »bewohnt« wurde. Zum Schluss kramte ich aus des Vaters Reisekorb meine kleinsten und süßesten Püppchen heraus, die das Puppenhaus bevölkern sollten.

Etwa ein Jahr lang war ich damit beschäftigt gewesen, bis schließlich alles so aussah, dass ich zufrieden sein konnte. Da ich meine ganze Liebe in die Verwirklichung meines Traumes gesteckt hatte, lebte ich in einer anderen Welt und vergaß darüber meine Trauer, meine Einsamkeit und meine Wut. Auf diese Weise überbrückte ich das eine Jahr, in dem ich dennoch innerlich verzweifelt auf die Rückkehr meines Mannes gewartet hatte.

Nicht nur ich war glücklich mit dem Ergebnis meiner intensiven Arbeit. Auch alle meine Besucherinnen, egal ob das kleine Mädchen waren oder deren Mütter, bewunderten es.

Immer wenn mich allzu trübe Gedanken heimsuchten, setzte ich mich vor mein Werk und wanderte im Geiste von einem Stockwerk ins andere, hielt mich mal in dem einen Raum, mal in einem anderen längere Zeit auf.

Mein Puppenhaus war noch gar nicht lange fertig, da besuchte mich Melitta, meine Freundin aus Kindertagen, mit der ich so oft mit dem von Vater erbauten Kaufladen gespielt hatte. Sie wurde begleitet von Caroline, ihrem siebenjährigen Töchterchen, dessen Patin ich war. Das Kind war entzückt von dem Puppenhaus, stürzte sich sogleich darauf, behandelte aber alles mit Bedacht. Anfangs beobachtete ich die Kleine besorgt, weil ich befürchtete, die tapsigen Kinderhände könnten in meinem Werk Schaden anrichten. Caroline aber ging so sorgsam mit dem Inventar und den kleinen Bewohnern um, dass meine Bedenken schnell verflogen. Von da an kam sie oft zu mir herüber und ersetzte mir ein wenig die fehlende Tochter. Für mich war es eine Freude, zu sehen, wie sie das kleine Haus mit Leben erfüllte und ihren Spaß hatte, bis sie unseren Pool und neue Hobbys entdeckte. Nach Jahren wurde es wieder ruhig in dem Häuschen. Alle Püppchen blieben auf ihrem Platz sitzen, nichts bewegte sich mehr.

Wie erwähnt kam bei meiner Schwester 2010 das erste Enkelkind an, die kleine Lynn. Inzwischen ist sie alt genug, um mein Puppenhaus zu würdigen und achtsam damit umzugehen. Jedes Mal, wenn meine Nichte zu Besuch kommt, freue ich mich, wenn ich sehe, wie versunken sie mit dem Puppenhaus spielt.

Inzwischen habe ich mir natürlich Gedanken darüber gemacht, weshalb ich das Puppenhaus überhaupt gebaut habe und warum es mir so gut über die schwere Zeit hinweggeholfen hat. Keine Frage, es war eine Flucht in meine Kindheit. Da ich mit so viel Hingabe, mit so viel Eifer an dem Häuschen gebaut habe, tauchte ich wieder in die Zeit ein, in der ich wirklich glücklich war, in die Jahre, als ich noch unbeschwert von meinen Großeltern ins Leben eingeführt wurde.

Dennoch kam ich mir trotz aller psychologischen Betreuung nach der Fertigstellung meines Herzensprojekts so nutzlos vor. Es gab niemanden mehr, für den ich sorgen musste oder durfte. Gewiss, bis 2006 gab es noch meinen Bruder, der sehr an mir hing. Aber die Besuche bei ihm im Heim waren für mich sehr bedrückend. In dieser Zeit hätte ich eher etwas gebraucht, das mich aufmunterte. Sicher, bis zum Jahre 2009 hatte ich noch meine Mutter, aber mit ihrer selbst gewählten Aufgabe, nämlich im Altenheim Frohsinn zu verbreiten, lebte sie in ihrer eigenen Welt, in der sie glücklich war. Sie freute sich über jeden meiner Besuche, und doch hatte ich immer das Gefühl, dass ich sie aus etwas herausriss, das ihr wichtig war.

Das brachte mich auf die Idee, mir ebenfalls solch eine eigene Welt aufzubauen. So nahm ich meine Ahnenforschung wieder auf. Sämtliche Namen und

Daten, derer ich habhaft werden konnte, trug ich zusammen, damit sie nicht verloren gehen. Wenn ich auch selbst keine Nachkommen habe, denen ich all das weiterreichen kann, so wird sich vielleicht eines Tages mein Neffe Thomas dafür interessieren, oder eines seiner Kinder. Ja, inzwischen haben schon Cousinen und Cousins und deren Nachkommen ihr Interesse daran angemeldet.

Allmählich fand ich mich mit der Tatsache ab, dass mein Mann nicht mehr zu mir zurückkehren würde. Also musste ich mir das Leben so einrichten, dass ich ohne ihn zurechtkam, ein Leben, in dem ich nicht von Einsamkeit erdrückt wurde. Über Nacht kam mir eine Idee. Gleich am nächsten Morgen begann ich damit, sie in die Tat umzusetzen.

Ich öffnete meinen großen Reisekorb und befreite alle Puppen aus ihrer Hülle. Für jede suchte ich einen geeigneten Sitzplatz, gruppierte immer wieder mal um, bis ich das Gefühl hatte, nun säße jede an der richtigen Stelle. Zusätzlich begann ich damit, meine Wohnung mit antiken Haushaltsgegenständen auszustatten. Auf Flohmärkten und in Antiquitätenläden wurde ich fündig. Einige Erinnerungsstücke wurden mir auch von Verwandten und Freunden geschenkt, als sie meine Schwäche für »alten Krempel« erkannten. Inzwischen habe ich auf diese Weise meine ganze Wohnung in ein Puppenhaus verwandelt.

Am Morgen, wenn ich meine Augen aufschlage, sehe ich mich von vielen lieben Puppengesichtern umgeben, die mich teils ernst, teils lächelnd ansehen. Seitdem kommt das Gefühl von Einsamkeit gar nicht mehr bei mir auf.

Nun sitze ich also nicht mehr vor meinem kleinen Puppenhaus und starre unbeweglich hinein, nun lebe und bewege ich mich in einem großen Puppenhaus – in dem Haus, in dem ich schon als Kind glücklich war und in dem ich mein Leben lang wohnen durfte.

Abschluss-Interview

Roswitha: Sigune, aus deinen Aufzeichnungen, die du schon vor etlichen Jahren erstellt hast, und durch die zahlreichen Telefonate, die wir im letzten halben Jahr führten, konnte ich sehr viel über dich erfahren, auch über deine Familie und deine Vorfahren. Wie siehst du im Rückblick deine Familie und dich selbst?

Sigune: In meiner Familie gab es viele starke Frauen. Um das zu belegen, brauche ich gar nicht weit in die Vergangenheit zurückzugehen. Oma Lina war wohl die Stärkste von allen, dafür habe ich sie immer bewundert. Sämtliche Schicksalsschläge hat sie weggesteckt, als seien sie gar nichts. Ihr ganzes Leben lang hat sie hart gearbeitet und bis zum Lebensende für die Familie der Tochter gesorgt. Stets hat sie mit ihrem Humor und ihrem Frohsinn auch uns bei Laune gehalten.

Roswitha: In wem siehst du die nächste starke Frau?

Sigune: Das ist zweifellos meine Mutter, der ebenfalls meine Bewunderung gilt. Unermüdlich hat sie an ihrer Nähmaschine gesessen. Damit hat sie nicht nur zum Lebensunterhalt der Familie beigetragen, sondern auch ihrem Mann ermöglicht, sein Hobby auszuleben.

Als allerdings die Krankheit ihres Sohnes immer schlimmere Formen annahm und Sylvia ihrem Leben ein Ende setzten wollte, erkannte ich, dass auch ihre Stärke Grenzen hat.

Roswitha: In wem siehst du noch eine starke Frau?

Sigune: Zweifellos in Edda, meiner Schwester. Als Kind und Teenager habe ich zwar immer in ihrem Schatten gestanden, sie aber nie beneidet – im Gegenteil, ich habe sie stets bewundert und ihre Leistung voll anerkannt. Nachdem ihr Verlobter verunglückt war, hat sie enorme Stärke gezeigt. Schon nach kurzer Zeit hat sie sich am eigenen Schopf aus dem Sumpf gezogen und da weitergemacht, wo sie aufgehört hatte. Sie nahm die Proben mit ihrer Mädchen-Garde wieder auf und führte sie zu Höchstleistungen. Noch mehr Stärke aber hat sie bewiesen, als sie ihren behinderten Sohn so annahm, wie er war, indem sie ihm so viel Liebe und Zuwendung gab, wie er brauchte.

Roswitha: Welchen Platz nimmst du selbst in dieser Reihe von starken Frauen ein?

Sigune: Es scheint so, dass ich aus der Art geschlagen bin. So weit ich auch in die Geschichte zurückblicke, bin ich die einzige schwache Frau in der Familie. In mir sehe ich die arme kleine Schwache, die zu nichts taugt, die nichts geleistet hat, die immer nur nahm und nichts gegeben hat.

Roswitha: Da muss ich aber entschieden widersprechen! In aller Stille hast du Größe und Stärke gezeigt. Wenn man bedenkt, dass du innerhalb weniger Jahre deine ganze Familie verloren hast, angefangen mit dem Umzug deiner Schwester nach Holland. Sie, die Starke, die dein Vorbild war, an die du dich anlehnen konntest, war plötzlich nicht mehr greifbar für dich. Dann der plötzliche Tod deines Vaters, womit deine berufliche Existenz bedroht und deine Bühnenkarriere abrupt beendet war. Über fünfundzwanzig Jahre lang hast du deinem kranken Bruder und deiner überforderten Mutter beigestanden, selbst in der Zeit, als du um das Leben deines Sohnes bangen musstest und er dir letztlich durch den Tod entrissen wurde. Ja, um das Maß voll zu machen, verlorst du auch noch deinen Ehemann, weil er mit dem Verlust des Sohnes nicht umzugehen wusste.

Sigune: Das habe ich nie so gesehen, dass ich da besonders stark gewesen wäre.

Roswitha: Doch, das warst du. Manch eine wäre in deiner Situation zerbrochen. Statt in dieser Lage völlig zu verzweifeln, hattest du die Stärke, weiterhin für Mutter und Bruder da zu sein.

Sigune: Das war doch selbstverständlich.

Roswitha: Für *dich* war es das, weil du eine starke Frau bist. Das hätte nicht jeder fertiggebracht!
   Wenn du nun auf das Leben deiner Familie zurückblickst, was hat dich am meisten erschüttert?

Sigune: Dass sich Schicksale innerhalb der Familie wiederholt haben. Nehmen wir zum Beispiel unsere Großmutter Mariechen und meine Schwester. Mariechen hatte ihren Ehemann nur wenige Monate nach der Hochzeit durch den Ersten Weltkrieg verloren, und meine Schwester verlor ihren Verlobten wenige Wochen vor der Hochzeit durch einen tragischen Autounfall. Mit beiden hat das Schicksal es aber wieder gut gemeint, beiden hat es schon bald einen neuen Partner geschickt. Beide bekamen Kinder und damit wieder eine Perspektive.

Roswitha: Gibt es noch mehr solcher Parallelen in deiner Familie?

Sigune: Oh ja. Auch zwischen meiner Oma Lina und mir sehe ich eine traurige Gemeinsamkeit. Sie hat ihren einzigen Sohn durch den Zweiten Weltkrieg verloren, und ich verlor meinen einzigen Sohn durch eine schlimme Krankheit. Aber beide sind wir getröstet worden. Lina fand Trost darin, ganz für die Familie ihrer Tochter da zu sein und ihre Enkel aufzuziehen. Mir half der Bau des Puppenhauses über die erste schwere Zeit hinweg. Und seit ich meine ganze Wohnung in ein Puppenhaus verwandelt habe, fühle ich mich wieder gut.

Roswitha: Ich finde es bewundernswert, dass du dich trotz allem nicht in deinem Puppenhaus verkriechst. Du engagierst dich selbstlos für Verwandte und Bekannte.

Sigune: Ach, was ich für die tue, ist doch nicht der Rede wert. Ich bin es doch, die am meisten davon profitiert.

Roswitha: Wie meinst du das?

Sigune: Da ich kaum noch enge Angehörige habe, freue ich mich über jeden Kontakt, den die entfernteren Verwandten und Freunde zu mir aufnehmen. Nach dem Tod meines Sohnes fragte ich mich oft, wozu ich noch da bin. Irgendwann kam ein Cousin auf mich zu und bat mich, seine demente Schwiegermutter für einige Wochen zu versorgen, damit er mal mit seiner Frau in Urlaub fahren könne. Diese Aufgabe übernahm ich gern, und ich freute mich, dass ich mit der Frau gut zurechtkam.

Roswitha: Wie ging es weiter?

Sigune: Danach durfte ich die Schwiegermutter noch einige Male betreuen. Außerdem sprach sich das in der Verwandtschaft und bei deren Bekannten herum. Seitdem bittet mich immer wieder mal jemand um eine Urlaubsvertretung für einen pflegebedürftigen oder dementen Angehörigen. Inzwischen habe ich mich richtig in die »Materie« eingearbeitet.

Roswitha: Du hast ja auch deinen Stiefonkel Paul zu seiner Schwarzwaldkur begleitet.

Sigune: Ja, seitdem besuche ich ihn regelmäßig im Heim. Dass ich eine so gesuchte Urlaubsbetreuerin geworden bin, gab mir Auftrieb, das stärkte mein Selbstwertgefühl. Nun merke ich, dass ich wieder eine Daseinsberechtigung habe.

Roswitha: Noch eine andere Frage bewegt mich: Warum, glaubst du, war es deinen Eltern und deinen Großmüttern so wichtig, selbst Verse zu schmieden, Vorträge zu halten und Theater zu spielen?

Sigune: Diese Frage habe ich mir selbst auch oft gestellt. Zweifellos war ihnen allen die Begabung dafür in die Wiege gelegt worden. Aber warum? Der liebe Gott muss sich doch etwas dabei gedacht haben, als er sie alle mit diesen Talenten ausstattete. Die Antwort dazu kam mir erst viel später: zu der Zeit, als meine Mutter im Pflegeheim wohnte und sie begann, ihre Kunst wieder aufleben zu lassen. Ich beobachtete, dass sie damit sich selbst und ihren Mitbewohnern schöne Stunden bereitete und über traurige Zeiten hinweghalf. Denn im Grunde genommen ist so ein Heim doch ein trostloser Ort.

Meiner Meinung nach half meinen Eltern ihre Bühnenpräsenz, der künstlich erzeugte Frohsinn, über all die schweren Zeiten und Schicksalsschläge hinweg. Wenn sie dieses Ventil nicht gehabt hätten, wären sie womöglich daran zerbrochen.

Dass sie diesen Humor, die gute Laune, immer weiter ins Land hinaustrugen und immer mehr Menschen daran teilhaben ließen, taten sie vermutlich unbewusst, um anderen zu helfen, die diese Gabe der psychischen Selbstheilung nicht besaßen. Instinktiv scheinen sie gefühlt zu haben, dass es anderen ebenso ergangen war wie ihnen, dass niemand von Schicksalsschlägen verschont bleibt und jeder etwas braucht, das ihm wieder auf die Beine hilft. Mit ihren humoristischen Szenen konnten sie dem kleinen Mann, wie man so schön sagt – Menschen wie du und ich –, für einige Stunden über ihre seelischen Tiefs hinweghelfen.

Roswitha: Eine letzte Frage noch: Wie fühlst du dich heute?

Signe: Mittlerweile bin ich gar nicht mehr so unglücklich darüber, wie mir das Schicksal mitgespielt hat. Nach einiger Zeit habe ich erstaunt festgestellt, dass ich zum ersten Mal selbstbestimmt leben kann. Das war eine ganz neue Erfahrung für mich. Früher war mein Leben ständig fremdbestimmt gewesen: Immer musste ich tun, was andere von mir erwarteten oder was die Situation gebot. Heute entscheide ich, heute bestimme ich über mein Tun und Lassen.

Es erfüllt mich mit Dankbarkeit, dass ich in dem Haus wohnen darf, in dem ich aufgewachsen bin, in dem Haus, das meine Heimat bedeutet. Nirgendwo sonst auf der Welt möchte ich leben. Hier fühle ich mich sicher und geborgen. Wenn ich es mir recht überlege, bin ich heute ein zufriedener, ja, fast glücklicher Mensch.

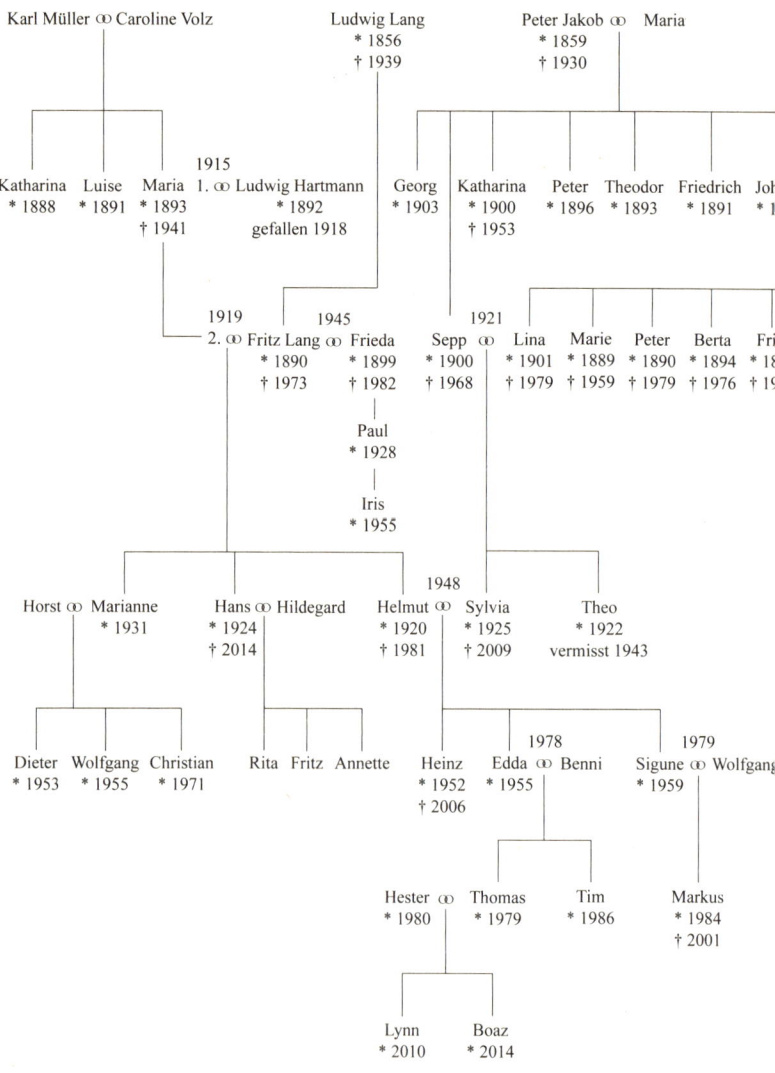

Karl Müller ∞ Caroline Volz

Ludwig Lang
* 1856
† 1939

Peter Jakob ∞ Maria
* 1859
† 1930

Katharina
* 1888

Luise
* 1891

Maria
* 1893
† 1941

1915
1. ∞ Ludwig Hartmann
* 1892
gefallen 1918

Georg
* 1903

Katharina
* 1900
† 1953

Peter
* 1896

Theodor
* 1893

Friedrich
* 1891

Joh
* 1

1919
2. ∞ Fritz Lang ∞ Frieda
* 1890   * 1899
† 1973   † 1982

1945

1921
Sepp ∞ Lina
* 1900   * 1901
† 1968   † 1979

Marie
* 1889
† 1959

Peter
* 1890
† 1979

Berta
* 1894
† 1976

Fri
* 18
† 19

Paul
* 1928

Iris
* 1955

Horst ∞ Marianne
* 1931

Hans ∞ Hildegard
* 1924
† 2014

1948
Helmut ∞ Sylvia
* 1920   * 1925
† 1981   † 2009

Theo
* 1922
vermisst 1943

Dieter
* 1953

Wolfgang
* 1955

Christian
* 1971

Rita   Fritz   Annette

1978
Heinz   Edda ∞ Benni
* 1952   * 1955
† 2006

1979
Sigune ∞ Wolfgang
* 1959

Hester ∞ Thomas
* 1980   * 1979

Tim
* 1986

Markus
* 1984
† 2001

Lynn
* 2010

Boaz
* 2014

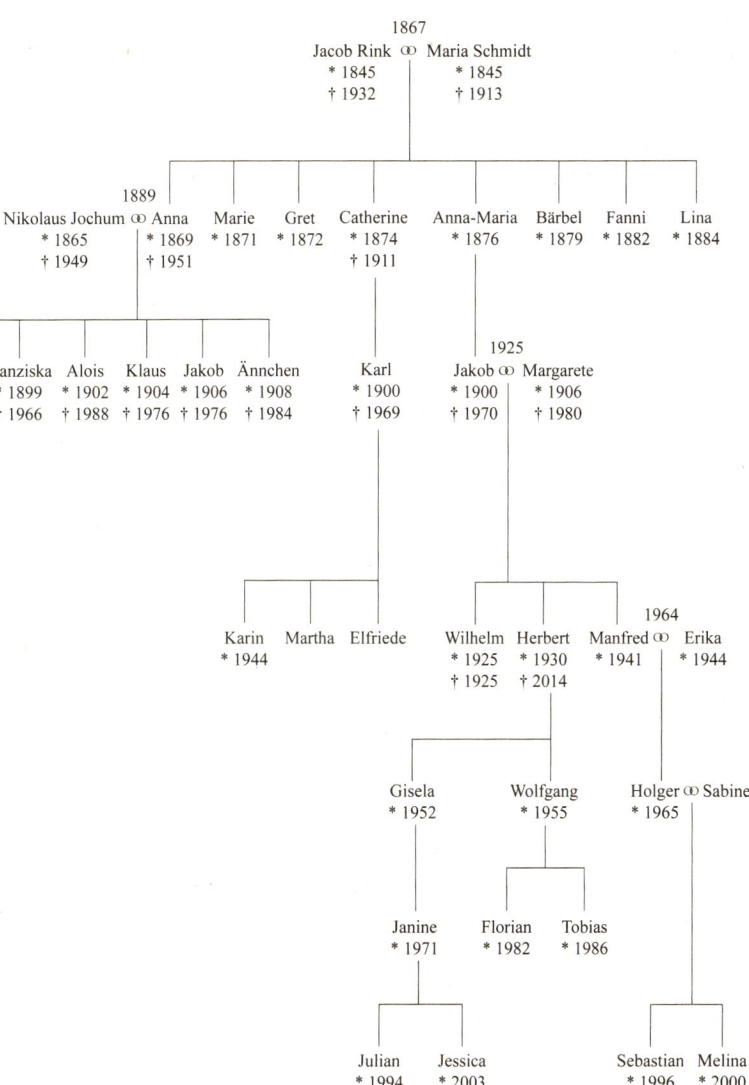

Wir Bauernkinder
288 Seiten
ISBN 978-3-475-54524-5

Aus heiterem Himmel werden die zehn- und elfjährigen Schwestern Erna und Liesl auf den Hof ihres Onkels geschickt, um dort als Mägde zu arbeiten. Die beiden Mädchen begreifen schnell, dass sich ihr geordnetes Leben nun verändern wird. Besonders Erna geht immer mehr in der Rolle als Bäuerin auf. Doch ihr Vater hat andere Pläne mit seinen Töchtern …

Ein Bauernleben
256 Seiten
ISBN 978-3-475-54421-7

Für die Familie Edelhofer steht der Hof über allem. Die Menschen, die auf ihm wohnen, erleben persönliche Tragödien, aber auch viel Freude und Liebe. So erzählt Roswitha Gruber von einem Leben voll Arbeit und Pflicht. Auf faszinierende Weise berichtet sie von schweren Aufgaben und Entscheidungen genauso wie von den schönen Erlebnissen.

Die Kinder der Dienstmagd
288 Seiten
ISBN 978-3-475-54293-0

Die Magd Elisabeth und der Knecht Franz träumen davon, zu heiraten. Als sich die Möglichkeit ergibt, einen Hof zu pachten, können sie als Bauersleute eine Familie gründen. Sie führen ein erfülltes Leben, bis ein Unglück Elisabeth und ihre Kinder zurück in den dienenden Stand zwingt. Einfühlsam und packend werden die Lebenswege von Elisabeths Nachfahren erzählt.

Informationen zu unserem Verlagsprogramm finden Sie unter www.rosenheimer.com